住房城乡建设部土建类学科专业"十三五"规划教材

房 地 产 类 专 业 适 用

FANGDICHANLEI ZHUANYE SHIYONG

房地产估价实务

孟庆杰　主　编

黄卫东　副主编

汤万龙　王蔚鸿　主　审

中国建筑工业出版社

图书在版编目（CIP）数据

房地产估价实务／孟庆杰主编． —北京：中国建筑工业出版社，2018.7（2023.12重印）
住房城乡建设部土建类学科专业"十三五"规划教材
（房地产类专业适用）
ISBN 978-7-112-22306-0

Ⅰ．①房… Ⅱ．①孟… Ⅲ．①房地产价格－估价－高等职业教育－教材 Ⅳ．①F293.35

中国版本图书馆CIP数据核字（2018）第123615号

　　本书依据"全国住房和城乡建设职业教育教学指导委员会房地产类专业指导委员会"对房地产类专业的基本要求和高职学生学习特征来规划教材。本书共分6章，每章都有引例、本章知识结构图、学习摘要、本章小结、案例分析、技能训练。本书包括房地产估价工作全过程的基本知识，还涵盖了部分经济学基础理论、建筑常识、法律法规知识等。作为高职高专教材，在编写层次上难易结合、程度适中，搭配导入案例利于学生对新知识的兴趣，每章后面的案例分析以便于老师教学。

　　本书不仅可以作为高职房地产、物业管理和建设工程管理专业的教材，也可以作为房地产估价人员岗位培训的用书和房地产估价人员入门的自学参考书籍。

　　为更好地支持相应课程的教学，我们向采用本书作为教材的教师提供教学课件，有需要者可与出版社联系，邮箱：jckj@cabp.com.cn，电话：（010）58337285，建工书院https://edu.cabplink.com。

责任编辑：张　晶　牟琳琳
版式设计：锋尚设计
责任校对：焦　乐

住房城乡建设部土建类学科专业"十三五"规划教材
房地产估价实务
（房地产类专业适用）
孟庆杰　主　编
黄卫东　副主编
汤万龙　王蔚鸿　主　审
*
中国建筑工业出版社出版、发行（北京海淀三里河路9号）
各地新华书店、建筑书店经销
北京锋尚制版有限公司制版
建工社（河北）印刷有限公司印刷
*
开本：787毫米×1092毫米　1/16　印张：18¾　字数：428千字
2018年7月第一版　2023年12月第三次印刷
定价：39.00元（赠教师课件）
ISBN 978 - 7 - 112 - 22306 - 0
（32162）

教材编审委员会名单

序　言

全国住房和城乡建设职业教育教学指导委员会房地产类专业指导委员会（以下简称"房地产类专指委"），是受教育部委托，由住房和城乡建设部组建管理的专家组织。其主要工作职责是在教育部、住房和城乡建设部、全国住房和城乡建设职业教育教学指导委员会的领导下，负责住房和城乡建设职业教育的研究、指导、咨询和服务工作。按照培养高端技术技能型人才的要求，围绕房地产类的就业领域和岗位群研制高等职业教育房地产类专业的教学标准，研制房地产经营与管理、房地产检测与估价、物业管理和城市信息化管理等房地产类专业的教学基本要求及顶岗实习导则，持续开发和完善"校企合作、工学结合"及理论与实践紧密结合的特色教材。

高等职业教育房地产类的房地产经营与管理和房地产检测与估价（原房地产经营与估价专业）、物业管理等专业教材自2000年开发以来，经过"优秀评估"、"示范校建设"、"骨干院校建设"等标志性的专业建设历程和普通高等教育"十一五"国家级规划教材、"十二五"国家级规划教材、教育部普通高等教育精品教材等建设经历，已经形成了具有房地产行业特色的教材体系。发展至今又新开发了城市信息化管理专业教材建设，以适应智慧城市信息化建设需求。

根据住房和城乡建设部人事司《全国住房和城乡职业教育教学指导委员会关于召开高等职业教育土木建筑大类专业"十三五"规划教材选题评审会议的通知》（建人专函〔2016〕3号）的要求，2016年7月，房地产类专指委组织专家组对规划教材进行了细致地研讨和遴选。2017年7月，房地产类专指委组织召开住房和城乡建设部土建类学科房地产类专业"十三五"规划教材主编工作会议，专指委主任委员、副主任委员、专指委委员、教材主编教师、行业和企业代表及中国建筑工业出版社编辑等参加了教材撰写研讨会，共同研究、讨论并优化了教材编写大纲、配套数字化教学资源建设等方面内容。这次会议为"十三五"规划教材建设打下了坚实的基础。

近年来，随着国家房地产相关政策的不断完善、城市信息化的推进、装配式建筑和全装修住宅推广等，房地产类专业的人才培养目标、知识结构、能力架构等都需要更新和补充。房地产类专指委研制完成的教学基本要求和专业标准，为本系列教材的编写提供了指导和依据，使房地产类专业教材在培养高素质人才的过程中更加具有针对性和实用性。

本系列教材内容根据行业最新政策、相关法律法规和规范标准编写，在保证内容正确和先进性的同时，还配套了部分数字化教学资源，方便教师教学和学生学习。

本系列教材的编写，继承了房地产类专指委一贯坚持的"以就业为导向，以能力为本位，以岗位需求和职业能力标准为依据，以促进学生的职业发展生涯为目标"的指导思想，该系列教材必将为我国高等职业教育房地产类专业的人才培养作出贡献。

全国住房和城乡建设职业教育教学指导委员会

房地产类专业指导委员会

2017年11月

前 言

随着房地产市场的日趋成熟，二手房地产交易量逐渐增大，而房地产的交易价格要取得买卖双方的认可，必须是由具有公信力的第三方提供，房地产估价人员作为第三方价格参考提供者是促成交易的必要条件，这就要求估价人员按行业规范和相关法规进行房地产估价，从而形成房地产估价人员市场。

本书的编写工作是在全国住房和城乡建设职业教育教学指导委员会房地产类专业指导委员会的领导和组织下进行，得到了中国建筑工业出版社的大力支持。本书按房地产估价全过程主要工作任务安排知识点，在指导估价操作过程中还起到理论解释作用。本书在参考多年房地产估价师考试教材的基础上，结合高职学生的特点编写而成。本书主要特点：第一，具有完善的估价基础理论。对可能影响估价的相关基本知识都有介绍，包括经济学、建筑常识和法律法规等。第二，具有较好地可实施性。每一部分内容后面都配备有技能训练和案例分析供学生参考，后附的参考文献可完善估价理论体系，同时也可使学生上岗后融入专业工作时间较短。第三，较强的职业性。在每一具体估价方法实际运用中都是按估价规范的要求列示，用规范用语、规范程序和规范表达方式，使学生在技能训练过程中强化对职业要求的理解。

本书由新疆建设职业技术学院孟庆杰主编，新疆建设职业技术学院汤万龙、新疆中鼎盛业房地产评估咨询有限责任公司王蔚鸿审核定稿，新疆建设职业技术学院黄卫东任副主编，协助主编做了大量的工作。第1章和第2章由新疆建设职业技术学院赵云芳编写，第3章由新疆建设职业技术学院刘惠茹编写，第4章由新疆建设职业技术学院孟庆杰和冯艳红编写，第5章和第6章由新疆建设职业技术学院黄卫东和浙江建设职业技术学院应佐萍编写。

目　录

4 房地产估价的
基本方法
/079

5 土地的估价
/221

6 房地产估价程序及
报告撰写
/257

房地产估价概论 1

引例

王先生进行投资欲将其拥有的房地产作为抵押向银行申请贷款，他设想选择其所拥有的三套房屋中价值最大的一套作为抵押物，但他不知道这三套房屋哪套作为抵押物的价值会更大。于是，他去向专业投资顾问张女士咨询，并要求获得迅速答复。在张女士的要求下，王先生简单介绍了三套房屋的基本状况，如下：

A房屋位于甲级地段，是他与朋友李先生共同投资购买的，建筑面积160.8m²，房型为三室两厅，楼龄2年；

B房屋位于乙级地段，是他购买的，建筑面积85.34m²，房型为两室两厅，楼龄4年；

C房屋位于丙级地段，是他购买的，建筑面积150.34m²，房型为三室两厅，楼龄6年。

尽管王先生很着急，张女士也很想帮他，但张女士说无法立即给王先生建议。

问题：如果王先生向你咨询，你能否立即答复他？为什么？

本章知识结构图

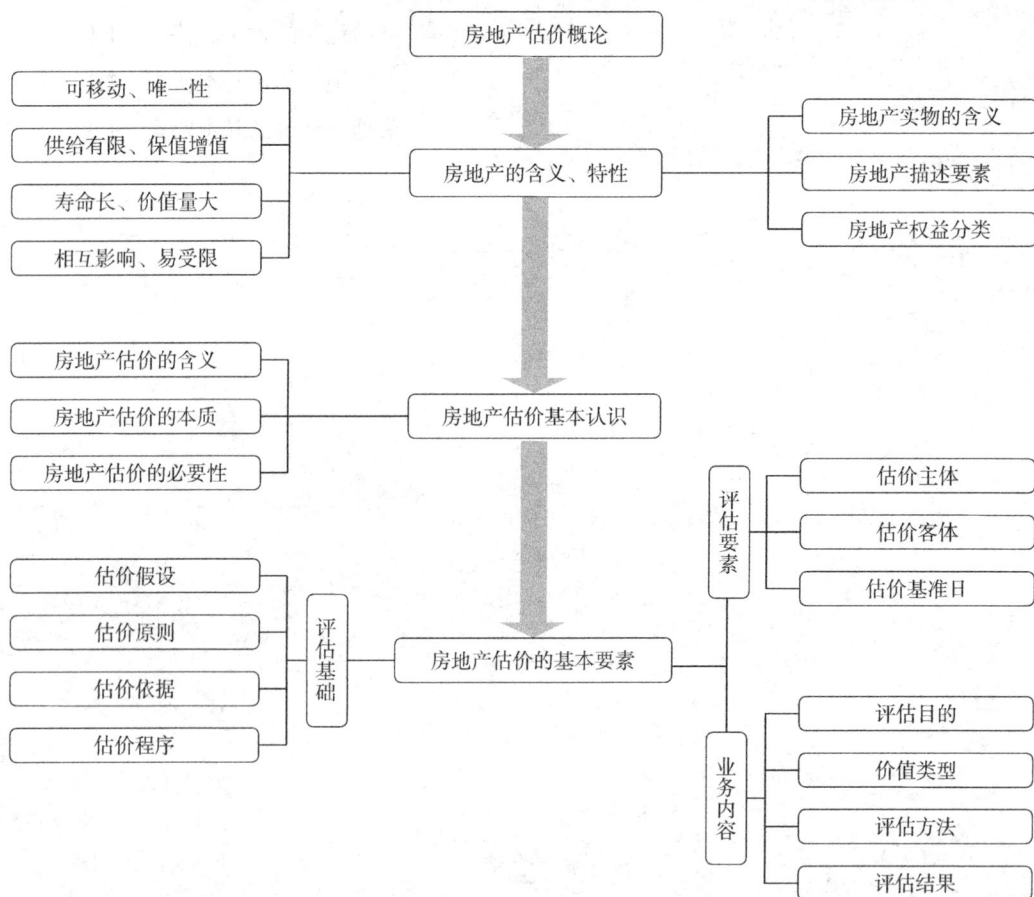

通过本章的学习和训练了解房地产估价的概念、本质、行业职业道德要求，房地产的基本特性和六种分类依据；熟悉房地产估价的当事人、估价对象性质、估价特殊目的、价值的类型、价值时点、估价的资料和实物依据、估价前提和假设；熟悉估价原则、估价的十二道程序、四种基本估价方法、估价结果判定的基本内容、估价对象的实物、权益（产权）和区位的相互影响；掌握土地、建筑物描述与分析的基本项目，具备对行业市场和工作内容的基本认识，能对周边的房地产项目进行基本的描述。

1.1 房地产的含义、特性

1.1.1 房地产的定义

房地产是指土地、建筑物及其他地上附着物，是实物、权益、区位三者的综合体。

1.1.2 土地、建筑物和其他地上附着物的含义

1. 土地的含义

（1）土地是指地表层，是由地貌、土壤、岩石、水文、气候、植被等要素组成的自然综合体。

（2）土地是指由各种自然因素所形成的自然资源。

一块土地的大小，是指该宗土地在地表上的"边界"所围合的区域。这个"边界"是以权属界线组成的封闭曲线，使土地有了界址、四至、面积和形状。例如，政府出让土地使用权的地块，其范围通常是根据标有界址点坐标的建设用地红线图，由城市规划管理部门或者土地管理部门，在地块各转点钉桩、埋设混凝土界桩或界石并放线来确认，形状为封闭多边形，面积大小依水平投影面积计算。

一块土地的地上空间范围，从理论上讲，是指从该宗土地的地表边界向上延伸到一定高度的空间；是"除法律有限制外，于其行使有利益的范围内"。

2. 建筑物的含义

建筑物有两种含义。广义的建筑物既包括房屋，也包括构筑物。狭义的建筑物主要是指房屋，不包括构筑物。在房地产估价中建筑物包括房屋和构筑物两大类。其中，房屋是指有基础、墙、顶、门、窗，起着遮风避雨、保温隔热、抵御野兽或他人侵袭等作用，供人们在里面居住、工作、学习、娱乐、储藏物品或进行其他活动的建筑物。构筑物是指人们一般不直接在里面进行生产和生活活动的建筑物，没有门、窗、顶盖的，如烟囱、水塔、水井、道

路、桥梁、隧道、水坝等。

在此对建筑物、房屋、构筑物三者含义的界定为：三者都是人工建筑而成的物，其中建筑物的范围最大，包括房屋和构筑物。房屋和构筑物是同一层次的。

3. 其他地上附着物的含义

其他地上附着物，是指附属于或结合于土地或建筑物，从而构成土地或建筑物的一部分，应随着土地或建筑物的转移而一同转移的物。其他地上附着物与土地、建筑物在物理上不可分离，或者虽然可以在物理上分离，但是这种分离是不经济的，或者分离后会破坏土地、建筑物的完整性、使用价值或功能，或者会使土地、建筑物的价值受到明显损害。例如，为了提高土地或建筑物的使用价值或功能，埋设在地下的管线、设施，建造在地上的围墙、假山、水池，种植在地上的树木、花草等。在实际房地产评估中，估价对象的范围如果不包含属于房地产范畴的其他地上附着物的，应逐一列举说明，未作说明的，应理解为在估价对象的范围内；如果包含房地产以外的财产的，也应逐一列举说明，未作说明的，应理解为不在估价对象的范围内。

1.1.3 实物、权益和区位的含义

1. 房地产实物的含义

房地产的实物是指房地产的实体和可感知部分，例如，建筑物的外观、结构、设备、装饰装修，土地的形状、地势、地质、基础设施条件（例如通路、给水排水、电力、燃气、热力、电信、有线电视等设施的完备程度）、平整程度。

房地产实物也可分为有形的实体、该实体的质量以及该实体组合完成的功能三个方面。

2. 房地产权益的含义

房地产权益是指实体中包含着的无形的、不可感知的部分，是基于房地产实物而衍生出来的权利、利益和收益。房地产权益以房地产权利为基础，包括：①房地产的各种权利，例如所有权、土地使用权、地役权、抵押权、租赁权等；②受到其他房地产权利限制的房地产权利。同一宗房地产上可以同时存在着多种房地产权利，例如设立了抵押权、租赁权的房屋所有权或土地使用权；③受到房地产权利以外的各种因素限制的房地产权利，例如城市规划对房地产用途、建筑容积率的限制，房地产被人民法院查封从而其处分受到限制；④房地产的额外利益或收益，例如屋顶或外墙面可出售或出租给广告公司做广告获得收入。

房地产权益目前主要有所有权、土地使用权、地役权、抵押权、租赁权。房地产所有权是指房地产所有权人对自己的房地产，依法享有占有、使用、收益和处分的权利。房地产所有权可分为单独所有、共有和建筑物区分所有权。单独所有是指房地产由一个单位、个人享有所有权。共有是指房地产由两个以上单位、个人共同享有所有权。共有又分为按份共有和共同共有。按份共有人对共有的房地产按照其份额享有所有权；共同共有人对共有的房地产共同享有所有权。建筑物区分所有权是指业主对建筑物内的住宅、经营性用房等专有部分享有所有权，对专有部分以外的共有部分享有共有和共同管理的权利。建筑物区分所有权可以

说是一种复合性的权利，由专有部分的所有权（该部分通常为独有，但也可能为共有，这种共有是该专有部分的共有人之间的共有）、专有部分以外的共有部分的持份权（该部分为建筑物各专有部分的所有权人之间按份共有）和因共同关系所产生的成员权构成。

土地使用权是指土地使用权人依法对国有土地或者集体土地享有占有、使用、收益和部分处分的权利。土地使用权又分为：①建设用地使用权——建设用地使用权人依法对国家所有的土地享有占有、使用和收益的权利，有权利用该土地建造建筑物、构筑物及其附属设施。建设用地使用权又可分为出让土地使用权、划拨土地使用权、临时用地土地使用权；②宅基地使用权——宅基地使用权人依法对集体所有的土地享有占有和使用的权利，有权依法利用该土地建造住宅及其附属设施；③土地承包经营权——土地承包经营权人依法对其承包经营的耕地、林地、草地等享有占有、使用和收益的权利，有权从事种植业、林业、畜牧业等农业生产。

建设用地使用权实质上是利用空间的权利，可称为空间利用权或空间权，《中华人民共和国物权法》第一百三十六条规定："建设用地使用权可以在土地的地表、地上或者地下分别设立。"因此，一宗土地的空间，可以分割为很多个三维立体"空间块"，分别成为独立的"物"，可以分别出让、转让等。取得一定范围内的空间的建设用地使用权人，也可能将其空间中的部分空间分割出来，转让、租赁给他人或者以此作价入股等，从而使该被分割出来的部分空间具有了独立的经济价值。

地役权是指房地产所有权人或土地使用权人按照合同约定，利用他人的房地产，以提高自己的房地产的效益的权利。上述他人的房地产为供役地，自己的房地产为需役地。最典型的地役权是在他人的土地上通行的权利，这种地役权有时被称为通行权。

抵押权是指债务人或者第三人不转移房地产的占有，将该房地产作为债权的担保，债务人不履行到期债务或者发生当事人约定的实现抵押权的情形，债权人有权依照法律的规定以该房地产折价或者以拍卖、变卖该房地产所得的价款优先受偿。

房地产租赁权是指以支付租金的方式从房屋所有权人或土地使用权人那里获得的占有和使用房地产的权利。例如，房屋承租人与出租人签订了一个租赁期限为8年的房屋租赁合同，从而就取得了该房屋8年期限的租赁权。

租赁权属于债权，其余属于物权。物权是指权利人对特定的物享有直接支配和排他的权利。在特定的房地产上，既有物权又有债权的，优先保护物权；有两个以上物权的，优先保护先设立的物权，但法律另有规定的除外。在物权中，所有权属于自物权，其余属于他物权。自物权是对自己的物依法享有的权利。他物权是在他人的物上依法享有的权利，是对所有权的限制。在他物权中，土地使用权、地役权属于用益物权，抵押权属于担保物权。用益物权是在他人的物上依法享有占有、使用和收益的权利。担保物权是就他人的担保物依法享有优先受偿的权利。房地产权利的分类如图1-1所示。

在不同类型的资产中，实物和权益对价值的影响是不同的：①一般的有形资产主要是实物的价值，即主要是实物的好坏决定着价值的高低，如红木家具、机器设备、建筑物等；

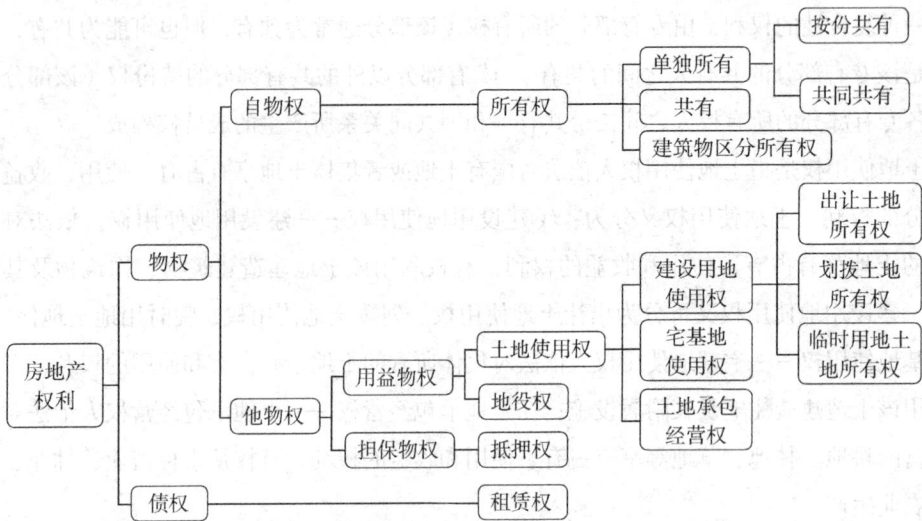

图1-1 房地产权利的分类

②一般的无形资产主要是权益的价值。如著作权（版权）、专利权、专有技术、商标专用权、特许权、商誉、有价证券（股票、债券）等，通常不具有实物形态，有的虽然依附在某种实物上，但该实物本身的好坏对其价值影响不大，甚至可以忽略不计；③房地产的实物和权益在价值决定中都很重要。例如一幢房屋，其价值既受建筑结构、设备、装饰装修、完损程度等实物状况的影响，又受产权是否完整等权益状况的影响。比如该房屋是合法建筑还是违法、违章建筑，或者其产权是完全产权还是部分产权，价值就有很大的差异。

3. 房地产区位的含义

房地产区位是指一宗房地产与其他房地产或者事物在空间方位和距离上的关系，包括位置、交通、环境景观、外部配套设施等方面。

一宗房地产的位置，是指该宗房地产所在的地方，包括坐落——具体地点（如门牌号等），方位——所在地域（如城市、十字路口等）中的方位，距——与主要场所（如市中心、汽车站、火车站、机场、港口、码头、政府机关、同行业、工作地、居住地等）的距离，朝向——建筑物的正门或房间的窗户等正对着的方向，楼层——整幢建筑物中的某层、某套所处的楼层。

某宗房地产的交通，是指进出该宗房地产的方便程度——通达性，具体分为从其他地方到达该宗房地产的可及性和从该宗房地产去往其他地方的便捷性。用"可及性"表达由"外"到"内"——"进来"的方便程度，用"便捷性"表达由"内"到"外"——"出去"的方便程度。

某宗房地产的环境因素，是指该宗房地产周围的自然环境、人文环境和景观。其中，人文环境包括该宗房地产所在地区的声誉、居民特征（如职业、素质）、治安状况（如犯罪率）、相邻房地产的利用状况（如用途）等。

某宗房地产的外部配套设施，是指该宗房地产外部的基础设施和公共服务设施。基础设施一般是指道路、给水排水（给水、雨水、污水、中水）、电力、燃气、热力、电信、有线电视等设施。公共服务设施也称为公共设施、公共配套设施，一般是指教育（如幼儿园、中小学）、医疗卫生（如医院）、文化体育（如文化活动中心）、社区服务（居委会）、市政公用等非营利性设施。

1.1.4 房地产的基本存在形态

房地产有土地、建筑物、房地三种基本存在形态。

1. 土地形态

土地形态是一块没有建筑物的空地，把土地单独看待，只评估其中的土地价值。对于有建筑物的土地，在具体估价中如何单独看待土地，有两种做法：一是无视建筑物的存在，即将其设想为无建筑物的空地；二是考虑建筑物存在对土地价值的影响。

2. 建筑物形态

建筑物是在实物形态上与土地结合成一体的资源，但有时根据需要或者按照有关规定，把它单独看待，评估其中的建筑物价值。有两种做法：一是无视土地的存在，即将其设想为"空中楼阁"；二是考虑土地存在对建筑物价值的影响。上述土地与建筑物合在一起时，纯粹将土地视为空地或者将建筑物视为"空中楼阁"的估价，称为"独立估价"；如果在评估土地价值时考虑建筑物的影响，或者在评估建筑物价值时考虑土地的影响的估价，则称为"部分估价"。

3. 房地形态

房地形态是指实物形态上土地与建筑物合在一起，并在估价时也把它们作为一个整体来看待。

1.1.5 房地产含义的总结

对房地产含义可归纳为：房地产包括土地、建筑物和其他地上附着物三个部分，同时又是实物、权益和区位的"三位一体"；对房地产的实物还可以从有形的实体、该实体的质量以及该实体组合完成的功能三个方面进行认识。房地产有土地、建筑物、房地三种基本存在形态；土地是一个包含地表、地上空间和地下空间的三维立体空间；建筑物包括房屋和构筑物，它们又可分为结构、设备和装饰装修三个部分。上述内容用框图表示，如图1-2所示。

1.1.6 房地产的特性

1. 不可移动

不可移动特性也称为位置固定性、不动性、非移动性。房地产的不可移动主要是其自然地理位置固定不变，房地产的社会经济位置在经过一段时间之后可能会发生变化。

2. 独一无二

独一无二特性也称为独特性、异质性、非同质性、个别性。房地产由于坐落的位置、朝

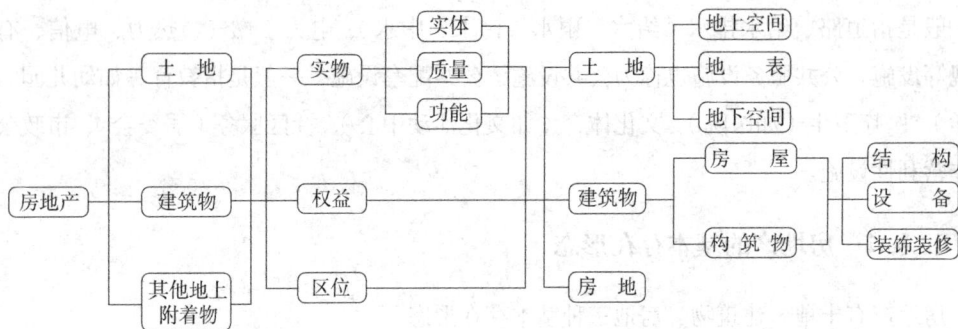

图1-2 房地产含义内容

向、地势、周围环境、景观等的不同，即使两处的建筑物一模一样，但这两宗房地产实质上也是不同的。但是一些房地产之间仍然有一定程度的替代性。

3．寿命长久

建设用地使用权出让的最高年限，居住用地为70年，工业用地为50年，教育、科技、文化、卫生、体育用地为50年，商业、旅游、娱乐用地为40年，综合或者其他用地为50年。以出让方式取得建设用地使用权的，转让房地产后，受让人的使用期限不得超过原出让合同约定的使用期限减去原土地使用者已经使用期限后的剩余期限。

4．供给有限

土地总量不仅有限，而且面积不能增加。房地产的供给有限特性，使得房地产具有独占性。一定位置、特别是好位置的房地产被人占用之后，占用者可以获得生产或生活的场所，享受特定的光、热、水和风景（如河水、沙漠和荒原）或可以支配相关的自然资源和生产力。房地产具有供给有限特性的主要原因，是由于房地产的不可移动特性造成的房地产供给不能集中于一处。这是房地产供给与一般物品供给的最主要区别。

5．价值量大

与其他物品相比，房地产不仅单位价值高，而且总体价值大。

6．流动性差

流动性差也称为难以变现、变现能力弱。所谓流动性，是指在没有过多损失的条件下，将非现金资产转换为现金的速度。凡是能够随时、迅速转换为现金且没有损失或者损失较小的，称为流动性好，反之，称为流动性差。

影响某宗房地产变现能力因素主要有：①该宗房地产的通用性；②该宗房地产的独立使用性；③该宗房地产的价值大小；④该宗房地产的可分割转让性；⑤该宗房地产的开发程度；⑥该宗房地产的区位；⑦该类房地产的市场状况。市场低迷，变现差。

7．用途多样

用途多样特性也称为用途的竞争、转换及并存的可能性，主要是空地所具有的，土地上一旦建造了建筑物，用途即被限定，通常难以改变，因为可能受到原有建筑结构等的限制而不能改变，或者改变的费用很高而在经济上不可行。房地产的利用一方面要符合城市规划等的规定，另一方面存在着不同用途及利用方式之间的竞争和优选问题。从经济角度来看，土地利用选择的先后顺序一般是：商业、办公、居住、工业、耕地、牧场、放牧地、森林、不毛荒地。

8. 相互影响

房地产的利用通常会对周围的房地产产生影响；反过来，周围房地产的利用状况也会对该房地产产生影响。例如，影响到通风、采光、日照、视野、可视性，使环境美化，或者带来人流、噪声等。由于房地产具有相互影响特性，产生了"相邻关系"，并且法律规定"不动产的相邻权利人应当按照有利生产、方便生活、团结互助、公平合理的原则，正确处理相邻关系"。同时，房地产利用存在经济学里所讲的"外部性"。外部性是指某个经济行为主体（生产者或消费者）进行生产或消费等活动时，对其他经济行为主体带来的影响。外部性分为有利的外部性和有害的外部性。有利的外部性也称为正的外部性、外部经济，是指某个经济行为主体的活动使他人或社会受益，而受益者无需为此花费代价。例如，某人在自己的住宅周围种植花草树木、美化环境，其邻居也因赏心悦目和空气新鲜而受益，但不会为此向他支付任何费用。有害的外部性也称为负的外部性、外部不经济，是指某个经济行为主体的活动使他人或社会受损，而该经济行为主体却没有为此承担成本。例如，企业向河流排放废水、机器产生噪声，污染了环境使他人受害，但可能并没有因此向受害者支付任何补偿费用。

9. 易受限制

政府对房地产的限制主要通过四种权力来实现的：①管制权。政府为了增进公众安全、健康、道德和一般福利，可以直接对房地产的利用作出限制。例如，通过城市规划规定建筑高度、建筑密度、容积率、绿地率，限制在居住区内建设某些工业或商业设施等；②征收权。政府为了公共利益的需要，例如修公路、建学校等，可以强制取得公民和法人的房地产；③征税权。政府为了增加财政收入等，可以对房地产征税或提高房地产税收，只要这些税收是公平课征的；④充公权。政府在房地产业主死亡或消失而无继承人的情况下，可以无偿收回房地产。

10. 保值增值

房地产价格上升的原因主要有以下5个方面：①房地产拥有者自己对房地产进行投资改良；②外部经济，例如政府进行道路、地铁等交通建设，修建广场、公园、公共绿地，调整城市发展方向，改变城市格局等；③需求增加导致稀缺性增加，例如经济发展和人口增长带动房地产需求增加；④通货膨胀，即商品和服务的货币价格总水平的持续上涨现象，或者简单地说，是物价的持续普遍上涨；⑤房地产使用管制改变，例如将农用地转为建设用地，将原工业用途改变为居住用途或商业用途，增加容积率。其中，房地产拥有者自己对房地产进行投资改良所引起的房地产价格上升，不是房地产的自然增值；通货膨胀所引起的房地产价格上升，不是真正的房地产增值，而是房地产保值；外部经济、需求增加导致稀缺性增加、房地产使用管制改变所引起的房地产价格上升，是真正的房地产自然增值。

1.2 房地产估价基本认识

1.2.1 房地产估价的含义

1. 专业估价的特点

房地产估价是提供专业意见、具有社会公信力、实行有偿服务、承担相关法律责任的专业房地产估价行为，是一种职业性的评估。

专业估价的主要特点有以下几点：①由专业人员完成，是由具有专门知识和经验、取得相关资格的专业人员完成的；②是一种专业意见，不是凭直觉、感性认识得出的，而是采用科学的方法，经过严谨的分析、测算和判断得出的；③具有社会公信力，结果较科学、准确、客观，具有社会公信力；④实行有偿服务，要向委托人收取一定的服务费用，是一种有偿服务；⑤承担法律责任，要对估价的过程和结果负责，承担相应的法律责任。

2. 房地产估价的概念

房地产估价是房地产估价人员根据估价目的，遵守估价原则，运用估价方法，按照估价程序，对估价对象在价值时点的特定价值进行分析、测算和判断并提出专业意见的活动。分析、测算和判断三种活动是相互联系的，分析是测算的基础，测算是判断的基础。

3. 估价与评估的异同

估价的含义更加精准、明确、具体，就是专指对价值进行评估。评估的含义很宽泛，不只限于价值评估，也可以指查验某人、某物或某项工作、活动等以判断其表现、能力、效果、影响等，以得出房地产价值为目标和最终结论的评估，称为房地产价值评估或者简称房地产估价。

1.2.2 房地产估价的本质

1. 是评估房地产的价值而不是价格，是模拟市场定价而不是替代市场定价

房地产价值是客观存在、不以个别人的主观意志为转移的，是由市场力量决定，即是由众多的市场参与者的价值判断而非个别人的价值判断所形成的。估价人员在模拟市场定价时，必须考虑估价对象的潜在目标客户群是如何思考和分析的，模拟估价对象潜在目标客户群的思维进行估价。

2. 是提供价值意见而不是作价格保证

房地产估价是房地产估价人员以"房地产价格专家的身份"发表自己对估价对象价值的见解、看法或观点，即估价结果是一种专业意见，而不应被视为房地产估价人员或房地产估价机构对估价对象在市场上可实现价格的保证。估价专业意见的作用可以分为性质不同的两类，一类是咨询性或参考性的，另一类是鉴证性或证据性的。

3. 会有误差但应将误差控制在合理的范围内

合格的估价人员应当对其估价结果的有限性有清楚的认识，采用多个假设来处理现有的知识水平和范围以及数据的完整性方面的有限性，并将这些假设对估价结果的影响明确地告知委托人。不同的估价人员采用不同的假设，是造成很多情况下对同一估价对象在同一估价目的、同一价值时点的评估价值不相同的重要原因。需要指出的是，一般之所以不直接使用实际成交价格来判断估价结果的准确性，还因为估价结果是假定在正常交易情况下所形成的价格，而实际成交时的交易情况并不一定正常，实际成交价格不一定是正常市场价格。

1.2.3 房地产估价的必要性

1. 专业估价存在的基本前提

一种资产只有同时具有"独一无二"和"价值量大"两个特性，才真正需要专业估价。

2. 房地产需要专业估价

由于房地产具有不可移动、独一无二、价值量的特性，房地产市场是不完全市场。在经济学上，"完全市场"必须同时具备以下8个条件：①同质商品，买者不在乎从谁的手里购买；②买者和卖者的人数众多；③买者和卖者都有进出市场的自由；④买者和卖者都掌握当前价格的完全信息，并能预测未来的价格；⑤就成交总额而言，每个买者和卖者的购销额是无关紧要的；⑥买者和卖者无串通共谋行为；⑦消费者要求总效用最大化，销售者要求总利润最大化；⑧商品可转让且可发生空间位置的移动。

房地产价值的评估需要考虑各种因素，既要有专业数据的计算，也要有专业经验的主观判断，因此，房地产评估需要专业的评估，才能确定合理的客观价值。

1.3 房地产估价的基本要素

1. 估价当事人

估价当事人是指与估价活动有直接关系的单位和个人，包括估价人员、估价机构和估价委托人。其中，估价人员和估价机构是估价服务的提供者，是估价主体；估价委托人是估价服务的直接需求者，是估价服务的直接对象。

（1）房地产估价人员

房地产估价人员简称估价人员，是指通过房地产估价人员职业资格考试或者资格认定、资格互认，取得相应资格并注册，从事房地产估价活动的专业人员。合格的房地产估价人员应当具有房地产估价方面的扎实的理论知识、丰富的实践经验和良好的职业道德。具有扎实的理论知识和丰富的实践经验，是对其估价专业能力的要求；具有良好的职业道德，是对其估价行为规范的要求。

法律规定，房地产估价人员应当受聘于一个房地产估价机构，在同一时间只能在一个房地产估价机构从事房地产估价业务；房地产估价人员不得以个人名义承揽房地产估价业务，应当由所在的房地产估价机构接受委托并统一收费。

（2）房地产估价机构

房地产估价机构简称估价机构，是指依法设立并取得房地产估价机构资质，从事房地产估价活动的专业服务机构。目前规定，房地产估价机构应当由自然人出资，以有限责任公司或者合伙企业形式设立；法定代表人或者执行合伙事务的合伙人是注册后从事房地产估价工作3年以上的专职注册房地产估价人员；资质等级由低到高分为暂定期内的三级资质、三级资质、二级资质、一级资质；依法从事房地产估价活动不受行政区域、行业限制。

（3）估价委托人

估价委托人，是指直接向估价机构提出估价需求，与估价机构订立估价委托合同的单位或个人。委托人有义务向估价机构如实提供其知悉的估价所必要的情况和资料，例如估价对象的权属证明、财务会计信息，并对所提供的情况和资料的真实性、合法性和完整性负责；有义务协助估价人员搜集估价所必要的情况和资料及对估价对象进行的实地查看等工作；不得干预估价人员和估价机构的估价行为和估价结果。

2．估价对象

估价对象即被估价房地产，也称为估价标的、估价客体，当估价对象仅为房地产权益时，例如租赁权时，可称为被估价权益，是指一个房地产估价项目中需要评估其价值的具体房地产或房地产权益。

建筑物已开始建造但尚未建成、不具备使用条件的房地产，即通常所称的"在建工程"，可成为估价对象；也有要求对正在开发建设或者计划开发建设、但尚未出现的房地产，例如通常所讲的"期房"（虽然称为期房，但实际上包含其占用范围内的土地）进行估价；还可能因民事纠纷或者理赔等原因，要求对已经灭失的房地产，例如已被拆除的房屋、被灾害损毁的房屋进行估价。估价对象也可能是房地产的某一局部，例如某幢房屋中的某个楼层，某幢住宅楼中的某套住房。估价对象还可能是现在状况下的房地产与过去状况下的房地产的差异部分，例如在装饰装修后租赁的情况。另外，城市房屋征收估价要求对被征收房屋室内自行装饰装修单独处理。

3．估价目的

估价目的是指一个房地产估价项目中估价结果的期望用途，或者通俗地说，是委托人将要拿未来完成的估价报告做什么用，是为了满足何种涉及房地产的经济活动或者民事行为、行政行为的需要。例如，是为房地产买卖或租赁活动确定相关价格或租金提供参考依据，还是为商业银行等债权人确定房地产抵押价值提供参考依据，或者是为征收人与被征收人之间确定被征收房屋的货币补偿金额、为税务机关核定某种房地产税收的计税依据、为保险公司衡量投保房屋的保险价值提供参考依据。

学生可以自己上网查找不同种类估价目的的描述，例如土地使用权出让或房地产转让等。

不同的估价目的将影响估价结果，因为估价目的不同，估价对象的范围可能不同，价值时点可能不同，评估的价值类型可能不同，估价依据可能不同，估价应考虑的因素可能不同，甚至估价方法也可能不同。例如，许多房地产在买卖、抵押之前已出租，买卖、抵押时带有租赁期间未届满的租赁合同（也称为租约），购买者、抵押权人应尊重并履行这些租赁合同的各项条款，即所谓"买卖不破租赁"，这叫作有租约限制的房地产或带租约的房地产。如果为城市房屋征收补偿目的而估价，则不考虑房屋租赁的影响，应视为无租约限制的房地产来估价。此外，估价目的还限制估价报告的用途。针对某种估价目的的得出的估价结果，不能盲目地套用于与其不相符的用途。因此，在估价中房地产估价人员应始终谨记估价目的。

4．价值类型

价值类型有两种含义，一是指房地产价值的种类，二是指一个房地产估价项目中由估价目的决定的需要评估的具体某种类型的价值——特定价值。房地产估价是评估房地产的价值。同一估价对象可能有不同类型的价值，即同一估价对象的价值并不是唯一的。

价值类型可分为市场价值和非市场价值（或称为市场价值以外的价值）两大类。市场价值称为公开市场价值，是多数估价需要评估的价值，是指房地产在满足下列条件下进行交易最可能的价格：①已交易双方是自愿地进行交易的；②交易双方是出于利己动机进行交易的；③交易双方是精明、谨慎行事的；④交易双方有较充裕的时间进行交易；⑤不存在买者因特殊兴趣而给予附加出价。凡不符合上述市场价值形成条件之一的价值，均为非市场价值。本质上的非市场价值主要有以下4种：①不符合"交易双方有较充裕的时间进行交易"的快速变现价值；②在存在不确定性因素的情况下遵守谨慎原则评估出的谨慎价值；③不符合继续使用条件下的清算价值；④从某个特定投资者的角度来衡量的投资价值。

5．价值时点

价值时点是指一个房地产估价项目中由估价目的决定的需要评估的价值所对应的具体时间。由于同一宗房地产在不同的时间会有不同的价值，所以估价通常只是评估估价对象在某个特定时间的价值。价值时点应根据估价目的来确定，并且价值时点确定应当在先，价值估算应当在后。

6．估价依据

估价依据是指一个房地产估价项目中估价所依据的相关法律、法规、政策和标准（如国家标准、行业标准、地方标准以及指导意见等），委托人提供的有关情况和资料，房地产估价机构和房地产估价人员掌握和搜集的有关情况和资料。为了使估价依据可靠，房地产估价人员应要求委托人如实提供其知悉的估价所必要的估价对象的权属证明、界址、面积等资料，并要求委托人声明其提供的情况和资料是真实、合法的，没有隐匿或虚报的情况；房地产估价人员还应当对委托人提供的有关情况和材料进行必要的核查。

7．估价假设

估价假设是指一个房地产估价项目中房地产估价人员对于那些估价所必要，但不能肯定，而又必须予以明确的前提条件作出的假定。在估价中要防止出现以下三种情况：一是滥用估价假设；二是不明确估价假设；三是无针对性地列举一些与本估价项目无关的估价假设。

8. 估价原则

房地产估价最基本的要求是独立、客观、公正。因此，独立、客观、公正不仅应当作为房地产估价的基本原则，而且可以说是房地产估价的最高行为准则。同时，在具体的房地产估价作业中应当遵守的技术性原则主要有合法原则、最高最佳使用原则、价值时点原则、替代原则。上述这些原则可称之为普适性原则或者一般原则。此外，还有仅适用于某种或某些估价目的的特殊原则，例如房地产抵押估价应遵守的谨慎原则。

估价原则可以使不同的房地产估价人员对于房地产估价的基本前提具有认识上的一致性，对于同一估价对象在同一估价目的、同一价值时点的评估价值趋于相同或近似。

9. 估价程序

房地产估价的基本程序是：①获取估价业务；②受理估价委托；③拟定估价作业方案；④搜集估价所需资料；⑤实地查看估价对象；⑥分析估价对象及房地产市场；⑦选定估价方法进行测算；⑧确定估价结果；⑨撰写估价报告；⑩内部审核估价报告；⑪出具估价报告；⑫估价资料归档。履行必要的估价程序，是规范估价行为、避免估价疏漏、保障估价质量、提高估价效率的重要方面。

10. 估价方法

一宗房地产的价值通常可以从以下三个途径来求取：①近期市场类似房地产的成交价格来衡量其价值。所谓类似房地产是指与估价对象处在同一供求范围内，并在用途、规模、建筑结构、档次、权利性质等方面与估价对象相同或者相似的房地产；②如果重新开发建设一宗类似房地产需要多少费用，即基于房地产的重新开发建设成本来衡量其价值。③如果将该宗房地产出租或营业预计可以获得多少收益，基于该宗房地产的未来收益来衡量其价值。由此在房地产估价上产生了三大基本方法，即比较法、成本法、收益法。此外，还有一些其他估价方法，如假设开发法、长期趋势法、路线价法、基准地价修正法等。

估价方法可以同时运用，以相互验证，有时是相互补充的，但不应相互替代。在评估一宗房地产的价值时，一般要求同时采用两种及以上估价方法，并且在理论上可以同时采用多种估价方法进行估价的，应当同时采用多种估价方法进行估价，不得随意排除可以采用的估价方法。如果确实由于客观条件上的原因不能采用的，必须在估价报告中充分说明不采用的理由。

11. 估价结果

估价结果是指房地产估价人员通过估价活动得出的估价对象价值的专业结论。估价结果可能带有估价人员的主观因素，受估价人员业务水平和职业道德的影响，并且所要求的客观合理的估价结果和实际上的估价结果又都可能与估价对象在市场上真正交易的成交价格不同。

本章小结

　　房地产估价实质是由专业估价人员根据特定目的，对特定房地产在特定时间的特定价值分析，测算和判断并提供专业意见。具有：专业人员完成、形成专业意见、有社会公信力、有偿服务及承担法律责任等特点。房地产估价的基本要素包括：估价当事人、估价对象、估价目的、价值类型、价值时点、估价依据、估价假设、估价原则、估价程序、估价方法及估价结果。

　　房地产的描述可以包括三个方面：房地产实物（有形的实体、该实体的质量、该实体组合完成的功能）、权益（物权、债权、利益、收益）、区位（位置、交通、环境景观、外部配套设施），通过对房地产的描述选择适当的估价方法。

　　房地产的特性包括：不可移动、独一无二、寿命长久、供给有限、价值量大、流动性差、用途多样、相互影响、易受限制、保值增值。

案例分析

　　某市一幢商品房屋建成于2013年，王某于2013年3月购买了其中一套150m²的住宅，交易手续齐全，相关税已缴纳。当地政府于2016年12月通知要征收该区域，并委托一家房地产中介公司前去进行房产价值评估。王某按约定于2017年3月在家等评估人员上门进行实地查验相关补偿资产，查验过程中，王某提出木质家具过大无法移动应该计入补偿资产中，同时要求评估人员对装修的价值进行认定，并拿出当初装修中的相关票据80000元，评估人员确认合法票据为50000元，同时告知王某装修的补偿资产不能按当初的价值。请利用所学内容进行简单分析王某的要求是否合理？装修能补偿50000元吗？并说明依据。

技能训练

一、单项选择题（每题的备选答案中只有一个最符合题意）

1. 房地产不仅是一种重要的资产和财产、生产要素或生活必需品，而且是一种商品和资产，成为（　　）的主要对象。

　　A. 交易　　　　　　B. 交易和投资　　C. 交换　　　　　　D. 投资

2.（　　）由委托人和估价目的的双重决定。

　　A. 估价要素　　　B. 价值时点　　　C. 估价对象　　　D. 价值类型

3. 下列关于房地产估价机构和评估专业人员评估出的价值表述中，正确的是（　　）。

    A. 应是可以实现的价值   B. 是提供价值意见而不是作价格保证

    C. 对委托人的价格保证   D. 为委托人争取最大的利益

4. 下列不属于构筑物的是（　　）。

    A. 储藏室   B. 水塔   C. 隧道   D. 道路

5. 房地产的实物通常是指房地产中看得见、摸得着的部分，具体包括有形的实体、该实体的质量以及（　　）。

    A. 相应配套的基础设施   B. 土地的形状

    C. 组合完成的功能   D. 立体空间

6. 房地产所有权有单独所有、共有和（　　）三种。

    A. 建筑物区分所有权   B. 建筑物区分共有权

    C. 建筑物区分共用权   D. 私有权

7. 关于征收和征用，下列说法正确的是（　　）。

    A. 征收的实质主要是所有权的改变，不存在返还的问题

    B. 征用实质只是使用权的改变，被征用房地产使用后，应当返还被征用人，可以不予补偿

    C. 征用的实质是一种临时使用房地产的行为

    D. 征收是无偿的，征用是有偿的

8. 房地产估价从某种意义上讲是（　　）房地产的价值。

    A. 发明   B. 发现   C. 创造   D. 确定

9. 下列关于房地产估价本质的表述中，错误的是（　　）。

    A. 房地产估价是模拟市场定价而不是替代市场定价

    B. 房地产估价是提供价值意见而不是作价格保证

    C. 房地产估价会有误差而且不能有误差范围限制

    D. 房地产估价是评估房地产的价值而不是价格

10. 屋顶或外墙面出售或出租给广告公司做广告获得收入属于（　　）。

    A. 拥有的房地产权利   B. 受其他房地产权利限制的情况

    C. 受房地产权利以外因素限制的情况   D. 额外的收益或好处

11. 城市规划对房地产用途、建筑容积率的限制，属于房地产权益中的（　　）。

    A. 拥有的房地产权利   B. 受其他房地产权利限制的情况

    C. 受房地产权利以外因素限制的情况   D. 额外的收益或好处

12. 因规划修改、污染、工程质量缺陷等导致的房地产价值减损评估属于（　　）。

    A. 灾害调查评估   B. 规划实施情况评估

    C. 房地产评估   D. 相关经济损失评估

13. 房地产被人民法院查封，从而其处分受到限制，属于（　　）。

A．拥有的房地产权利　　　　　　　B．受房地产权利以外因素限制的情况

C．受其他房地产权利限制的情况　　D．额外的收益或好处

14．在特定的房地产上，既有物权又有债权的，应优先保护（　　）。

　　A．债权　　　　　B．物权　　　　　C．二者皆可　　　　D．二者皆不

15．待开发的土地一般不适用（　　）来估价。

　　A．比较法　　　　B．收益法　　　　C．成本法　　　　D．假设开发法

16．不同的房地产评估专业人员对同一估价对象在同一估价目的、同一价值时点下的评估价值通常不完全相同，这主要是因为（　　）。

　　A．掌握的有关信息不同　　　　　　B．作出的评估专业人员声明不同

　　C．估价对象状况不同　　　　　　　D．委托人不同

17．为国有土地上房屋征收目的而进行的估价，对于房屋租赁的影响，应（　　）。

　　A．视为无租约限制的房地产来估价

　　B．视为有租约限制的房地产来估价

　　C．考虑房屋租赁者的意见

　　D．视其租约租金与市场租金的差异大小而定

18．房地产估价的最高行为准则是（　　）。

　　A．价值时点原则　　B．合法原则　　C．独立、客观、公正　　D．谨慎原则

19．估价程序是指完成一个估价项目所需要做的各项工作按照它们之间的内在联系排列出的先后次序。房地产估价的基本程序包括以下几个方面，排序正确的是（　　）。

①获取估价业务；②受理估价委托；③制订估价作业方案；④搜集估价所需资料；⑤实地查勘估价对象；⑥求取估价对象价值；⑦撰写估价报告；⑧审核估价报告；⑨交付估价报告；⑩估价资料归档。

　　A．①②④③⑤⑥⑦⑧⑨⑩　　　　　B．①②③⑤④⑥⑦⑧⑨⑩

　　C．②①③④⑤⑥⑧⑦⑨⑩　　　　　D．①②③④⑤⑥⑦⑧⑨⑩

20．房地产权利的种类中，属于自物权的是（　　）。

　　A．所有权　　　　B．典权　　　　　C．抵押权　　　　D．地役权

21．（　　）对价值的决定作用几乎是房地产所独有的。

　　A．区位　　　　　B．交通　　　　　C．环境景观　　　　D．外部配套设施

22．房地产的开发、利用、消费，要受制于其所在的空间环境，如邻里关系、当地的社会经济发展状况、制度政策等，这是由于房地产具有（　　）的特性。

　　A．不可移动　　　B．独一无二　　　C．相互影响　　　D．易受限制

23．引起真正的房地产自然增值的原因之一是（　　）。

　　A．装修改造　　　B．需求增加　　　C．通货膨胀　　　D．改进物业管理

24．下列建设用地使用权出让的最高年限中，正确的是（　　）。

　　A．居住用地为40年，工业用地为50年，教育、科技、文化、卫生、体育用地为50

年，商业、旅游、娱乐用地为70年，综合或者其他用地为70年

  B. 居住用地为50年，工业用地为50年，教育、科技、文化、卫生、体育用地为40年，商业、旅游、娱乐用地为50年，综合或者其他用地为50年

  C. 居住用地为70年，工业用地为50年，教育、科技、文化、卫生、体育用地为50年，商业、旅游、娱乐用地为40年，综合或者其他用地为50年

  D. 居住用地为70年，工业用地为40年，教育、科技、文化、卫生、体育用地为50年，商业、旅游、娱乐用地为50年，综合或者其他用地为40年

25. 在人民法院委托的房地产估价拍卖中，人民法院是（ ）。

  A. 估价利害关系人　　　　　　　　B. 估价对象权利人

  C. 估价委托人，不是报告使用者　　D. 估价委托人和报告使用者

26. 承担资产评估、验资、验证、会计、审计、法律服务等职责的中介组织的人员故意提供虚假证明文件，情节严重的，处（ ）年以下有期徒刑或者拘役，并处罚金。

  A. 3   B. 5   C. 7   D. 0

27. 房屋户内全部可供使用的空间面积，按房屋的内墙面水平投影计算的是（ ）。

  A. 房屋建筑面积 B. 房屋使用面积 C. 套内建筑面积 D. 套内墙体面积

28. 房屋建筑面积是指房屋外墙（柱）勒脚以上各层的外围水平投影面积，包括阳台、挑廊、地下室、室外楼梯等，且具有上盖，结构牢固，层高（ ）m及以上的永久性建筑。

  A. 1.20   B. 2.20   C. 2.40   D. 3.60

29. 在评估一宗房地产的价值时，一般要求同时采用（ ）种以上估价方法。

  A. 一   B. 两   C. 三   D. 多

30. 下列关于抵押房地产变现能力强弱比较的说法，正确的是（ ）。

  A. 标准厂房通常比一般厂房的变现能力弱

  B. 郊区的房地产通常比市区的房地产变现能力弱

  C. 小商铺通常比大商铺变现能力弱

  D. 熟地通常比生地或毛地变现能力弱

31. 当建设用地使用权期限届满时，其土地使用权可以自动续期的是（ ）。

  A. 写字楼   B. 生产用房   C. 加油站   D. 住宅

32. 抵押合同签订后，该土地上新增房屋与抵押财产一同拍卖时，对拍卖新增房屋所得（ ）。

  A. 抵押人无权优先受偿　　　　　　B. 抵押权人无权优先受偿

  C. 抵押权人有权优先受偿　　　　　D. 抵押权人有权对全部房地产优先受偿

33. 对被征收人选择房屋产权调换的，其产权调换差价，下列说法中正确的是（ ）。

  A. 产权调换差价＝用于产权调换房屋价值－被征收房屋价值

B. 产权调换差价＝被征收房屋价值－用于产权调换房屋价值

C. 产权调换差价＝被征收房屋价值－用于产权调换房屋的重置成本

D. 产权调换差价＝用于产权调换房屋的重置成本－被征收房屋价值

34. 在实际估价中，选取（　　）应有针对性，主要是根据估价目的和估价对象来选取的。

A. 价值时点　　　　B. 价值类型　　　　C. 估价机构　　　　D. 估价依据

35. 在房地产估价要素中，（　　）限制了估价报告的用途。

A. 估价原则　　　　B. 价值时点　　　　C. 估价目的　　　　D. 估价对象

二、多项选择题（每题的备选答案中有两个或两个以上符合题意）

1. 下列房地产估价相关活动中，不属于传统价值评估业务范畴的有（　　）。

A. 高层建筑地价分摊

B. 房地产咨询业务

C. 因环境污染导致的房地产价值减损评估

D. 国有土地上房屋征收中的停业损失评估

E. 房地产抵押价值评估

2. 权益是房地产中无形的部分，它包括（　　）。

A. 权利　　　　B. 权力　　　　C. 利益　　　　D. 好处

E. 毛利润

3. 房地产租赁包括（　　）。

A. 建设用地使用权出租　　　　B. 房屋租赁

C. 土地租赁　　　　　　　　　D. 互换

E. 用房地产作价出资

4. 建筑物区分所有权包括（　　）等。

A. 按份共有所有权　　　　B. 专有部分所有权

C. 共同关系成员权　　　　D. 共有部分的持份权

E. 长期使用和租赁

5. 下列房地产权利的种类中，属于用益物权的有（　　）。

A. 建设用地使用权　　　　B. 所有权

C. 地役权　　　　　　　　D. 抵押权

E. 宅基地使用权

6. 下列（　　）是对于房地产估价准确性的全面认识。

A. 即使都是合格的评估专业人员，也不可能得出完全相同的评估价值，只会得出近似的评估价值

B. 所有的评估价值都会有误差

C. 能用物理量测量的误差标准来要求估价的误差标准

D. 判断一个评估价值的误差大小或者准确性，理论上是将它与真实价值进行比较

E. 由复核评估专业人员直接评判一个评估价值的对与错和误差的大小

7. 在房地产估价中，如果估价目的不同，则（　　　）。

 A. 估价的依据有可能不同   B. 估价的方法有可能不同

 C. 估价对象的范围有可能不同 D. 估价原则可能不同

 E. 估价程序可能不同

8. 引起房地产价格上升的原因主要有（　　　）。

 A. 对房地产本身进行投资改良 B. 通货膨胀

 C. 需求增加导致稀缺性增加   D. 外部经济

 E. 内部经营管理

9. 房地产估价机构应当由自然人出资，以（　　　）形式设立。

 A. 集体企业 B. 国有企业 C. 有限责任公司 D. 合伙企业

 E. 股份有限公司

10. 下列是估价委托人的义务的有（　　　）。

 A. 向估价机构如实提供其知悉的估价所必要的资料

 B. 协助评估专业人员搜集估价所必要的资料

 C. 就估价结果提出自己的要求

 D. 对所提供的资料的真实性、合法性和完整性负责

 E. 有义务协助估价人员对估价对象进行实地查看等工作

11. 下列关于供役地和需役地的说法正确的有（　　　）。

 A. 允许他人通行的为供役地

 B. 需役地是指具有地役权的土地

 C. 设立地役权通常会使需役地的价值下降

 D. 供役地与需役地的价值都上升

 E. 设立地役权通常会使供役地的价值下降

12. 不同的估价目的将影响估价结果，是因为（　　　）等不同。

 A. 价值时点 B. 估价机构 C. 估价对象范围 D. 估价方法

 E. 房地产评估专业人员

13. 下列是非收益性房地产的有（　　　）。

 A. 农用地 B. 行政办公楼 C. 教堂   D. 寺庙

 E. 汽车加油站 F. 租赁权

14. 政府对房地产的限制一般是通过（　　　）特权来实现的。

 A. 罚款权 B. 管制权 C. 征税权   D. 征收权

 E. 充公权

15. 对房地产本身进行投资改良的内容有（　　　）。

A. 装饰装修改造　　　　　　　　　B. 更新或添加设施设备

C. 改进物业管理　　　　　　　　　D. 经济发展

E. 交通条件改善

16. 一名合格的房地产评估专业人员应具备（　　　）。

A. 扎实的估价理论知识　　　　　　B. 良好的社会关系

C. 良好的职业道德　　　　　　　　D. 深厚的语言文字表述功底

E. 丰富的实践经验

17. 房地产按开发程度来划分，可以分为（　　　）。

A. 自由的房地产　　B. 生地　　　　C. 毛地　　　　D. 熟地

E. 现房

18. 房地产评估专业人员应遵守的职业道德包括（　　　）。

A. 为委托人争取最大的权益　　　　B. 诚实守信

C. 公平竞争　　　　　　　　　　　D. 承担社会责任

E. 保守秘密

19. 一个估价项目通常只有一个估价目的，估价目的决定其（　　　）。

A. 估价委托人　　B. 评估专业人员　　C. 价值类型　　　D. 估价对象

E. 估价结果

20. 下列法律法规和标准中，应作为国有土地上房屋征收估价依据的有（　　　）。

A.《中华人民共和国物权法》　　　　B.《中华人民共和国城市房地产管理法》

C.《国有土地上房屋征收评估办法》　D.《房地产估价规范》

E.《中华人民共和国担保法》

21. 关于有拖欠建设工程欠款的房地产，下列说法中正确的是（　　　）。

A. 建筑工程承包人的优先受偿权优于抵押权和其他债权

B. 建筑工程承包人的优先受偿权优于其他债权，但次于抵押权

C. 建筑工程承包人的优先受偿款包含发包人的违约金

D. 消费者交付购买商品房的全部款项后，承包人就该商品房享有的工程价款优先
　　受偿权不得对抗买受人

E. 消费者交付购买商品房的大部分款项后，承包人就该商品房享有的工程价款优
　　先受偿权可以对抗买受人

22. 下列建筑物状况中，属于建筑物权益状况的是（　　　）。

A. 租赁期限　　　　B. 地役权的设立　　C. 建筑结构　　　　D. 维护情况

E. 物业管理

23. 房地产估价报告中，合理且有依据的说明估价假设，其作用是（　　　）。

A. 说明估价的合法性、真实性　　　　B. 说明估价的独立性、公正性

C. 规避估价风险　　　　　　　　　　D. 保护估价报告使用人

E. 防止委托人提出高估或低估要求

24. 不论估价报告提供给谁使用，委托人要向估价机构提供的资料的（　　　）负责。

A. 合法性　　　　　B. 真实性　　　　　C. 准确性　　　　　D. 排他性

E. 完整性

三、判断题

1. 某注册房地产评估专业人员王某拟抵押其位于A市C区的一套多层住房，该评估专业人员请该所另两名注册房地产评估专业人员对该套住房进行了估价，并出具了估价报告。王某以优惠价格取得该报告，并最终取得银行的抵押贷款。则对该住房的估价是专业房地产估价。（　　　）

2. 房地产所有权可分为独有、共有和建筑物区分所有。其中，建筑物区分所有权人对建筑物内的住宅、商业用房等专有部分享有所有权，对走廊、楼梯、外墙等共有部分享有共有的权利。（　　　）

3. 估价对象是由委托人指定，并由其完全决定的。（　　　）

4. 估价目的可以通过询问委托人未来完成后的估价报告是作何种用途、提供给谁使用或者由谁认可来明确。（　　　）

5. 征收、征用是为了公共利益的需要，具有一定的强制性，所以都是无偿的。（　　　）

6. 房地产被征用后毁损的，征用补偿金额应包括使用上的补偿金额和相当于被征用房地产毁损前后价值之差的补偿金额。（　　　）

7. 房地产估价可以为办理出国移民需提供的财产证明提供估价服务。（　　　）

8. 房地产所有权人在不违反城市规划的条件下，可以将其屋顶出售给他人加盖房屋，也可以将其屋顶或墙面出租给广告公司，还可以分次作为合作条件分成。（　　　）

9. 建筑物区分所有权包括专有部分的所有权、共同共有所有权和因共同关系所产生的成员权构成。（　　　）

10. 房地产真正需要专业估价的基本条件是房地产具有独一无二和供给有限这两个特性。（　　　）

11. 为房屋征收目的进行估价，不需要考虑房屋租赁的影响，应视为无租约限制的房地产来估价。（　　　）

12. 房地产的共有权在共同共有中，共有人按照其份额对共有的房地产享有权利，承担义务。（　　　）

13. 两宗实物状况相同的房地产，如果权益不同，价值可能有很大不同；而如果权益相同，则价值不可能有很大不同。（　　　）

14. 经济学所讲的外部经济，房地产利用中主要体现为房地产的保值增值性。（　　　）

15. 从专业估价角度来讲，房地产估价的核心是为了特定的目的，对特定的房地产在特定时间的特定价值进行分析、测算和判断，并提供相关专业意见。（　　　）

16. 房地产具有供给有限性，本质上是由于土地总量有限和面积不能增加。（　　　）

17. 房地产供给和一般物品供给的最主要区别在于房地产的不可移动特性。(　　)

18. 在鉴证性估价和咨询性估价这两种不同性质的估价中，估价机构和评估专业人员承担同样的法律责任。(　　)

19. 房地产评估专业人员应当保持估价的独立性，当与估价委托人、估价利害关系人有利害关系或者与估价对象有利益关系的，应当主动回避相应的估价业务。(　　)

20. 房地产土地面积不能增加，但交通等基础设施不断完善等，价值会自然增加，即自然增值。(　　)

21. 房地产具有保值、增值的特性，真正的房地产自然增值是由于装饰装修改造和通货膨胀所引起的房地产价格上升。(　　)

22. 目前我国土地使用权出让的方式有招标、拍卖、挂牌、协议四种。(　　)

23. 某套公寓目前尚未出租而空置着，无经济收益，所以属于非收益性房地产。(　　)

24. 对于处分共有的房地产，应当经占份额2/3以上的按份共有人或者全体共同共有人同意，除非共有人之间另有约定。(　　)

25. 估价委托人对估价结果提出了明确要求，由于时间紧，加上估价业务简单，某估价机构按其要求完成了估价。(　　)

26. 同一估价对象可以有不同类型的价值，即同一估价对象的价值不是唯一的。(　　)

27. 房屋征收范围确定后，对在房屋征收范围内实施新建、扩建、改建房屋和改变房屋用途等应给予适当的补偿。(　　)

28. 房地产能抵御通货膨胀，是因为其通常具有保值功能。(　　)

29. 由于房地产的不可移动特性，形成了某宗房地产独有的自然地理位置和社会经济位置。(　　)

30. 房地产被征用后灭失的，补偿金额应包括使用上的补偿和相当于被征用房地产价值的补偿。(　　)

房地产价格影响因素 2

引例

原告赵某、钱某、孙某、李某均为某市粮食局职工，自2004年起一直居住在粮食局集资建设的六层住宅楼内。2014年5月10日，被告某市建筑公司经市建设局批准，在某市城北开发建成一栋18层商品住宅楼，楼高57.5m，与原告四人的住宅楼南北相邻，被告的商品住宅严重影响了原告住宅的采光和通风，给其生产、生活造成很大不便，精神上造成很大伤害，经多次交涉无果，原告向法院提起诉讼，请求依法责令排除妨碍，停止伤害。

讨论：原告的请求是否合理？

本章知识结构图

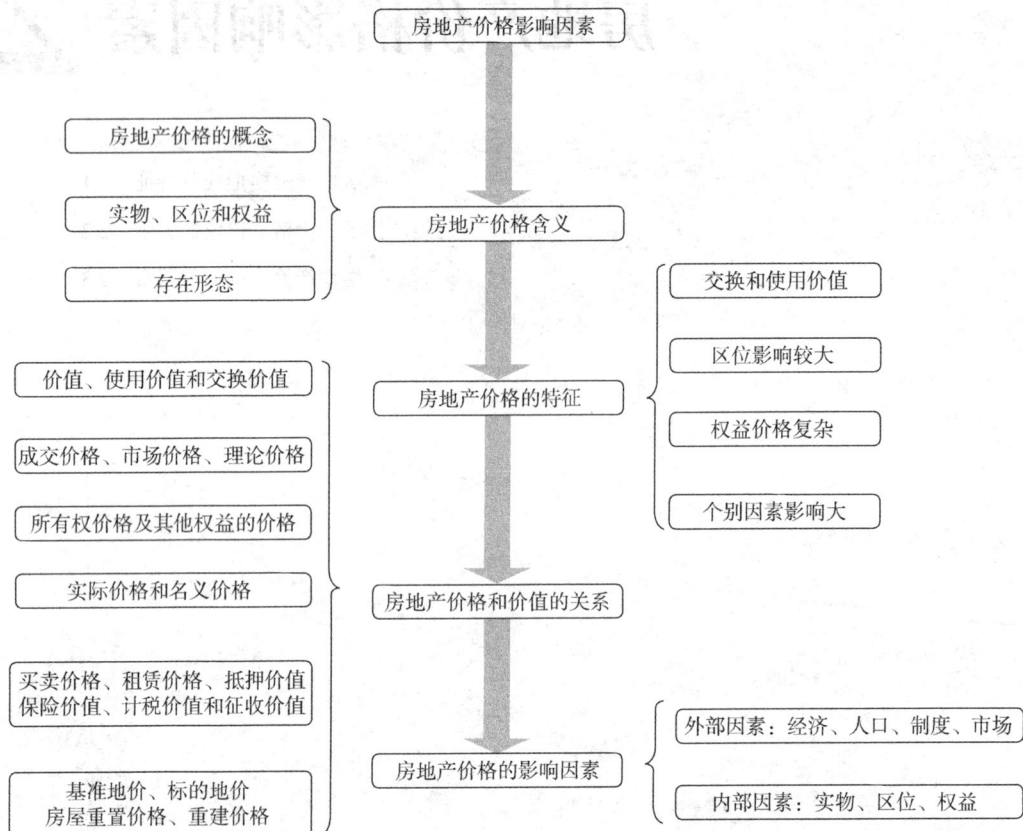

通过本章的学习和训练了解房地产价格形成由有用、稀缺、有需求三个条件促成，房地产价格特征的形成原因，房地产市场通过供求关系影响均衡价格的途径；熟悉房地产评估价值不同于其他价格的成因，影响房地产价格的自身因素：实体、权益和区位，外部因素：人口、制度、经济、社会及其他因素，具有判定估价对象价值种类的能力，能利用区域环境因素对房地产价格的影响程度进行定性分析。

2.1 房地产价格形成及特征

2.1.1 房地产价格的含义

价格的解释主要有下列两种：

（1）价格是为获得一种商品或服务所必须付出的东西，它通常用货币来表示，虽然不一定要用货币形式来偿付（现象）。

（2）价格是商品价值的货币表现，价值是凝结在商品中的一般的无差别的人类劳动或抽象的人类劳动（实质）。

房地产价格是和平获得他人的房地产所必须付出的代价——货币额、商品或其他有价物。

2.1.2 房地产价格的形成条件

1. 一种物品有用，它能够用来满足人们的某种需要，经济学上称为有使用价值。

2. 一种物品稀缺，是指它的数量没有多到使每个人都可以随心所欲地得到它。因此，说一种物品是稀缺的，并不意味着它是难以得到的，仅仅意味着它是不能自由取用的，即不付出代价就不能得到，是相对缺乏，不是绝对缺乏。

3. 人们对一种物品有需求，是指不仅愿意购买它，而且有能力购买它。房地产是一种可以带来租赁、增值等收益的投资品，对其需求不仅有自用需求（或者说消费需求），还有投资需求甚至投机需求。

价格实质上是在市场经济（商品经济）这种特定经济制度下对有用且稀缺的物品的一种分配方式。社会产品主要有以下6种分配方式：武力、礼让、抽签、排队、计划、价格。在市场经济中，价格是最普遍、最广泛应用的一种分配方式。

2.1.3 房地产价格的特征

房地产价格与一般物品的价格，共同之处：①都是价格，用货币来表示；②都有波动，受供求因素的影响；③都是按质论价，优质高价，劣质低价。

1．地价与一般物品价格的不同

（1）生产成本不同。一般物品是劳动的产物，而土地本质上不是劳动创造的，是自然产物，地价本质上不是"劳动价值"的货币表现，是地租的资本化－地价＝地租÷利息率。

（2）折旧不同。一般物品的寿命有限，可以大量重复生产，其价值通常随着时间的流逝而降低，因此有折旧。而土地由于具有不可毁灭性，不能再生产，其价格会自然增值。

（3）价格差异不同。土地由于具有独一无二的特性，所以基本上是一宗土地一个价格，而且不同土地之间的价格差异较大，有的寸土寸金，如大城市商业中心的土地，有的可能价值很低，如偏远的荒漠土地。

（4）市场性质不同。一般物品的市场为较完全市场，形成的价格较客观，而土地市场为典型的不完全市场，地价的形成受主观因素的影响较大。

（5）价格形成时间不同。一般物品由于相同的很多，相互之间容易比较，其所形成的市场为较完全市场，且价值不是很大，所以价格形成的时间通常较短。土地由于具有独一无二的特性，相互之间难以比较，其所形成的市场为不完全市场，而且价值量大，交易通常需要经过较长时间的慎重考虑后才能达成，所以地价形成的时间通常较长。

（6）供求变化不同。地价与一般物品的价格虽然都受供求变化的影响，但因土地的数量难以增减且不可移动，所以其供给弹性较小。

2．房地产价格的特征

（1）房地产价格既有交换代价的价格，又有使用代价的租金。房地产因为价值量大、寿命长久，所以同时存在着买卖和租赁两种交易方式、两个市场。房地产同时有两个价格：一是其本身有一个价格，经济学上称为源泉价格，指交换代价的价格（也称为买卖价格，通常简称价格）；二是使用它一定时间的价格，经济学上称为服务价格，即这里的使用代价的租金（也称为租赁价格，通常简称租金）。

（2）房地产价格受区位的影响很大。利用当地各区的房地产价格变动趋势说明。

（3）房地产价格实质上是房地产权益的价格。房地产由于不可移动，在交易中可以转移的不是其实物，而是其所有权、使用权或其他权益。

（4）房地产价格形成的时间较长。由于房地产的价值量大，加上独一无二特性造成对影响房地产价格的质量、功能、产权、周围环境景观、物业管理等方面的情况在短时间内不易了解，人们在房地产交易时较为谨慎，使房地产交易价格通常难以在短期内达成。

（5）房地产价格容易受交易者的个别情况的影响。房地产价格通常随交易的需要而个别形成，并容易受买卖双方的个别情况（如偏好、讨价还价能力、感情冲动）的影响。

2.2 房地产供求、价格、价值的关系

2.2.1 房地产供求与价格

1. 房地产需求

（1）房地产需求的含义

房地产需求是指消费者在某一特定的时间内，在每一价格水平下，对某种房地产所愿意并且能够购买的数量。形成需求有两个条件：一是消费者愿意购买，二是消费者有能力购买。

（2）决定房地产需求量的因素

1）该种房地产的价格水平。一般地说，某种房地产的价格如果上升了，对其需求就会减少；如果下降了，对其需求就会增加。需求规律的例外是炫耀性物品和吉芬物品。炫耀性物品是用以显示人们的身份和社会地位的物品。由于这种物品只有在高价位时才能够起到炫耀作用，所以，其需求量与价格呈同方向变化。吉芬物品是指某种生活必需品，在某种特定的条件下，消费者对这种商品的需求与其价格呈同方向变化。

2）消费者的收入水平。因为消费者对商品的需求是有支付能力支持的需要，所以，需求量的大小还取决于消费者的收入水平。对于低档商品来说，当消费者的收入增加时，反倒会减少对该商品的需求。

3）消费者的偏好。消费者对商品的需求产生于消费者的需要或欲望，而消费者对不同商品的欲望又有强弱缓急之分，从而形成消费者的偏好。当消费者对某种房地产的偏好程度增强时，该种房地产的需求就会增加；相反，需求就会减少。

4）相关物品的价格水平。当一种房地产自身的价格保持不变，而与它相关的物品的价格发生变化时，该种房地产的需求也会发生变化。在替代品之间，一种房地产的价格上升，另一种房地产的价格如果不变，则对另一种房地产的需求就会增加。在互补品之间，对一种物品的消费如果多了，对另一种物品的消费也会多起来。

5）消费者对未来的预期。当消费者预期其未来的收入会增加时，就会增加现期需求；相反，就会减少现期需求。当消费者预期房地产价格在未来会上升时，就会增加对房地产的现期需求。

（3）房地产的需求曲线

房地产的需求曲线表示房地产的需求量与其价格之间的关系。在图2-1（a）中，根据习惯，以纵坐标轴表示某种房地产的价格（P），横坐标轴表示该种房地产的需求量（Q），因为在价格较高时需求量减少，在价格较低时需求量增加，所以我们得到的是一条向右下方倾斜的需求曲线（D）。如果考虑影响房地产需求量的非该种房地产价格水平因素，那么需求量不再是沿需求曲线变动，而是整个需求曲线发生位移。例如，消费者的收入水平、偏好、对未来的预期和相关物品价格水平的变化，会改变消费者在给定价

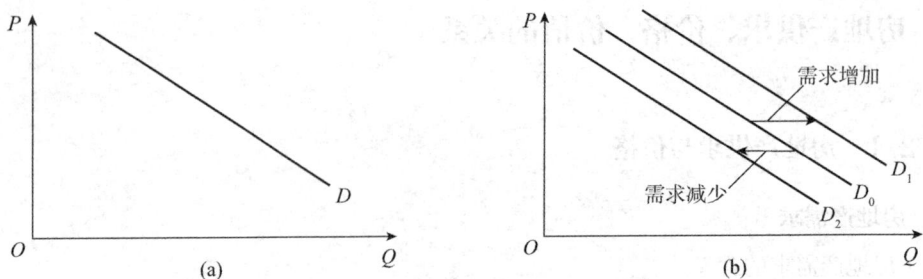

图2-1 一般房地产的需求曲线

格水平下对房地产的需求量。如果在每一价格水平下需求量都增加了，需求曲线就会向右位移；反之，需求曲线就会向左位移。如图2-1（b）所示，以D_0为基础，如果消费者的收入水平提高，由于在相同的价格水平下需求量增加，整个需求曲线将由D_0向右位移到D_1；如果消费者的收入水平下降，由于在相同的价格水平下需求量减少，整个需求曲线将由D_0向左位移到D_2。

2. 房地产供给

（1）房地产供给的含义

房地产供给是指房地产开发商和拥有者（卖者）在某一特定的时间内，在每一价格水平下，对某种房地产所愿意而且能够提供出售的数量。形成供给有两个条件：一是房地产开发商或拥有者愿意供给，二是房地产开发或拥有者有能力供给。

某种房地产在未来某一时间的供给量为：

供给量＝存量－拆毁量－转换为其他种类房地产量＋

其他种类房地产转换为该种房地产量＋新开发量 （2-1）

（2）决定房地产供给量的因素

1）该种房地产的价格水平。一般地说，某种房地产的价格越高，开发该种房地产就越有利可图，房地产开发商愿意开发的数量就会越多。

2）该种房地产的开发建设成本。在某种房地产的价格不变的情况下，当其开发建设成本上升，例如土地、建筑材料、建筑构配件、设备、建筑人工等投入要素中的一种或几种价格上涨时，房地产开发利润率就会下降，从而会使该种房地产的供给减少；相反，会使该种房地产的供给增加。

3）该种房地产的开发技术水平。一般情况下，开发技术水平的提高可以降低开发成本，增加开发利润，房地产开发商就会开发更多的房地产。

4）房地产开发商对未来的预期。如果房地产开发商对未来的预期看好，在制定投资开发计划时会增加开发量，从而会使未来的供给增加，同时会把现在开发的房地产留着不卖，待价而沽，从而会减少房地产的现期供给；如果房地产开发商对未来的预期是悲观的，其结果会相反。

（3）房地产的供给曲线

房地产的供给曲线表示房地产的供给量与其价格之间的关系。在图2-2（a）中，根据习惯，以纵坐标轴表示某种房地产的价格（P），横坐标轴表示该种房地产的供给量（Q），因为在价格较低时供给量减少，在价格较高时供给量增加，所以可得到的是一条向右上方倾斜的供给曲线（S）。如果考虑影响供给量的非该种房地产价格水平因素，那么供给量不再是沿着供给曲线变动，而是整个供给曲线发生位移。如图2-2（b）所示，以S_0为基础，如果房地产的开发成本上升，整个供给曲线将由S_0向左位移到S_1；如果房地产的开发成本下降，整个供给曲线将由S_0向右位移到S_2。在房地产开发成本下降导致整个供给曲线向右位移的情况下，每一价格水平都有更多的供给量，或者说，对每一数量水平，房地产开发商都愿意接受较低的价格。

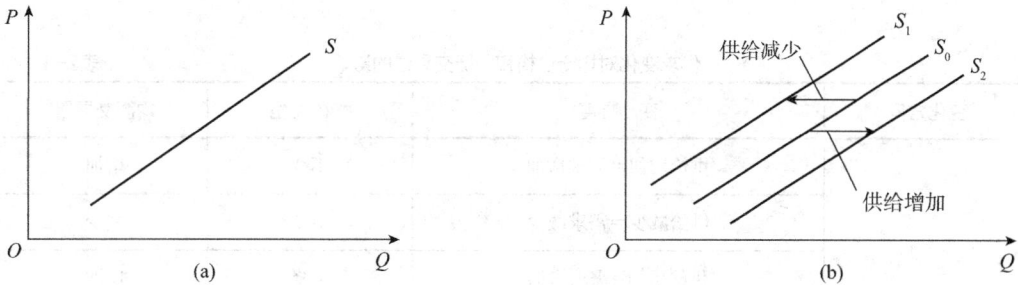

图2-2 一般房地产的供给曲线

2.2.2 房地产均衡价格

在其他条件不变的情况下，需求曲线上的每一个点都是消费者愿意并且能够接受的房地产价格与数量的组合，供给曲线上的每一个点都是房地产开发商或拥有者愿意而且能够提供的房地产数量与价格的组合。由于市场交易是自愿交易，或交易双方一致同意的交易，所以房地产市场交易价格和数量，必须是供求双方都愿意而且能够接受的价格和数量。

图2-3是把需求曲线和供给曲线结合在一起所形成的。E点是需求曲线与供给曲线的交点，它同时处于需求曲线和供给曲线上。因此，E点是供求均衡点，其所对应的价格和数量是消费者和房地产开发商或拥有者都愿意接受的价格和数量的组合。其中，E点所对应的价格P_e被称为均衡价格，所对应的数量Q_e被称为均衡数量。

由上可见，房地产均衡价格是房地产的市场需求曲线与市场供给曲线相交时的价格；也就是房地产的市场需求量与市场供给量相等时的价

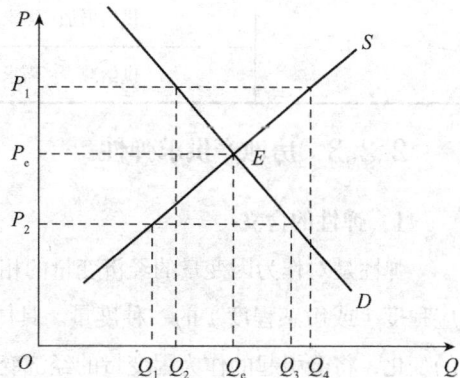

图2-3 房地产均衡价格及其形成

格。当市场价格偏离均衡价格时，会出现需求量与供给量不相等的非均衡状态。一般地说，在市场力量作用下，这种供求不相等的非均衡状态会逐渐消失，偏离的市场价格会自动地恢复到均衡价格水平。图2-3中，当价格上涨到P_2时，供给量将由Q_e增加到Q_4，而需求量将由Q_e减少到Q_2，供给大于需求，出现过剩，过剩数量为（Q_4-Q_2）。由于供大于求，卖者之间竞争的市场压力将迫使价格下降。只要价格高于P_e，这种降价的压力就会一直存在。同理，当价格下降到P_1时，需求量将由Q_e增加到Q_3，而供给量将由Q_e减少到Q_1，需求大于供给，出现短缺，短缺数量为（Q_3-Q_1）。由于供不应求，买者之间竞争的市场压力将迫使价格上升。只要价格低于P_e，这种涨价的压力就会一直存在。

总的来讲，房地产的价格与其需求呈正相关，与其供给呈负相关，需求和供给同时变化有同方向变化和反方向变化、变动幅度不同等情况，因而存在多种变化组合，它们对均衡价格和均衡交易量的影响归纳为表2-1。

供求变化对均衡价格和均衡交易量的影响　　　　表2-1

变化方向	变动幅度	均衡价格	均衡交易量
同方向变化	供给增加=需求增加	不变	增加
	供给减少=需求减少	不变	减少
	供给增加>需求增加	下降	增加
	供给减少<需求减少	下降	减少
	供给增加<需求增加	上升	增加
	供给减少>需求减少	上升	减少
反方向变化	供给增加=需求减少	下降	不变
	供给减少=需求增加	上升	不变
	供给增加>需求减少	下降	增加
	供给减少<需求增加	上升	增加
	供给增加<需求减少	下降	减少
	供给减少<需求增加	上升	减少

2.2.3　房地产供求弹性

1. 弹性的含义

弹性是对作为因变量的经济变量的相对变化对于作为自变量的经济变量的相对变化的反应程度（或敏感程度）的一种度量。具体地说，它告诉人们作为自变量的经济变量发生1%的变化，将会引起的作为因变量的经济变量的百分比变化，即：

$$弹性 = \frac{作为因变量的经济变量的相对变化}{作为自变量的经济变量的相对变化} \qquad (2-2)$$

2．房地产需求弹性

房地产需求弹性主要有需求的价格弹性、需求的收入弹性、需求的人口弹性、需求的交叉价格弹性和需求的价格预期弹性。

（1）房地产需求的价格弹性，通常简称为房地产需求弹性，用来表示在一定时期内一种房地产需求量的相对变化对于该种房地产自身价格的相对变化的反应程度。它是房地产需求量变化的百分比与其价格变化的百分比之比，即：

$$房地产需求的价格弹性 = \frac{房地产需求量变化的百分比}{房地产价格变化的百分比} \qquad (2-3)$$

由于房地产的需求量与其价格一般按照反方向变化，即房地产价格上升时，房地产需求量会减少，所以房地产需求的价格弹性通常是负数。但为了方便起见，一般用正数来衡量需求的价格弹性。

在图2-4的需求曲线上，假设价格从P_1下降到P_2，需求量从Q_1增加到Q_2；或者价格从P_2上升到P_1，需求量从Q_2减少到Q_1。此时计算价格变化的百分比有$-(P_2-P_1)/P_1 \times 100\%$和$(P_1-P_2)/P_2 \times 100\%$两种，计算需求量变化的百分比有$(Q_2-Q_1)/Q_1 \times 100\%$和$-(Q_1-Q_2)/Q_2 \times 100\%$两种。这两种方法计算出的需求的价格弹性不同，而没有哪一种可以说是全对或是全错。因此，一个通用的计算规则是既不根据较低的，也不根据较高的数字来计算变化的百分比，而是使用两者的平均数。这种计算方法称为"中点法"。用"中点法"计算需求的价格弹性E_D的公式为：

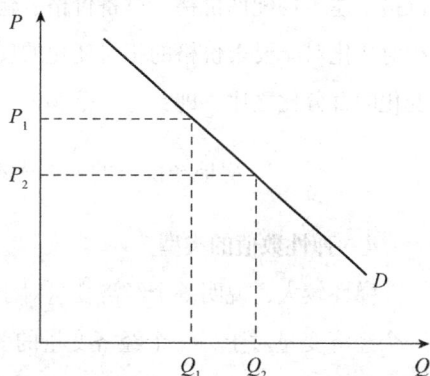

图2-4　需求的价格弹性

$$E_D = \frac{Q_2 - Q_1}{(Q_1 + Q_2)/2} \div \frac{-(P_2 - P_1)}{(P_1 + P_2)/2} \qquad (2-4)$$

【例2-1】假设某种商品住宅的价格从2000元/m²，上升到2200元/m²，其需求量从1000套减少为800套。试采用中点法计算该种商品住宅需求的价格弹性。

【解】采用中点法计算该种商品住宅需求的价格弹性如下：

价格变化的百分比＝{（2200－2000）/[（2000+2200）/2]}×100%＝9.52%

需求量变化的百分比＝{－（800－1000）/[（1000+800）/2]}×100%＝22.22%

需求的价格弹性＝22.22%÷9.52%＝2.33

（2）房地产需求的收入弹性，是建立在房地产的需求量变化与消费者的收入量变化之间关系上的一个弹性概念，用来表示消费者对某种房地产需求量的相对变化对于消费者收入量的相对变化的反应程度。它是房地产需求量变化的百分比与消费者收入量变化的百分比之比，即：

$$房地产需求的收入弹性 = \frac{需求量变化的百分比}{消费者收入量变化的百分比} \qquad (2-5)$$

3.房地产供给弹性

房地产供给弹性主要有供给的价格弹性和供给的要素成本弹性。

（1）房地产供给的价格弹性，通常简称为房地产供给弹性，用来表示在一定时期内一种房地产供给量的相对变化对于该种房地产价格的相对变化的反应程度。它是房地产供给量变化的百分比与其价格变化的百分比之比，即：

$$房地产供给的价格弹性 = \frac{房地产供给量变化的百分比}{房地产价格变化的百分比} \qquad (2-6)$$

与房地产需求的价格弹性不同，房地产供给的价格弹性为正数，这是因为供给量与价格一般按照同方向变化。

（2）房地产供给的要素成本弹性，是房地产供给对其要素价格（如土地价格、建筑材料价格、建筑构配件价格、设备价格、建筑人工费等）变化的反应，用来表示房地产供给量的相对变化对于要素价格的相对变化的反应程度。它是房地产供给量变化的百分比与要素价格变化的百分比之比，即：

$$房地产供给的要素成本弹性 = \frac{房地产供给量变化的百分比}{要素价格变化的百分比} \qquad (2-7)$$

4.弹性数值的类型

弹性较大，说明一个经济变量对于另一个经济变量的变化是较敏感的；弹性较小，说明一个经济变量对于另一个经济变量的变化是较不敏感的。例如，如果需求的价格弹性较大，那么需求对于价格的变化是较敏感的；如果需求的价格弹性较小，那么需求对于价格的变化是较不敏感的。经济学上将弹性数值分为以下5种类型：①弹性大于1的情况，称为富有弹性；②弹性小于1的情况，称为缺乏弹性；③弹性等于1的情况，称为单一弹性；④弹性为无穷大的情况，称为完全弹性；⑤弹性等于零的情况，称为完全无弹性。

5.房地产供求与价格关系的特殊性

在理论上可以把房地产的供求状况分为4种类型：①全国房地产总的供求状况；②本地区房地产总的供求状况；③全国同类房地产的供求状况；④本地区同类房地产的供求状况。与其他可移动的商品不同，房地产由于不可移动及变更用途困难，决定某一房地产价格水平高低的供求状况，主要是本地区同类房地产的供求状况。

2.2.4 房地产价格和价值的种类

1.价值、使用价值和交换价值

价值分为使用价值和交换价值。使用价值是指物品能满足人们某种需要的效用；交换价值是指一种商品同另一种商品相交换的量的关系或比例，即交换价值表现为一定数量的其他商品。在现代社会，交换价值通常用货币来衡量，因此，交换价值一般表现为一定数量的货币。在房地产估价中的价值是指交换价值。

没有使用价值的物品不会被交换对方所接受，也就不能成为商品，不会有交换价值。因此，使用价值是交换价值的前提，即没有使用价值肯定就没有交换价值。

2. 成交价格、市场价格、理论价格和评估价值

（1）成交价格

成交价格是指在一笔房地产交易中交易双方实际达成交易——买者同意付出、卖者同意接受，或者买者支付、卖者收取的货币额、商品或其他有价物。成交价格是一个已完成的事实，是个别价格，通常随着交易者的财力、动机、对交易对象和市场行情的了解程度、购买或出售的急迫程度、讨价还价能力、交易双方之间的关系、卖者的价格策略等的不同而不同。

正常成交价格的形成条件有以下7个：①公开市场；②交易对象本身具备市场性；③众多的买者和卖者；④买者和卖者都不受任何压力，完全出于自愿；⑤理性且自私的经济行为。即"人是理性的，也是自私的"。具体在交易中，指交易双方均是谨慎的，价格不受任何一方感情冲动的影响；⑥买者和卖者都具有完全信息；⑦适当的期间完成交易。

（2）市场价格

市场价格简称市价，是指某种房地产在市场上的一般、平均水平价格，是该类房地产大量成交价格的抽象结果（如平均数、中位数或众数）。

（3）理论价格

理论价格是在经济学假设的"经济人"的行为和预期是理性的，或真实需求与真实供给相等的条件下形成的价格。

成交价格、市场价格和理论价格相对而言，房地产估价是评估房地产的市场价格。

（4）评估价值

评估价值也称评估值。把比较法求得的价值称为比准价格，把成本法求得的价值称为积算价格，把收益法求得的价值称为收益价格。从某种意义上讲，收益法求得的价值倾向于最高买价，成本法求得的价值倾向于最低卖价，比较法求得的价格倾向于成交价格。此外，收益法求得的价值趋向于理论价格，比较法求得的价值趋向于市场价格。

要求评估的是客观合理的价值，而实际评估出的可能是带有房地产估价人员个人主观因素的价值，这两者又都可能与估价对象在市场上真正交易的成交价格不同。但从理论上讲，一个良好的评估价值＝正常成交价格＝市场价格。

3. 市场价值、快速变现价值、谨慎价值、清算价值和投资价值

（1）市场价值

市场价值是房地产在满足下列条件下进行交易最可能的价格：①交易双方是自愿地进行交易的；②交易双方是出于利己动机进行交易的；③交易双方是精明、谨慎行事的，并且了

解交易对象、知晓市场行情；④交易双方有较充裕的时间进行交易；⑤不存在买者因特殊兴趣而给予附加出价。

（2）快速变现价值

快速变现价值是指不符合市场价值形成条件中的"交易双方有较充裕的时间进行交易"下最可能的价格。由于房地产的流动性差，如果交易时间较短（如销售期短于正常或合理的销售期），则其最可能的价格较低，因此快速变现价值通常低于市场价值。

（3）谨慎价值

谨慎价值是指在存在不确定性因素的情况下遵守谨慎原则评估出的价值，通常低于市场价值。例如，为了防范房地产信贷风险，要求评估的房地产抵押价值为谨慎价值。

（4）清算价值

清算价值是指在非继续使用条件下的价值，它一般低于市场价值。但在城市房屋征收的情况下，虽然该房产也不会继续经营下去，但要假设继续经营来评估其市场价值，并据此给予征收补偿。

（5）投资价值

房地产投资价值，指某个特定的投资者（如某个具体的购买者）基于个人的需要或意愿，对该房地产所评估出的价值。市场价值来源于市场参与者的共同价值判断，是客观的、非个人的价值；投资价值是对特定的投资者而言的，是建立在主观的、个人因素基础上的价值。在某一时点，市场价值是唯一的，而投资价值会因投资者的不同而不同。

4．买卖价格、租赁价格、抵押价值、保险价值、计税价值和征收价值

（1）买卖价格

买卖价格是房地产权利人采取买卖方式将其房地产转移给他人，由房地产权利人收取或他人支付的货币额、商品或其他有价物。

（2）租赁价格

租赁价格通常称为租金，在土地或以土地为主的情况下一般称为地租。房租是房屋所有权人或土地使用权人作为出租人将其房地产出租给承租人使用，由承租人向出租人支付或出租人向承租人收取的货币额、商品或其他有价物。

市场租金是指由市场供求状况决定的租金。商品租金是指以房地产价值为基础确定的租金，由折旧费、维修费、管理费、投资利息、房产税、保险费、地租和利润八项因素构成。成本租金是指按照出租房屋的经营成本确定的租金，由折旧费、维修费、管理费、投资利息、房产税五项因素构成。

（3）抵押价值

房地产抵押价值应是债务人不履行到期债务或者发生当事人约定的实现抵押权的情形时，抵押房地产折价的价值或者拍卖、变卖最可能所得的价款扣除法定优先受偿款后的余额。法定优先受偿款是假定实现抵押权时，法律规定优先于本次抵押贷款受偿的款额，包括发包人拖欠承包人的建设工程价款、已抵押担保的债权数额以及其他法定优先受偿款，但不包括强制执行费用。

房地产抵押价值评估只能为评估抵押房地产在估价时假定未设立法定优先受偿权利下的市场价值扣除法定优先受偿款后的余额，通常具体为房地产估价人员实地查看估价对象期间或者估价作业日期内的某个日期（原则上为完成估价对象实地查看之日），假定未设立法定优先受偿权利下的市场价值减去房地产估价人员知悉的法定优先受偿款。

（4）保险价值

保险价值指房地产投保时，为确定保险金额提供参考依据而评估的价值。评估保险价值时，估价对象的范围应视所投保的险种而定。一般不包含不可损毁的土地的价值，通常具体是指建筑物的重建成本（或重置成本）和在建期间的经济损失（如租金损失）。

5．实际价格和名义价格

实际价格是指在成交日期时一次性付清的价格，或者将不是在成交日期时一次性付清的价格折现到成交日期时的价格。名义价格是指在成交日期时讲明，但不是在成交日期时一次性付清的价格。

例如，一套建筑面积80m^2、单价5000元/m^2、总价40万元的住房，在实际交易中的价款支付方式可能有下列几种：

（1）要求在成交日期时一次性付清。

（2）如果在成交日期时一次性付清，则给予折扣，如优惠5%。

（3）从成交日期起分期支付，如首期支付20万元，余款在未来一年内分两期支付，如每隔半年支付10万元。

（4）约定在未来某个日期一次性付清，如约定一年后一次性付清。

（5）以抵押贷款方式支付，如首期支付房价的30%（即12万元），余款在未来10年内以抵押贷款方式按月等额支付。

在第一种情况下：实际单价5000元/m^2，实际总价为40万元；不存在名义价格。

在第二种情况下：实际单价为5000×（1−5%）=4750元/m^2，实际总价为38万元；名义单价为5000元/m^2，名义总价为40万元。

在第三种情况下：实际总价为20+10/（1+5%）$^{0.5}$+10/（1+5%）=39.28万元（假定年折现率为5%），实际单价为4910/m^2；名义单价为5000元/m^2，名义总价为40万元。

在第四种情况下：实际总价为40÷（1+5%）=38.10万元（假定年折现率为5%），实际单价4762元/m^2；名义单价为5000元/m^2，名义总价为40万元。

在第五种情况下：实际单价5000元/m^2，实际总价为40万元；不存在名义价格。

6．现货价格、期货价格及现房价格、期房价格

现货价格是指在交易达成后立刻或在短期内（可视为在交易达成的同时）进行商品交割的价格。期货价格是指在交易达成后按约定在未来某个日期进行商品交割的价格。见表2-2的多种组合形式。

现货交易和期货交易的各种情形 表2-2

	交易达成日	交货日	付款日和付款方式	备注
现货交易	现在	现在	现在一次性付清	此为典型的现货交易
			现在起分期支付	
			未来一次性付清	此称为赊销或赊购
期货交易	现在	未来	现在一次性付清	此称为预购或预售
			现在起分期支付	
			未来一次性付清	此为典型的期货交易

期房价格是指以目前尚未建造完成而在将来建造完成后的建筑物及其占用范围内的土地为交易标的的价格。在期房与现房同品质（包括质量、功能、环境和物业管理等）下，期房价格低于现房价格，关系如下：

期房价格＝现房价格－预计从期房达到现房期间现房出租的净收益的折现值－风险补偿

$$(2-8)$$

【例2-2】某期房尚有1年时间才可投入使用，与其类似的现房价格为3500元/m^2，出租的年末净收益为330元/m^2。假设折现率为10%，风险补偿估计为现房价格的2%，计算该期房目前的价格。

【解】该期房目前的价格：$V=3500-330\div(1+10\%)-3500\times2\%=3130$元/$m^2$

7．基准地价、标定地价和房屋重置价格

《中华人民共和国城市房地产管理法》第三十三条规定："基准地价、标定地价和各类房屋的重置价格应当定期确定并公布。"第三十四条规定："房地产价格评估，应当遵循公正、公平、公开的原则，按照国家规定的技术标准和评估程序，以基准地价、标定地价和各类房屋的重置价格为基础，参照当地的市场价格进行评估。"基准地价、标定地价和房屋重置价格都是一种评估价值。

基准地价是指在城镇一定区域范围内，对现状利用条件下不同级别或不同均质地域的土地，按照商业、居住、工业等用途，分别评估确定的某一时点法定最高出让年限国有土地使用权的平均价格。

标定地价是指政府评估的某一宗地在正常土地市场条件下于某一时点的土地使用权价格。它是该类土地在该区域的标准指导价格。这里的房屋重置价格应是在某一基准日期建造它的必要支出和应得利润。必要支出是建造房屋所必须付出的各项成本、费用和税金。应得利润是建造房屋而当获得的利润，一般是同类或类似房屋建设活动的平均利润。

8．土地价格、建筑物价格和房地价格

（1）土地价格

土地的"生熟"程度主要有以下5种：①未完成征收补偿安置的集体土地。取得该土地

后还需要支付征地补偿安置等费用；②已完成征收补偿安置但未完成"三通一平"或以上开发的土地；③已完成征收补偿安置和"三通一平"或以上开发的土地，如已完成征收补偿安置和"七通一平"的土地；④未完成房屋征收补偿安置的国有土地。取得该土地后还需要支付房屋征收补偿安置等费用；⑤已完成房屋征收补偿安置的国有土地。

（2）建筑物价格

建筑物价格是指建筑物部分的价格，不包含该建筑物占用范围内的土地的价格。

（3）房地价格

房地价格也称为房地混合价，是指土地与建筑物综合体的价格，对于同一宗房地产有：

房地价格＝土地价格＋建筑物价格

9．总价格、单位价格和楼面地价

（1）总价格

总价格是指其一宗或者某一区域范围内的房地产整体的价格。可能是一座建筑面积为$8000m^2$的商场的价格，也可能是一个城市的全部房地产的价格，或是一国全部房地产的价格。房地产的总价格一般不能反映房地产价格水平的高低。

（2）单位价格

土地单价指单位土地面积的土地价格，建筑物单价指单位建筑物面积的建筑物价格，房地单价通常是指单位建筑物面积的房地价格。价格单位由货币和面积两方面构成。

（3）楼面地价

楼面地价是一种特殊的土地单价，是按照土地上的建筑物面积均摊的土地价格。在通常情况下，楼面地价是按照建筑面积均摊的土地价格，楼面地价与土地总价的关系为：

$$楼面地价＝\frac{土地总价}{总建筑面积} \qquad （2-9）$$

由此式可得到楼面地价、土地单价、容积率三者之间的关系如下：

$$楼面地价＝\frac{土地总价}{总建筑面积}×\frac{土地总面积}{土地总面积}＝\frac{土地单价}{容积率} \qquad （2-10）$$

在现实中，楼面地价往往比土地单价更能反映土地价格水平的高低。

2.3　房地产价格的影响因素

2.3.1　房地产价格影响因素概述

1．对房地产价格影响因素的总认识

（1）不同的影响因素或者其变化，引起房地产价格变动的方向是不同的：有的因素或者其变化会降低房地产价格，有的因素或者其变化会提高房地产价格。

（2）不同的影响因素或者其变化，引起房地产价格变动的程度是不尽相同的：有的因素或者其变化引起的房地产价格升降幅度较大，有的因素或者其变化引起的房地产价格升降幅度较小。以住宅的朝向和楼层为例，通常情况下朝向对价格的影响比楼层对价格的影响要大。例如，商场与住宅相反，其楼层对价格的影响比朝向对价格的影响要大得多。

（3）不同影响因素的变化与房地产价格变动之间的关系是不尽相同的：有的因素随着其变化会一直提高或一直降低房地产价格。

2．房地产价格影响因素的分类

一种分类是先分为房地产自身因素和房地产外部因素两大类，再分别进行细分。其中，房地产自身因素可再分为区位因素、实物因素和权益因素三类，房地产外部因素可再分为人口因素、制度政策因素、经济因素、社会因素、国际因素、其他因素六类。

2.3.2　房地产自身因素

房地产自身状况的好坏，直接关系到其价格高低，是不同的房地产之间价值高低差异的基本原因。所谓房地产自身因素，是指构成房地产区位、实物和权益状况的因素。因此，房地产自身因素又可分为区位因素、实物因素和权益因素三类。

1．区位因素

房地产区位优劣的形成，一是先天的自然条件，二是后天的人工影响。房地产的区位还指与其相联系的社会经济位置，是与该特定位置相联系的自然因素与人文因素的总和。房地产的自然地理位置虽然固定不变，但其社会经济位置却会发生变化。这种变化可能是由于城市规划的制定或修改，交通建设或改道，也可能是由于其他方面的建设引起的。当房地产的区位由劣变为优时，其价值会上升；反之，其价值会下跌。

房地产区位因素是一个综合性因素，对其进行分解，可分为位置、交通、环境景观和外部配套设施等方面。

（1）位置

位置包括房地产所处的方位、距离、朝向，当为整幢建筑物中的某个局部（如某层、某套）时，所处的楼层也属于位置因素。

1）方位

房地产的方位，首先是看它在某个大区域中的位置，再看它在某个小区域中的位置。古代称江河以南是阴，江河以北是阳；山南是阳，山北是阴。对于东西走向的街道、水流来说，位于北侧的房地产价格通常高于位于南侧的房地产价格。由于我国地理位置特殊，对于位于十字路口的房地产来说，其价格由低到高通常依次为西北角、东北角、西南角、东南角。对于位于山坡地的房地产来说，位于南坡的房地产价格通常高于位于北坡的房地产价格。

2）距离

房地产行业中的距离是指一宗房地产与重要场所，例如市中心、汽车站、火车站、机场、港口、码头、政府机关、同行业、工作地、居住地等的远近，可分为空间直线距离、交通路线距离、交通时间距离、经济距离。交通路线距离是指通过道路等来连接的距离，有时受路况（包括路面、交通流量等状况）、交通管制等的影响，虽然距离不远，但可及性、便捷性可能并不好，特别是在时间对人们越来越宝贵的情况下。交通时间距离在实际中确定性差，原因是测量所用的交通工具、所处时段不能反映真实的交通时间情况。经济距离是把交通时间、交通费用统一用货币来衡量，以反映距离。

3）朝向、楼层

住宅的朝向主要影响到采光。中国处在北半球，南向是阳光最充足的方位，一般认为"南方为上，东方次之，西又次之，北不良"，因此，住宅最好是坐北朝南。在实际估价中，对住宅的朝向应尽最细化后予以分析，例如分为南北向、南向、东南向、西南向、东西向、东向、西向、东北向、西北向、北向。

住房楼层影响到采光、视野（或景观）、空气洁净、噪声、室内温度、便捷、自来水洁净、安全以及顶层是否可独享屋面使用权，地上一层是否可独享室外一定面积空地的使用权等。住宅楼层的优劣通常是按照总楼层数和有无电梯来区分。一般地说，没有电梯的传统多层住宅的中间楼层最优，顶层较劣。有电梯的中高层住宅，城市一年四季空气中悬浮层之上的楼层最优，三层以下较劣。对于商业用房而言，地上一层的价格或租金最高，其他层的价格或租金较低。

（2）交通

交通因素对房地产价格的影响，可分为可借助的交通工具（例如公共汽车、电车、出租汽车、轮渡、地铁、轻轨、火车、飞机等）、路况、交通线路数量、与交通站点（例如公共汽车站、地铁站、火车站等）的距离、停车的方便程度（例如有无停车场、车位数量、与停车场的距离等）、交通管制等多个方面来考察。

（3）环境景观

影响房地产价格的环境和景观因素，是指那些对房地产价格有影响的房地产周围的物理性状因素和人文状况因素，主要有大气环境、水文环境、声觉环境、视觉环境、卫生环境和人文环境等。

（4）外部配套设施

外部配套设施是指房地产外部的基础设施和公共服务设施。如果是房地产内部的基础设施和公共服务设施，则属于房地产的实物因素。一般地说，外部配套设施完备，特别是有教育质量高的中小学、医疗水平高的医院、购物中心、娱乐场所的，房地产价格就高；反之，房地产价格较低。

2．实物因素

（1）土地实物因素

1）面积

通常情况下，面积大的地块单位价格会高一些，但地价与土地面积大小关系是变化的。在城市商业中心对面积大小的敏感度较高，而在市郊或农村则相对较低。

2）形状

土地形状是否方正，对地价也有一定的影响。由于形状不规则的土地一般不能有效利用，相对于形状规则的土地，其价格一般要低。

3）地势

土地较为平坦的，价格较高；高低不平的土地，价格较低。但是，如果土地过于平缓，往往不利于地面水的汇集和排除。在其他条件相同时，地势高的房地产的价格要高于地势低的房地产的价格，因为地势低不仅下雨时容易积水、潮湿，而且会影响建筑物的气势、可视性（即要被看得见）。气势、可视性对于写字楼都很重要，可视性对于商铺很重要。

4）土壤及地基状况

土壤受到污染的土地，由于需要处理费用，其价格会降低；房屋所在土地的土壤如果受到污染，房价会降低。地基状况是指地基的承载力、稳定性、地下水位等。地基的承载力是指土地可负荷物品的能力，特别是指在保证地基稳定的条件下，建筑物的沉降量不超过允许值的地基承载能力。一般情况下，地质坚实，承载力较大，有利于建筑使用，地价就高；反之，地价则低。

5）宗地内基础设施完备程度和场地平整程度

一宗土地的基础设施完备程度和场地平整程度，对其价格的影响是显而易见的："七通一平"土地的价格，要高于"五通一平"土地的价格；"五通一平"土地的价格，要高于"三通一平"土地的价格。

（2）建筑物实物因素

1）建筑规模

建筑物的体量、面积大小、开间等规模因素，影响到建筑物的形象、使用性，对房地产价格有所影响。规模过小或过大，都会降低其价值。

2）建筑结构

不同结构的建筑物的稳固性、耐久性和安全性不同。因此，不同结构的建筑物的价值会有所不同，特别是在地震多发地区。例如，砖混结构的价值一般要高于砖木结构的价值，钢筋混凝土结构的价值一般要高于砖混结构的价值。

3）设施、设备

建筑物的设施、设备是否齐全、完好，例如是否有中央空调、电梯、集中供热、宽带等，对其价值有很大影响。不同用途和档次的建筑物，对设施、设备的要求不同。设施、设备齐全、完好的，价值就高，反之价值则低。

4）装饰装修

房屋按照装饰装修的程度，可分为精装修、粗装修和毛坯房三大类。一般地说，同类房地产，精装修的价格要高于粗装修的价格，粗装修的价格要高于毛坯房的价格。

5）层高或净高

人们对建筑物的需求本质上是对建筑物内部立体空间的需求，而不仅仅是平面，因此层高或净高对房地产价格会有影响。层高或净高过低的建筑物给人以压抑感，从而其价值一般较低。但层高或净高也有一个合适的度，过高不仅会增加建造成本，而且会增加使用过程中的能源消耗，从而也会降低建筑物的价值。

6）空间布局

不同用途的建筑物，空间布局对其价值影响不同，通常情况下，平面布置合理、交通联系方便、有利于使用的，价值就高，反之，价值则低。尤其是住宅，平面设计中功能分区是否合理、使用是否方便是决定其价格高低的重要因素。

7）防水、保温、隔热、隔声、通风、采光、日照

房屋建筑应满足防水、保温、隔热、隔声、通风、采光、日照等要求。对其防水的基本要求是，屋顶或楼板不漏水，外墙不渗雨。对建筑物保温、隔热的基本要求是，冬季能保温，夏季能隔热、防热。对房屋隔声的基本要求是，为了防止噪声和保护私密性，能阻隔声音在室内与室外之间、上下楼层之间、左右隔壁之间、室内各房间之间传递。对房屋通风的基本要求是，能够使室内与室外空气之间流通，保持室内空气新鲜。对房屋采光、日照的基本要求是，白天室内明亮，室内有一定的空间能够获得一定时间的太阳光照射。采光、日照尤其对住宅和办公楼比较重要。

8）外观

建筑物外观包括建筑式样、风格、色调、可视性等，对房地产价格有很大影响。凡是建筑物外观新颖、优美，可给人以舒适的感觉，则价格就高；反之，呆板，很难引起人们强烈的享受欲望，甚至令人压抑、厌恶，则价格就低。

3．权益因素

拥有房地产，实际上就拥有了一定范围的空间。但拥有者在该空间范围要受到许多方面的限制。对房地产利用的限制可归纳为以下3个方面：①房地产权利的设立和行使的限制；②房地产使用管制；③房地产相邻关系的限制。

（1）权利状况

土地和建筑物的权利状况如何，例如拥有的是所有权，还是使用权、地役权、抵押权、租赁权，以及这些权利是否完整、清晰等，价值有很大的差异。地役权的存在会降低供役地的价值。

权利所对应的实质内容对价值也有很大的影响。例如《中华人民共和国民法通则》第七十九条规定："所有人不明的埋藏物、隐藏物，归国家所有；国家按照所有权与使用权分离的原则，实行城镇国有土地使用权出让、转让制度，但地下资源、埋藏物和市政公用设施除外。"

（2）使用管制

使用管制主要针对耕地转为非耕地、农用地转为建设用地以及城市规划对土地用途、建筑高度、建筑密度、容积率等的规定。规定用途对地价的影响在城市郊区表现得特别明显：在城市发展已使郊区某些农用地很适合于转变为城市建设用地的情况下，如果政府规定只能维持现有的农业用途，则地价必然较低，而如果一旦允许改变用途，则地价会成倍上涨。

（3）相邻关系

相邻关系是指房地产的相邻权利人依照法律、法规的规定或者按照当地习惯，相互之间应当提供必要的便利或者接受必要的限制而产生的权利和义务关系。特别是从义务方面来

看，相邻关系是对房地产所有权、使用权的一种限制，因此，相邻关系的存在对房地产价格有一定的影响。一方面，相邻关系要求房地产权利人应当为相邻权利人提供必要的便利，包括：①应当为相邻权利人用水、排水提供必要的便利；②对相邻权利人因通行等必须利用其土地的，应当提供必要的便利；③对相邻权利人因建造、修缮建筑物以及铺设电线、电缆、水管、暖气和燃气管线等必须利用其土地、建筑物的，应当提供必要的便利。另一方面，相邻关系要求房地产权利人在自己的房地产内从事工业、农业、商业等活动及行使其他权利时，不得损害相邻房地产和相邻权利人，包括：①在自己的土地上建造建筑物，不得违反国家有关工程建设标准，妨碍相邻建筑物的通风、采光和日照；②不得违反国家规定弃置固体废物，排放大气污染物、水污染物、噪声、光、电磁波辐射等有害物质；③挖掘土地、建造建筑物、铺设管线以及安装设备等，不得危及相邻房地产的安全。

2.3.3　人口因素

1. 人口数量

房地产价格与人口数量的关系非常密切。当人口数量增加时，对房地产的需求就会增加，房地产价格也就会上涨；而当人口数量减少时，对房地产的需求就会减少，房地产价格也就会下降。引起人口数量变化的一个重要因素是人口增长，反映人口增减速度的指标主要是人口增长率。某一地区的人口增长率是该地区一年内人口增长的绝对值与其同期年平均总人数之比。计算公式为：

$$人口增长率 = \frac{本年人口增长绝对值}{年平均总人数} \times 1000‰ \tag{2-11}$$

在城市，特别是随着外来人口、流动人口的增加，对房地产的需求必然增加，从而会引起城市房地产价格上涨。

2. 人口素质

人口的文化教育水平，生活质量和文明程度，可以引起房地产价格的变化。社会随着文明发达、文化进步，公共服务设施必然日益完善和普遍，同时对居住环境也必然力求宽敞舒适，凡此种种都足以增加对房地产的需求，从而导致房地产价格升高。如果一个地区中居民的素质低、构成复杂、社会秩序欠佳，则该地区的房地产价格必然较低。

3. 人口结构

人口结构是指一定时期内人口按照性别、年龄、家庭、职业、文化、民族等因素的构成状况。其中，人口年龄构成是指一定时间人口按照年龄的自然顺序排列的数列所反映的年龄状况，以年龄的基本特征划分的各年龄组人数占总人数的比例表示。中国城市家庭随着经济发展也发生了一定的变化，其中的家庭人口规模（家庭平均人口数）发生变化，即使人口总量不变，也将使居住单位数发生变动，从而引起所需要的住房数量的变动，一般地说，随着家庭人口规模小型化，即家庭平均人口数的下降，家庭数量增多，所需要的住房总量将增加，房地产价格有上涨的趋势。

2.3.4 制度政策因素

1. 房地产政策

房地产政策对房地产价格的影响也许是最大的，特别是房地产的所有制、使用制、交易管理制度及价格政策。国内房地产所有制是房屋可以私人所有，其中的住宅绝大部分为私人所有，而且可以买卖；但土地所有权属于国家或者农民集体，不能买卖，仅能通过征收方式由农民集体所有变为国家所有这种单向流动。因此，土地仍然没有所有权价格，所谓的土地价格均是土地使用权价格。在房地产政策中，房地产价格政策对房地产价格的影响也很大。主要有：①政府在房地产价格上涨过快时通过增加土地供应或者加大、加快房屋建设，以增加房地产供给，从而平抑房地产价格；②规定按照合理的房地产开发建设成本和利润率来定价；③制定最高限价，规定房地产交易时不得突破此价格；④建立一套房地产交易管理制度，遏制房地产投机炒作。

2. 税收政策

按房地产税收的征收环节，可将房地产税收分为房地产开发环节的、房地产转让环节的和房地产持有环节的。如果是处于卖方市场，则增加房地产开发环节的税收可以通过涨价转嫁给房地产购买者，从而会使房地产价格上升；而减少房地产开发环节的税收则难以使房地产价格下降，主要会转化为房地产开发商的"超额利润"。如果是处于买方市场，则增加房地产开发环节的税收主要会使房地产开发商通过降低开发利润等而"内部消化"，难以使房地产价格上升；而减少房地产开发环节的税收则会使房地产价格下降。

房地产转让环节的税收相当于商品流通环节的税收，例如增值税、城市维护建设税、教育费附加（可视同税金）、土地增值税、印花税、所得税（企业所得税或个人所得税）、契税。

房地产持有环节的税收相当于商品使用环节的税收，例如城镇土地使用税、房产税、城市房地产税、物业税（准备开征，但目前尚未开征），直接或者间接地对持有房地产课税，比如开征物业税，实际上是增加了持有房地产的成本或者说增加了房地产使用成本，会使房地产自用需求者倾向于购置较小面积的房地产，并会抑制房地产投资和投机需求，从而会使房地产需求减少，导致房地产价格下降。

3. 金融政策

房地产由于价值量大，其开发、投资、消费均与金融密切相关。因此，金融政策的变化对房地产价格有影响。影响房地产价格的金融政策主要是房地产信贷政策，包括严格控制或适度放松房地产开发、购房贷款，上调或下调金融机构贷款基准利率，提高或降低最低购房首付款比例，提高或降低最高房地产抵押贷款成数，延长或缩短最长购房贷款期限等。

4. 特殊政策

实行特殊的政策、特殊的体制机制、特殊的对外开放措施、国家给予必要的支持等，往往会提高这些地区的房地产价格。例如，国家设立的河北雄安新区及新设立的7个自由贸易试验区均适用新的政策，从而使这些地区的房地产价格有较大上涨。

5．相关规划和计划

政府的规划和计划是重要的公共政策。影响房地产价格的规划和计划很多，如国民经济和社会发展规划、国土整治规划、城镇体系规划、城市规划、土地利用总体规划、土地利用年度计划、土地供应计划、年度建设用地计划、住房建设规划。其中，总体规划是国民经济和社会发展的战略性、纲领性、综合性规划，是编制本级和下级专项规划、区域规划以及制定有关政策和年度计划的依据。区域规划是以跨行政区的特定区域国民经济和社会发展为对象编制的规划，是总体规划在特定区域的细化和落实。国民经济和社会发展规划对房地产价格有很大的影响。

城市规划是设立经济社会发展目标，确定城市性质、规模和发展方向，合理利用城市土地和空间资源，协调城市各项用地和空间布局以及对城市各项建设活动的综合部署、具体安排和实施管理。城市规划具体有总体规划、近期建设规划、分区规划、控制性详细规划、修建性详细规划。城市控制性详细规划对具体地块的土地利用和建设提出了控制指标，作为建设主管部门（城乡规划主管部门）作出建设项目规划许可的依据。城市修建性详细规划对所在地块的建设提出具体的安排和设计。

土地利用总体规划是在一定区域内，根据社会经济可持续发展的要求和自然、经济、社会条件，对土地的开发、利用、治理和保护在空间上、时间上所作的总体安排。土地利用总体规划的控制指标主要有两项：一是建设用地总量，其中包括建设占用耕地的数量；二是耕地保有量。

2.3.5　经济因素

影响房地产价格的经济因素：经济发展状况、居民收入水平、物价、利率、汇率。

1．经济发展

经济发展包括：物质福利的改善；根除贫困及与之相关联的文盲、疾病和过早死亡；改变投入与产出的构成，包括把生产的基础结构从农业转向工业活动；以生产性就业普及于劳动适龄人口而不是只限于少数具有特权的人的方式来组织经济活动；相应地使有着广大基础的集团更多地参与经济方面和其他方面的决定，从而增进自己的福利。反映经济发展的一个重要指标是国内生产总值（GDP）的增长。GDP是对一个国家或一个地区在一定时期内国民经济生产活动的总成果的一种计量，从总体上反映了一个国家或一个地区的经济活动的总规模、综合实力和人民生活水平的高低程度。GDP增长说明社会总需求在增加。社会总需求增加预示着投资、生产活动活跃，会带动对厂房、写字楼、商店、住宅和各种娱乐设施等的需求增加，由此会引起房地产价格上涨，尤其是引起地价上涨。

2．居民收入

我国反映居民收入增长的指标有城镇居民人均可支配收入和农村居民人均纯收入。城镇居民人均可支配收入是指城镇居民家庭在支付个人所得税、财产税及其他经常性转移支出之后余下的实际收入。农村居民家庭人均纯收入是指农村居民家庭总收入中扣除从事生产和非生产经营的费用支出、缴纳税款、上交承包金额后所剩余的部分。这部分纯收入既可直接用于生产和非生产性建设投资，也可用于生活消费支出和储蓄。

居民收入水平对房地产价格的影响程度，要看现有的收入水平及边际消费倾向的大小。所谓边际消费倾向，是指收入每增加一个单位所引起的消费变化，新增加消费占新增加收入的比例。如果居民收入的增加是衣食都较困难的低收入者的收入增加，虽然其边际消费倾向较大，但其增加的收入大部分甚至全部会首先用于衣食等基本生活的改善，这对房地产价格的影响就不大。

3．物价

显示一般物价变动的主要指标有居民消费价格指数（CPI）和生产资料价格指数（PPI）。居民消费价格指数是反映一定时期内居民消费价格变动趋势和变动程度的相对数。居民消费价格指数分为食品、衣着、家庭设备及用品、医疗保健、交通和通信、娱乐教育和文化用品、居住、服务项目等八个大类。该指数是综合了城市居民消费价格指数和农民消费价格指数计算取得的。生产资料价格指数是反映一定时期内生产资料价格变动趋势和变动程度的相对数，包括能源、钢材、有色金属、化工产品、木材等项目。当前我国统计口径中，房地产价格变动没有纳入居民消费价格指数和生产资料价格指数核算，房地产是被列入固定资产投资。

4．利率

利率的升降对房地产价格有较大影响。从房地产开发建设成本的角度来看，利率上升或下降会增加或降低房地产开发的投资利息，从而使房地产价格上升或下降。从房地产需求的角度来看，房地产抵押贷款利率的上升或下降会增加或减轻房地产购买者的贷款偿还负担。从房地产价值是房地产未来预期收益的现值之和的角度来看，由于房地产价值与折现率负相关，而折现率与利率正相关，所以利率上升或下降会使房地产价格下降或上升。综合来看，房地产价格与利率负相关：利率上升，房地产价格会下降；利率下降，房地产价格会上升。

5．汇率

汇率是指一种货币折算成另一种货币的比率，或者说，一种货币以另一种货币表示的价格。当预期某国的货币会升值时，就会吸引国外资金购买该国房地产，从而会导致其房地产价格上涨；相反，会导致其房地产价格下降。

2.3.6　社会因素

主要是指政治安定状况、社会治安状况、城市化水平和房地产投机对房地产价格的影响。总体上政治社会安定，城市化水平较高的地区房地产价格较高；投机对价格的影响在不同条件下有不同的表现。

2.3.7　其他因素

1．行政隶属变更

行政隶属变更也会影响房地产价格。例如，将某个非建制镇升格为建制镇或者将某个建制镇升格为市，将某个面由原来的较低级别升为较高级别，如县级市升格为地级市，省辖市升格为直辖市，一般会使该地区的房地产价格上升。

2．心理因素

心理因素对房地产价格的影响主要表现为个人偏好，其影响房地产价格的表现：①购买或出售心态；②个人欣赏趣味（偏好）；③时尚风气、跟风或从众心理；④接近名家住宅心理；⑤讲究风水或吉祥号码，例如讲究门牌号码、楼层数字等。

📖 **本章小结**

房地产价格是和平地获得他人的房地产所必需付出的代价——货币额、商品或其他有价物。价格的形成是客观存在的，不以个别人的意志为转移的，是由市场力量决定，即由众多的市场参与者的价值判断而非个别人的价值判断所形成的。形成价格的要件有：有用、稀缺、有需求。房地产价格的特征包括：双重价格、受区位影响较大、权益价格、形成时间较长、受交易者的个别影响。

房地产价格由市场供需决定，对房地产价格需求影响较大的因素有：该种房地产的价格水平、消费者的收入水平、消费者的偏好、相关物品的价格水平、消费者对未来的预期。对房地产价格供应影响较大的因素有：该种房地产的价格水平、该种房地产的开发建设成本、该种房地产的开发技术水平、房地产开发商对未来的预期。房地产的价值分类主要有十一类。

对房地产价格有影响的主要因素有：房地产自身因素、人口因素、制度政策因素、经济因素、社会因素、国际因素和其他因素。

🎓 **案例分析**

某老人由于子女均在县城无人照顾，于2013年4月想委托房地产中介公司购买一套交通便利、邻里安静、适合老人居住的房产，10天后房地产中介公司打电话给老人请他去看房，由于看房时间是中午休息时间，楼上和楼下较为安静，价格也较便宜。老人再三询问房地产中介公司人员，邻里有无夜晚吵闹及精神异常者的情况出现，房地产中介人员都说没有。7天后老人办理好相关手续入住，当天晚上对门所养的三只狗叫声不断，楼上住户家中有一精神病患者晚上发作，吵闹不止。第二天，老人去物业公司咨询得知，原来的住户就是因为楼上和对门过于吵闹才卖房的，老人很生气，找到委托的房地产中介公司要求退房、退回中介费用，但房地产中介公司以老人看过房为由拒绝退房，老人只得上诉法院。请根据所学内容分析老人退房行为法院是否会支持，并说明依据。

技能训练

一、单项选择题（每题的备选答案中只有一个最符合题意）

1. 在合法利用下，现状价值一般（   ）市场价值。

    A. 低于   B. 等于   C. 高于   D. 不等于

2. 房地产估价中的价值，一般是指（   ）。

    A. 使用价值   B. 交换价值   C. 投资价值   D. 账面价值

3. 同类房地产的市场价格之所以相互牵制，是因为相互间有一定的（   ）。

    A. 互补性   B. 权益差别   C. 替代性   D. 外部环境差异

4. 下列关于房地产价格影响因素的表述错误的有（   ）。

    A. 不同的影响因素或者其变化，引起房地产价格变动的方向是不尽相同的

    B. 影响因素对房地产价格的影响与时间无关

    C. 提高或降低房地产交易税费等房地产市场调控的政策措施，对房地产价格的影响通常需要一个过程

    D. 某些房地产价格影响因素对房地产价格的影响可用数学公式或数学模型来量化

5. 现实中的使用、支配权要受到多方面的制约，其中农用地转为建设用地属于（   ）方面的制约。

    A. 建筑技术   B. 权利状况   C. 相邻关系   D. 土地使用管制

6. （   ）房地产的区位优劣，主要是看其交通条件、周围环境和景观、配套设施完备程度。

    A. 办公   B. 商业   C. 居住   D. 工业

7. 为了防范房地产信贷风险，要求评估的房地产抵押价值为（   ）。

    A. 快速变现价值   B. 谨慎价值   C. 现状价值   D. 残余价值

8. 投资者评估的房地产的投资价值（   ）该房地产的市场价格，是其投资行为（或交易）能够实现的基本条件。

    A. 小于   B. 大于   C. 小于或等于   D. 大于或等于

9. 房地产价格是由房地产的（   ）三者相互结合而产生的。

    A. 有用性、稀缺性、有效需求   B. 供给、需求、利用状况

    C. 权利、租金、利率   D. 价值、使用价值、供求

10. 决定房地产需求量和供给量的共同因素是（   ）。

    A. 相关物品的价格水平   B. 该种房地产的价格水平

    C. 房地产开发商对未来的预期   D. 消费者对未来的预期

11. 需求规律是指需求量与价格（   ）的关系。

    A. 正相关   B. 负相关   C. 零相关   D. 无法确定

12. 在影响房地产价格的各种因素中，房地产投机属于（   ）。

A. 社会因素　　　　B. 环境因素　　　　C. 经济因素　　　　D. 行政因素

13. 对于位于十字路口的房地产来说，如果不考虑周围的情况，其价格高低通常依次为（　　　）。

    A. 东北角、西南角、东南角、西北角　　B. 西北角、西南角、东北角、东南角

    C. 西北角、西南角、东南角、东北角　　D. 西北角、东北角、西南角、东南角

14. 某种生活必需品，在某种特定的条件下，消费者对这种商品的需求与价格呈同方向变化。这种物品指的是（　　　）。

    A. 炫耀性物品　　B. 正常商品　　　　C. 吉芬物品　　　　D. 马铃薯

15. 对于正常商品来说，当消费者的收入增加时，就会（　　　）对商品的需求。

    A. 减少　　　　　B. 不变　　　　　　C. 增加　　　　　　D. 无法确定

16. 人们常用距离来衡量房地产区位的好坏。下列距离越来越受重视的是（　　　）。

    A. 空间直线距离　B. 交通路线距离　C. 交通时间距离　D. 经济距离

17.《民法通则》第七十九条规定："所有人不明的埋藏物、隐藏物，归（　　　）所有。"

    A. 国家　　　　　B. 集体　　　　　　C. 发现人　　　　　D. 土地使用者

18. 当消费者对某种房地产的偏好程度增加时，该种房地产的需求会（　　　）。

    A. 减少　　　　　B. 不变　　　　　　C. 增加　　　　　　D. 无法确定

19. 收益递减规律对于一宗土地来说，表现在对该宗土地的利用强度超过一定限度后，收益开始（　　　）。

    A. 提高　　　　　B. 下降　　　　　　C. 不变　　　　　　D. 无法确定

20. 能够确定估价对象最佳用途的经济学原理是（　　　）。

    A. 适合原理　　　B. 均衡原理　　　　C. 收益递增原理　D. 收益递减原理

21. 在替代品之间，如果一种房地产的价格上升，另一种房地产的价格不变，则对另一种房地产的需求就会（　　　）。

    A. 减少　　　　　B. 增加　　　　　　C. 不变　　　　　　D. 无法确定

22. 一种房地产的互补品的价格（　　　）时，对该种房地产的需求会增加。

    A. 高　　　　　　B. 低　　　　　　　C. 不变　　　　　　D. 无法确定

23. 供给规律是指供给量和价格（　　　）的关系。

    A. 正相关　　　　B. 负相关　　　　　C. 零相关　　　　　D. 无法确定

24. 房地产开发商预期房地产价格未来会上升，则在制订投资计划时会增加开发量，从而会使未来的供给（　　　），使其现期供给（　　　）。

    A. 增加，增加　　B. 减少，增加　　　C. 增加，减少　　　D. 减少，减少

25. 某个特定的投资者基于个人的需要或意愿，对该房地产所评估出的价值是（　　　）。

    A. 使用价值　　　B. 原始价值　　　　C. 投资价值　　　　D. 市场价值

26. 在评估投资价值时，折现率应选用（　　　）。

    A. 特定投资者要求的最低收益率　　　　B. 特定投资者要求的最高收益率

C. 典型投资者要求的收益率　　　　D. 社会一般的收益率

27. 在具体的一个房地产估价项目中，价值时点究竟是现在还是过去或者未来，是由（　　）决定的。

A. 估价委托人　　　　　　　　　B. 估价方法

C. 注册房地产评估专业人员　　　　D. 估价目的

28. 在依法判定的估价对象使用权利方面，应以（　　）为依据。

A. 相关合同　　　　　　　　　　B. 法律、法规、政策

C. 土地用途管制　　　　　　　　D. 国家的价格政策

29. 下列情况中会导致房地产价格上升的是（　　）。

A. 上调贷款利率　　　　　　　　B. 收紧房地产开发贷款

C. 开征房地产持有环节的税收　　　D. 增加土地供应

30. 国有土地上房屋征收补偿金额应当采用（　　）标准。

A. 非市场价值　　B. 市场价值　　C. 现状价值　　D. 残余价值

31. 在房地产价格中，（　　）是短期均衡价格，（　　）是长期均衡价格。

A. 成交价格，理论价格　　　　　B. 成交价格，市场价格

C. 理论价格，市场价格　　　　　D. 市场价格，理论价格

32. 在房地产市场存在泡沫的情况下，比较法求得的价值（　　）收益法求得的价值。

A. 低于　　　　B. 高于　　　　C. 等于　　　　D. 无法确定

33. 当成本法求得的价值（　　）比较法或收益法求得的价值时，说明房地产市场不景气。

A. 低于　　　　B. 高于　　　　C. 等于　　　　D. 无法确定

34. 某宗土地上有一幢8层高、各层建筑面积相同的住宅楼，建筑密度为50%。假设该住宅楼的总价为2000万元，平均单价为5000元/m²，楼面地价为1200元/m²，则该宗土地的总价为（　　）万元。

A. 96　　　　B. 192　　　　C. 240　　　　D. 480

35. 关于评估带租约房地产的说法中，正确的是（　　）。

A. 房屋征收评估应评估无租约限制价值

B. 无租约限制条件下的评估价值大于有租约限制条件下的出租人权益价值

C. 抵押估价评估的是承租人权益价值

D. 房屋征收评估有租约租金的，应评估出租人权益价值

36. 有甲、乙两宗权益、区位、面积、规划条件等相当的土地，甲土地为空地，乙土地上有一建筑物，但估价结果显示乙土地连同地上建筑物的价值低于甲土地的价值，这是由于（　　）。

A. 该建筑物的价值低于拆除费用　　B. 该估价结果肯定有误

C. 甲土地的价值高于乙土地的价值　　D. 不可能出现这种情况

37. 当新用途下的房地产价值减去改变用途的必要支出及应得利润大于现用途下的房地产价值时，应以（　　）为前提进行估价。

    A. 维持现状   B. 更新改造   C. 改变用途   D. 重新开发

38. 房地产作价入股估价应当采用（　　）标准。

    A. 谨慎价值   B. 投资价值   C. 市场价值   D. 快速变现价值

39. 楼面地价等于土地单价 /（　　）。

    A. 总建筑面积   B. 土地总面积   C. 容积率   D. 建筑单价

40. 一套商品住宅总价为30万元，首期支付10万元，余款在一年内分两期支付，每半年支付10万元，则该住宅的实际总价为（　　）万元（假定年折现率为5%）。

    A. 30   B. 29   C. 29.28   D. 28.29

41. 在房地产抵押估价中，关于遵循谨慎原则的说法错误的是（　　）。

    A. 在运用比较法估价时，不应选取成交价格明显高于市场价格的交易实例作为可比实例，并应对可比实例进行必要的实地查勘

    B. 运用收益法估价时，不应高估收入或低估运营费用，选取的报酬率或者资本化率不应偏低

    C. 运用成本法估价时，不应高估土地取得成本、建设成本、有关税费和利润，不应低估折旧

    D. 在运用假设开发法估价时，不应低估未来开发完成后的价值，不应高估后续开发的必要支出及应得利润

42. 某宗房地产规划用途为商业，现状为超市，年净收益为18万元，预计改为服装店后的年净收益为20万元，除此无其他更好的用途，则根据（　　）应按服装店用途进行估价。

    A. 合法原则   B. 最高最佳利用原则

    C. 价值时点原则   D. 替代原则

43. 卖家因某种原因急于脱手的房地产，其评估价值应是（　　）。

    A. 谨慎价值   B. 市场价值   C. 投资价值   D. 快速变现价值

44. 在影响房地产价格的各种因素中，"城市化"属于（　　）。

    A. 社会因素   B. 环境因素   C. 人口因素   D. 行政因素

45. 下列影响某套住宅价格的因素中，不属于实物因素的是（　　）。

    A. 户型   B. 楼层   C. 布局   D. 外观

46. 室内净高对房地产价值的影响属于房地产价格影响因素中的（　　）。

    A. 区位因素   B. 个别因素   C. 实物因素   D. 权益因素

47. 某宗土地的面积为1000m²时，其上建筑物的建筑面积为5000m²，建筑物的基底面积为700元/m²，建筑物层数为8层。则该宗土地的容积率为（　　）。

    A. 8.0   B. 5.6   C. 5.0   D. 0.7

48. 对于回顾性房地产估价，其估价对象状况和房地产市场状况常见的关系是（   ）。

    A. 估价对象状况为过去，房地产市场状况为现在

    B. 估价对象状况为现在，房地产市场状况为现在

    C. 估价对象状况为过去，房地产市场状况为过去

    D. 估价对象状况为现在，房地产市场状况为过去

49. 在房屋征收中，评估被征收房屋价值的价值时点为（   ）。

    A. 房屋征收决定公告发布起一周内任一时点

    B. 房屋征收决定公告之日

    C. 房屋征收委托之日

    D. 房屋征收完毕之日

50. 替代原则要求房地产估价结果不得不合理偏离（   ）在同等条件下的正常价格。

    A. 同一城市房地产   B. 同样用途房地产

    C. 相同房地产   D. 类似房地产

51. 某房地产价格分两期支付，首期付款50万元，余款80万元在第8个月末一次付清，当时月利率为1%。该房地产的实际价格为（   ）万元。

    A. 87   B. 124   C. 130   D. 134

52. 某宗土地的规划容积率为3，可兴建6000m²的商住楼，经评估总地价180万元，该宗土地的单价为（   ）元/m²。

    A. 100   B. 300   C. 900   D. 600

53. 同一宗房地产，无租约限制价值、出租人权益价值和承租人权益价值三者之间的关系一般为（   ）。

    A. 无租约限制价值＝承租人权益价值－出租人权益价值

    B. 无租约限制价值＝出租人权益价值－承租人权益价值

    C. 无租约限制价值＝出租人权益价值+承租人权益价值

    D. 以上均不正确

54. 一般增加房地产开发环节的税收，会增加房地产的开发建设成本，从而会推动房地产价格（   ）；相反，减少房地产开发环节的税收，会使房地产价格（   ）。

    A. 下降，下降   B. 下降，上升   C. 上升，下降   D. 上升，上升

二、多项选择题（每题的备选答案中有两个或两个以上符合题意）

1. 下列非市场价值中，一般情况下所评估的价值低于市场价值的有（   ）。

    A. 快速变现价值   B. 谨慎价值   C. 现状价值   D. 残余价值

    E. 投资价值

2. 下列关于房地产价格影响因素的表述中，正确的有（   ）。

    A. 不同的房地产价格影响因素，引起房地产价格变动的方向和程度是不尽相同的

    B. 房地产价格影响因素对房地产价格的影响与时间无关

C．理论上，房地产价格与利率因素呈负相关

D．房地产价格影响因素对房地产价格的影响均可用数学公式或数学模型来量化

E．汇率因素对房地产价格影响的表现是：本币汇率上升，会导致房地产价格上涨；相反，则会导致房地产价格下降

3．在城市房屋征收估价中，房地产评估专业人员对被征收房屋面积的界定可来自于（　　）。

A．被征收房屋的权属证书记载的面积

B．征收人提供的被征收房屋的面积

C．征收人与被征收人对被征收房屋面积的协商结果

D．具有房产测绘资格的机构对被征收房屋面积的测量结果

E．房地产管理部门权属档案记载的被征收房屋的面积

4．在通常情况下，采用（　　）方式出让的地价最高。

A．招标　　　　　B．协议　　　　　C．挂牌　　　　　D．拍卖

E．抵债

5．房地产价格的形成条件为（　　）。

A．有用性　　　　B．有效性　　　　C．稀缺性　　　　D．需求

E．有效需求

6．以下选项中，（　　）属于对房地产价格有影响的区域因素。

A．规划调整　　　B．环境状况　　　C．建筑结构　　　D．配套设施状况

E．用途

7．根据经济学原理，当房地产（　　）时，便为最高最佳利用。

A．与外部环境相协调　　　　　　　B．外部环境要素最恰当

C．与其各个组成部分相搭配　　　　D．外部环境与内部因素相关联

E．达到规模递增

8．在国有土地房屋征收评估中，合法产权应以（　　）为依据。

A．房地产权属证书　　　　　　　　B．被征收人提供的书面证明

C．房地产权属档案的记载　　　　　D．居委会提供的证明

E．征收人提供的口头证明

9．房地产价格的特征主要包括（　　）。

A．房地产价格与区位关系密切

B．房地产价格实质上是房地产区位价格

C．房地产价格同时有买卖价格和租赁价格

D．房地产价格形成的时间通常较长

E．房地产价格容易受交易者的个别情况影响

10．位置包括房地产所处的（　　）。

  A. 方位   B. 地形   C. 楼层   D. 距离

  E. 朝向

11. 决定房地产需求量的因素有（ ）。

  A. 该种房地产的价格水平   B. 消费者的收入水平

  C. 消费者的偏好   D. 相关物品的价格水平

  E. 房地产商对未来的预期

12. 土地实物因素包括（ ）。

  A. 面积   B. 形状   C. 地形   D. 土壤

  E. 位置

13. 决定房地产供给量的因素有（ ）。

  A. 该种房地产的价格水平   B. 该种房地产的开发成本

  C. 该种房地产的开发技术水平   D. 房地产开发商对未来的预期

  E. 相关物品的价格水平

14. 我国《中华人民共和国担保法》规定，下列不得抵押的财产有（ ）。

  A. 自留山   B. 自留地

  C. 被依法查封的财产   D. 被依法监管的财产

  E. 乡镇企业的土地使用权

15. 根据《城市房地产抵押管理办法》的规定，下列房地产不得设定抵押的是（ ）。

  A. 权属有争议的房地产   B. 用于教育的房地产

  C. 用于市政的房地产   D. 个人所拥有的房地产

  E. 已依法公告列入征收范围的房地产

16. 当一种房地产自身的价格保持不变，而与它相关的物品的价格发生变化时，该房地产的需求也会发生变化。与某种房地产相关的物品是指该种房地产的（ ）。

  A. 具有相同用途的房地产   B. 替代品

  C. 互补品   D. 处于同一区域的房地产

  E. 具有相同规划条件的房地产

17. 影响房地产价格的金融政策中的房地产信贷政策，其内容包括（ ）等。

  A. 放松或收紧房地产贷款   B. 上调或下调金融机构同业拆借利率

  C. 提高或降低购房最低首付款比例 D. 提高或降低房地产抵押贷款成数上限

  E. 延长或缩短购房最长贷款期限

18. 下列情况中会导致房地产价格下降的是（ ）。

  A. 上调贷款利率   B. 收紧房地产开发贷款

  C. 开征房地产持有环节的税收 D. 减免房地产持有环节的税收

  E. 提高最低购房首付款比例

19. 同一房地产对于不同投资者之所以会有不同的投资价值，是因为（ ）不同。

A. 开发成本　　　　B. 经营费用　　　　C. 纳税状况　　　　D. 对未来的信心

E. 评估方法

20. 房地产外部因素可再分为（　　　）。

A. 人口因素　　　B. 制度政策因素　　C. 经济因素　　　D. 社会因素

E. 权益因素

21. 建筑物实物因素包括（　　　）。

A. 建筑规模　　　B. 建筑结构　　　C. 朝向　　　　D. 设施设备

E. 装饰装修

22. 土地利用总体规划的控制指标主要有（　　　）。

A. 农业用地总量　　　　　　　　　B. 建设用地平均量

C. 建设用地总量　　　　　　　　　D. 耕地保有量

E. 农业用地平均量

23. 正常成交价格的形成条件包括（　　　）。

A. 买者和卖者都具有完全的信息　　　B. 卖方具有必要的专业知识

C. 买方具有特殊的兴趣　　　　　　　D. 自私且理性的经济行为

E. 交易对象本身具备市场性

24. 按照土地使用权出让方式的不同，可将土地使用权出让的成交价格分为（　　　）。

A. 征收成交价　　B. 招标成交价　　C. 拍卖成交价　　D. 挂牌成交价

E. 协议成交价

25. 影响房地产价格的物理性状因素，主要有（　　　）等。

A. 大气环境　　　B. 人文环境　　　C. 声觉环境　　　D. 水文环境

E. 卫生环境

26. 下列属于评估价值的是（　　　）。

A. 成交价格　　　B. 基准地价　　　C. 标定地价　　　D. 重置价格

E. 理论价格

27. 下列房地产价格影响因素中，既有房地产实物因素性质，又有区位因素性质的有
（　　　）。

A. 防水　　　　　B. 通风　　　　　C. 采光　　　　　D. 日照

E. 保温

28. 在为房地产投保火灾险服务估价中，理论上评估的应是（　　　）。

A. 建筑物重置成本　　　　　　　　B. 建筑物残余价值

C. 建筑安装工程造价　　　　　　　D. 土地使用权重新取得成本

E. 重建期间的经济损失

29. 最高最佳利用原则必须同时符合（　　　）标准。

A. 法律上许可　　B. 技术上可能　　C. 经济上可行　　D. 经济上必须盈利

E．价值最大化

30．在评估房地产抵押价值时，需扣除在价值时点评估专业人员所熟知的法定优先受偿款。法定优先受偿款包括（　　）。

A．划拨土地应补缴的出让金　　　　B．已抵押担保的债权数额

C．发包人拖欠承包人的建设工程价款　D．强制执行费用

E．估价费用

31．政府可以通过（　　）等措施来抑制房地产价格上升。

A．加大、加快房屋建设，以增加房地产供给

B．规定按照合理的房地产开发建设成本和利润率来定价

C．制定最高限价，规定出售房地产的价格不得突破此价格

D．建立一套房地产交易管理制度，遏制房地产投机炒作

E．减少开发用地的供给

32．下列属于土地使用管制的事项有（　　）。

A．建筑物四周应留有一定的空地作为建筑物的绿地和交通

B．取得的土地使用权不包括地下资源、埋藏物和市政公用设施

C．某宗土地使用权中，要求容积率为2.0

D．甲乙两宗土地使用权中，甲土地必须为乙土地留出通行道路

E．某宗土地只能用于商业房地产开发

33．影响房地产价格的社会因素主要有（　　）。

A．政治安定状况　B．社会治安状况　C．城市化　　　　D．房地产投机

E．环境

34．法律法规规定优先于本次抵押贷款受偿的款额，包括（　　）等。

A．已抵押担保的债权数额　　　　B．改变土地用途应补交的出让金

C．拍卖费用　　　　　　　　　　D．诉讼费用

E．增加容积率应补交的出让金

三、判断题

1．为了防范房地产信贷风险，要求评估的房地产抵押价值本质上是谨慎价值。（　　）

2．一般因素、区域因素和个别因素的界限是固定的，随着估价对象范围的扩大，区域因素不会变为个别因素。（　　）

3．一般情况下，土地使用期限越长，土地及房地产的价格就会越高。（　　）

4．在人民法院拍卖房地产估价中第一次拍卖的保留价等于评估价，等于市场价值。
（　　）

5．一套建筑面积为100m²、单价为3000元/m²、总价为30万元的住房，在买卖中的付款为从成交日期起分期支付，分三期支付，第一期于成交日期支付10万元，第二期于一年年中一次性支付10万元，第三期于一年年末一次性支付10万元，年折现率为

5%。则该宗房地产的实际单价是3000元/m²。（　　　）

6. 独立、客观、公正原则要求房地产评估专业人员站在委托方的立场上，评估出对各方当事人来说均是公平合理的价值。（　　　）

7. 在评估土地使用权是以划拨方式取得的房地产作为抵押价值时，不应包含土地使用权出让金。（　　　）

8. 当被征收房屋被认定为违法建筑或超过批准期限的临时建筑，可以进行征收估价，只是评估价值要进行减价调整。（　　　）

9. 从房地产价值是房地产预期净收益的现值之和的角度看，由于房地产价值与折现率负相关，而折现率与利率正相关，所以利率上升或下降会使房地产价格下降或上涨。（　　　）

10. 不同的影响因素或者其变化，引起房地产价格变动的方向是不尽相同的。有的因素或者其变化会导致房地产价格上升，有的因素或者其变化会导致房地产价格下降。（　　　）

11. 商场与住宅相反，其朝向对价格的影响要比楼层对价格的影响大得多。（　　　）

12. 在影响房地产价格的各因素中，虽然某影响因素最初对某房地产价格的影响是正向的，但随着该影响因素的变化，其对该房地产价格的影响可能出现相反的情况。（　　　）

13. 如果城市规划规定了某宗土地的用途、建筑高度、容积率、建筑密度等，那么对该宗土地进行估价就应以其使用符合这些规定为前提。（　　　）

14. 城市规划规定了某宗土地为居住用途，而从该宗土地的位置、周围环境等来看适合作为商业用途，则可以按商业用途来估价。（　　　）

15. 房地产的位置优劣，取决于与该特定位置相联系的自然因素和人文因素的总和。（　　　）

16. 在市场经济中，价格是应用最普遍、最广泛的一种分配方式，它总是在起着配给有限的供给量的作用。（　　　）

17. 由于土地具有不可毁灭性，不能再生产，其价格通常随着时间的流逝而上升，不仅无折旧，而且会自然增值。所以在任何情况下，土地永远无折旧。（　　　）

18. 在使用交通时间距离时，应采用与该房地产有代表性的使用者相对应的交通工具和出行时段来测量。（　　　）

19. 房地产的自然地理位置虽然固定不变，但其社会经济位置却会发生变化。这种变化可能是由于城市规划的制定或修改，交通建设或改道，也可能是由其他方面的建设引起的。（　　　）

20. 房地产所在地区的绿地率（或绿化覆盖率）、容积率、建筑密度/建筑间距等也反映了其环境景观状况，它们的高低、大小对房地产价格也有影响。（　　　）

21. 如果有甲、乙两宗权益、区位、面积、规划条件相当的土地，甲土地为空地，乙土

地上带有一陈旧的建筑物，那么甲土地的总价大于乙土地的总价。（　　）

22. 当现状房地产的价值大于新建房地产的价值减去拆除现有建筑物的费用及建造新建筑物的费用之后的余额时，应以装饰装修改造为前提进行估价。（　　）

23. 评估拖欠工程款的房地产的抵押价值时，该房地产的抵押价值不应包含发包人拖欠承包人的建设工程价款。（　　）

24. 人口高密度地区房地产的价格一定偏高。（　　）

25. 吉芬物品是指某种生活必需品，在某种特定条件下，消费者对这种商品的需求与价格成同方向变化。（　　）

26. 当消费者对某种房地产的偏好程度增强时，该种房地产的需求就会减少；反之，需求就会增加。（　　）

27. 当消费者预期房地产价格未来会下降时，就会增加对房地产的现期需求；相反，就会减少对房地产的现期需求。（　　）

28. 消费者收入水平的变化是影响房地产供给量变化的主要因素之一。（　　）

29. 当房地产开发商预期该种房地产的价格未来会下降时，该种房地产的当前供给通常更多；反之，该种房地产的当前供给通常更少。（　　）

30. 适合原理是以估价对象与其外部环境是否协调，来判定估价对象是否为最高最佳利用。它可以帮助确定估价对象的最佳用途。（　　）

31. 不论是何种估价目的，估价对象价值所依据的市场状况一定是价值时点时的状况，但估价对象状况不一定是价值时点时的状况。（　　）

32. 在房地产替代品之间，一种房地产的价格上升，另一种房地产的价格如果不变，则对另一种房地产的需求就会增加。（　　）

33. 有效需求是指对物品的有支付能力支持的需要，即不但愿意购买，而且有能力购买。（　　）

34. 某开发公司将参加政府举行的国有土地使用权拍卖会，现委托房地产估价机构为其评估对该土地的最高出价，这属于公开市场价值评估。（　　）

35. 如果是处于买方市场，则增加房地产开发环节的税收可以通过涨价转嫁给房地产出售者，从而会使房地产价格上升；而减少卖方的税收则主要会使卖方的收益增加，难以使房地产价格下降。（　　）

36. 当房地产开发用地的供应量减少时，房地产开发用地以及商品房的价格会上升，反之会下降。（　　）

37. 层高或净高过低的建筑物给人以压抑感，从而其价值一般较低，所以层高或净高越高越好。（　　）

38. 在房屋征收中，当被征收房屋实行房屋产权调换方式且所调换的房屋为期房时，由于估价对象状况为未来状况，因此价值时点应为未来。（　　）

39. 如果为房屋征收目的的评估位于城市旧城改造区域的某门面房的价值，则应评估它在

原较繁华环境下的价值，而不是评估它在现在不繁华环境下的价值。（   ）

40. 在现时估价中，有时评估的不一定是公开市场价值，而是在某些特定条件限制下的价值，如在城市房屋征收估价中应采用清算价值标准。（   ）

41. 实际价格是指在成交日期时一次付清的价格，或者将不是在成交日期时一次付清的价格折现到成交日期时的价格。（   ）

42. 在通常情况下，楼面地价是按照建筑面积均摊的土地价格。（   ）

43. 在评估投资价值时，采用的折现率是某个特定投资者所要求的，程度相对应的社会一般报酬率。它应高于房地产风险。（   ）

房地产估价的原则 3

引例

    某市某房地产开发公司B，拟在某市中心繁华地段进行开发建设一商业广场。2016年4月B房地产开发公司通过出让方式取得了该地块的土地使用权，并缴纳了土地出让金。在该项目建设中，B房地产开发公司通过招标方式选择了建筑工程承包企业及工程监理单位。该项目建成后，B房地产开发公司将该商业广场1~3层转让给C公司，将4~5层租给D公司。B房地产开发公司这种行为是否合理？

本章知识结构图

【学习摘要】

    通过学习和训练学生应从职业的角度把握"独立"即是不受任何干预、"客观"即是不带感情色彩、"公正"即是无利益相关；学生应熟悉合法原则是在依法判定的权利归属、使用权利、处分权利下的价值，最高最佳使用原则是在法律上许可、技术上可能、经济上可行、价值最大化的前提下，依据收益递增递减原理、均衡原理、适合原理进行估算的价值；学生应掌握在过去、现在、未来三个阶段评估中价值时点的确定条件；了解替代原则与谨慎原则的使用条件，能界定估价对象的合法性，对房地产估价基本前提具有认识上的一致性，并能对评估价值能进行定性分析。

3.1 房地产估价原则概述

3.1.1 房地产估价原则的含义

房地产估价工作长期实践和理论的总结下，认识到房地产价格形成和变动的客观规律，并在此基础上提炼出了一些简明扼要的进行房地产估价所应依据的法则或标准，这些法则或标准就是房地产估价原则。

3.1.2 房地产估价原则的种类

房地产估价的原则概括为如下6项：独立、客观、公正原则；合法原则；最高最佳使用原则；价值时点原则；替代原则；谨慎原则。

根据原则性质的不同，把原则分为3个层次，即基本原则、普适技术性原则和特殊原则。

独立、客观、公正原则是房地产估价的基本原则，也称之为普通性原则或者一般原则。某些估价目的的房地产估价还应遵守一些其他原则，例如房地产抵押估价还应遵守谨慎原则。将这些仅适用于某种或某些估价目的的房地产估价原则，称为特殊原则。

在估价原则中除独立、客观、公正原则其余都是技术性原则，是普适技术性原则。

3.1.3 房地产估价原则的作用

房地产估价原则是对房地产估价活动所作的总体要求，可以使不同的房地产估价人员对于房地产估价的基本前提具有认识上的一致性，对于同一估价对象在同一估价目的、同一价值时点的评估价值趋于相同或近似，帮助房地产估价人员如何去思考和衡量估价对象的价值，如何把估价对象的评估价值首先界定到一个合理的较小范围内，然后结合估价方法的定量分析，就可以评估出一个更加精准的价值。

3.2 独立、客观、公正原则

独立、客观、公正原则要求房地产估价人员站在中立的立场上进行评估，作出对各方当事人来说均是公平合理的价值。"独立"要求房地产估价人员不应受任何组织或者个人的非法干预，完全凭借自己的专业知识、经验和应有的职业道德进行估价。"客观"要求房地产估价人员不应带着自己的好恶、情感和偏见，完全从客观实际出发，反映事物的本来面目。"公正"要求房地产估价人员的评估值，应为对各方估价利害关系人均是公平合理的价值或价格。

在估价操作层面，房地产估价人员首先应遵守下列假设进行估价：各方当事人均是理性的、精明的。其次，房地产估价人员应以各方当事人的角色或心态来考虑评估价值，也就是说"换位思考"。最后，房地产估价人员再以专家的身份来反复、精细地权衡评估价值，先假设评估价值的高低不是与自己无关，即如果将自己分别设想为各方当事人的角色，评估价值的高低会对自己有何影响，假如自己是买方会怎样，是卖方又会怎样。

3.3 合法原则

3.3.1 合法原则基本内容

合法原则要求房地产估价结果是在估价对象依法判定的权益下的价值。

具体地说，遵守合法原则应做到下列几点：

1. 在依法判定的权利类型及归属方面，一般应以房地产权属证书、权属档案（不动产登记簿）以及相关合同（例如租赁权应依据租赁合同）等其他合法权属证明为依据。目前，房地产权属证书有房屋权属证书、土地权属证书和统一的不动产证。其中，房屋权属证书有《房屋所有权证》、《房屋共有权证》和《房屋他项权证》三种。土地权属证书有《国有土地使用证》、《集体土地所有证》、《集体土地使用证》和《土地他项权利证明书》四种。

合法原则是指依据法律、法规和政策等的规定，估价对象是哪种权利状况的房地产就应当将其作为哪种权利状况的房地产来估价。从理论上讲，任何权利状况的房地产都可以成为估价对象，只是其评估价值应与其权利状况相匹配，但法律、法规或政策明确规定不得作为估价对象的房地产除外，例如《房地产抵押估价指导意见》第十一条规定"法律、法规规定不得抵押的房地产，不应作为抵押估价对象。"

2. 在依法判定的使用权利方面，应以使用管制（如城市规划、土地用途管制等）为依据。例如，如果城市规划规定了某宗土地的用途、建筑高度、建筑密度、容积率等，那么对该宗土地进行估价就应当以其使用符合这些规定为前提。所谓"城市规划创造土地价值"，在一定程度上反映了这一要求。如果城市规划规定了该宗土地为居住用途，即使从该宗土地的坐落位置、周围环境来看适合作为商业用途，但也应当以居住用途为前提来估价，除非申请变更为商业用途并且能够获得批准。

3. 在依法判定的处分权利方面，应以法律、法规、政策或者合同（如土地使用权出让合同）等允许的处分方式为依据。处分方式包括买卖、租赁、抵押、抵债、赠予等。法律、法规和政策规定或者合同约定不得以某种方式处分的房地产，不应作为以该种处分方式为估价目的的估价对象，或者委托人要求评估该种处分方式下的价值的，其评估价值应当为零。例如，法律、法规规定不得抵押的房地产，不应作为抵押估价目的的估价对象；不得作为出资的房地产，不应作为出资设立企业估价目的的估价对象。

3.3.2 合法原则的案例应用

1. 合法原则在城市房屋征收估价中的应用

在城市房屋征收估价中，被征收房屋的房地产市场价格与被征收房屋的性质（包括用途，下同）和面积直接相关。例如《国有土地上房屋征收与补偿条例》第二十四条规定："对认定为违法建筑和超过批准期限的临时建筑，不予补偿"。《国有土地上房屋征收与补偿条例》第十五条对被征收房屋的性质和面积认定问题作了以下规定："房屋征收部门应当对房屋征收范围内房屋的权属、区位、用途、建筑面积等情况组织调查登记，被征收人应当予以配合。调查结果应当在房屋征收范围内向被征收人公布。"房地产估价人员在征收估价中可按照下列几点把握被征收房屋的性质和面积：

（1）一般以被征收房屋的权属证书及权属档案的记载为准。房屋权属登记发证制度是《中华人民共和国城市房地产管理法》规定的房地产管理基本制度。房屋权属登记机关在依法核发房屋权属证书时，对权利申请人提出的登记申请不仅审查形式要件，而且要对申请登记的权利的权源证明是否有效进行严格审查，还要进行实地勘验或要求权利申请人提供房产测绘机构的实地勘验。形式要件与实地勘验结果相符的，才予登记，核发房屋权属证书、并将房屋的性质、面积等记录在房屋权属证书及权属档案中。房地产权利一经登记机关在登记簿上注册登记，该权利就在法律上有绝对效力，受国家法律保护。房屋的权属证书与权属档案的记载不一致的，以权属档案的记载为准。

（2）各地对被征收房屋的性质和面积认定有特别规定的，从其规定。由于对被征收房屋性质、面积认定的复杂性，可依据地方的规定确定被征收房屋的性质、面积。例如，有的地方对临街住宅改为铺面的，规定经过工商登记、依法纳税、在一年以上的，根据实际用途予以征收补偿。

2．房地产抵押估价中合法原则的应用

（1）评估土地使用权是以划拨方式取得的房地产的抵押价值的，该房地产的抵押价值不应包含划拨土地使用权应缴纳的土地使用权出让金或者相当于土地使用权出让金的价款。这是因为《中华人民共和国城市房地产管理法》第五十一条规定："设定房地产抵押权的土地使用权是以划拨方式取得的，依法拍卖该房地产后，应当从拍卖所得的价款中缴纳相当于应缴纳的土地使用权出让金的款额后，抵押权人方可优先受偿。"

（2）评估有拖欠建设工程价款、尚未竣工或者虽然竣工但自竣工之日起六个月内的房地产抵押价值的，该房地产的抵押价值不应包含发包人拖欠承包人的建设工程价款。建设工程价款包括承包人为建设工程应当支付的工作人员报酬、材料款等实际支出的费用，不包括承包人因发包人违约所造成的损失。这是因为《中华人民共和国合同法》第二百八十六条规定："发包人未按照约定支付价款的，承包人可以催告发包人在合理期限内支付价款。发包人逾期不支付的，除按照建设工程的性质不宜折价、拍卖的以外，承包人可以与发包人协议将该工程折价，也可以申请人民法院将该工程依法拍卖。建设工程的价款就该工程折价或者拍卖的价款优先受偿。"《最高人民法院关于建设工程价款优先受偿权问题的批复》第四条规定："建设工程承包人行使优先权的期限为六个月，自建设工程竣工之日或者建设工程合同约定的竣工之日起计算。"

（3）评估再次抵押的房地产的抵押价值的，房地产的抵押价值不应包含已抵押担保的债权数额。这是因为《中华人民共和国担保法》第三十五条规定："财产抵押后，该财产的价值大于所担保债权的余额部分，可以再次抵押，但不得超出其余额部分。"

（4）法律、法规和政策规定不得抵押的房地产，不应作为抵押估价目的的估价对象；如果委托人要求评估其抵押价值的，其抵押价值为零。目前主要有下列法律、法规和政策规定不得抵押的房地产，《中华人民共和国物权法》第一百八十四条规定："下列财产不得抵押：①土地所有权；②耕地、宅基地、自留地、自留山等集体所有的土地使用权，但法律规定可以抵押的除外；③学校、幼儿园、医院等以公益为目的的事业单位、社会团体的教育设施、医疗卫生设施和其他社会公益设施；④所有权、使用权不明或者有争议的财产；⑤依法被查封、扣押、监管的财产；⑥法律、行政法规规定不得抵押的其他财产。"《中华人民共和国担保法》第三十四条第（五）项的规定是："抵押人依法承包并经发包方同意抵押的荒山、荒沟、荒丘、荒滩等荒地的土地使用权"。第三十六条的规定是："乡（镇）、村企业的土地使用权不得单独抵押。以乡（镇）、村企业的厂房等建筑物抵押的，其占用范围内的土地使用权同时抵押"。《城市房地产抵押管理办法》第八条规定："下列房地产不得设定抵押：权属有争议的房地产；用于教育、医疗、市政等公共福利事业的房地产；列入文物保护的建筑物和有重要纪念意义的其他建筑物；已依法公告列入拆迁范围的房地产；被依法查封、扣押、监管或者以其他形式限制的房地产；依法不得抵押的其他房地产。"《国务院办公厅转发建设部等部门关于调整住房供应结构稳定住房价格意见的通知》（国办发〔2006〕37号）规定："对空置3年以上的商品房，商业银行不得接受其作为贷款的抵押物。"

（5）法律、法规和政策规定抵押无效的房地产，不应作为抵押估价对象；如果委托人要求评估其抵押价值的，其抵押价值为零。因为《最高人民法院关于适用中华人民共和国担保法若干问题的解释》第四十八条规定："以法定程序确认为违法、违章的建筑物抵押的，抵押无效。"

3.4 最高最佳使用原则

3.4.1 最高最佳原则的条件

最高最佳使用原则要求房地产估价结果是在估价对象最高最佳使用下的价值。

最高最佳使用原则的目的是使房地产拥有者取得最大的经济利益，但必须同时满足以下4个条件：①法律上许可；②技术上可能；③经济上可行；④价值最大化。最高最佳使用是法律（包括法律、法规、政策、土地使用权出让合同等）允许范围内的最高最佳使用。因此，最高最佳使用原则与合法原则之间的关系是：遵守了合法原则，不一定符合最高最佳使用原则的全部要求；遵守了最高最佳使用原则，必然遵守了合法原则中对合法使用方面的要求，但不一定符合合法原则对合法产权、合法处分等方面的要求。

最高最佳使用具体包括最佳用途（或最佳用途组合）、最佳规模和最佳集约度。

3.4.2 最高最佳使用原则的理论依据

1. 收益递增递减原理

收益递增递减原理揭示的是两种投入产出关系，第一种投入产出关系叫作收益递减规律（也称为边际收益递减原理），可以表述如下：假定仅有一种投入量是可变的，其他的投入量保持不变，则随着该种可变投入量的增加，在开始时，产出量的增加有可能是递增的；但当这种可变投入量继续增加达到某一点以后，产出量的增加会越来越小，即会出现递减现象。收益递减规律对于一宗土地来说，表现在对该宗土地的使用强度（如建筑层数、建筑高度、容积率、建筑规模）超过一定限度后，收益开始下降。第二种投入产出关系叫作规模收益（也称为规模报酬规律），可以表述如下：假定以相同的比例来增加所有的投入量（即规模的变化），则产出量的变化有以下3种可能：①产出量的增加比例等于投入量的增加比例，这种情况被称为规模收益不变；②产出量的增加比例大于投入量的增加比例，这种情况被称为规模收益递增；③产出量的增加比例小于投入量的增加比例，这种情况被称为规模收益递减。在扩大规模时，一般是先经过一个规模收益递增阶段，然后经过一个规模收益不变阶段，再经过一个规模收益递减阶段。

2. 均衡原理

均衡原理是以估价对象的内部各构成要素的组合是否均衡，来判定估价对象是否为最高最佳使用。它也可以帮助我们确定估价对象的最佳集约度和最佳规模。以建筑物与土地的组合来讲，建筑物与土地相比较，如果规模过大或过小，或者档次过高或过低，则建筑物与土地的组合不是均衡状态，房地产的效用便不能得到有效发挥，从而会降低该房地产的价值。

【例3-1】某宗房地产的土地面积300m²，建筑面积250m²，建筑物的外观及设备均已陈旧过时，有待拆除重建，测算征收费用为每平方米建筑面积300元，残值为每平方米建筑面积50元。试计算该宗房地产相对于空地的减价额。

【解】该宗房地产相对于空地的减价额计算如下：

该宗房地产相对于空地的减价额＝（300－50）×250＝62500元

有时情形相反，是建筑物的设计、施工和设备都非常先进、良好，但坐落的位置较差，例如在较偏僻的地方建造的高级宾馆、商场，不能使该建筑物的效用得到充分发挥，虽然该类建筑物的重建价格或重置价格较高，但该建筑物的价值却低于其重建价格或重置价格，即功能过剩引起了功能折旧。

【例3-2】某建筑物的建筑面积5000m²，坐落的土地面积为2000m²，土地价格1500元/m²，用成本法测算出的该建筑物的重建价格为1600元/m²，市场上该类房地产的正常房地价格为1800元/m²。试计算该建筑物的现值。

【解】该建筑物的现值计算如下：

该建筑物的现值＝（1800×5000－1500×2000）÷5000＝1200元/m²

可见，该建筑物的实际价值为1200元/m²，比其重建价格1600元/m²，低400元/m²。

3．适合原理

适合原理是以估价对象与其外部环境是否协调，来判定估价对象是否为最高最佳使用。它可以帮助我们确定估价对象的最佳用途。例如，在日用必需品的零售商店集中地区，开设品牌服装专卖店并不一定能获得高收益，从而在这样的地区开设品牌服装专卖店就不是最高最佳使用。

适合原理加上均衡原理以及收益递增递减原理，即当估价对象与其外部环境最为协调，同时其内部各构成要素的组合最为均衡时，便为最高最佳使用。例如某宗土地，城市规划规定其用途既可以是商业，也可以是居住，如果为商业用途能够使该宗土地的价值达到最大化，则评估该宗土地的价值应以商业用途为前提；反之，应以居住用途或者商业与居住混合用途为前提。但当估价对象已做了某种使用，则在估价时应根据最高最佳使用原则对估价前提做下列之一的判断和选择，并应在估价报告中予以说明。

3.5 价值时点原则

3.5.1 价值时点的基本内容

价值时点原则要求房地产估价结果是由估价目的决定的某个特定时间的价值。同一宗房地产在不同的时间往往会有不同的价值。价值与时间密不可分，每一个价值都对应着一个时间。另外，估价既不可能也无必要评估估价对象在所有时间上的价值，通常只是评估其在某个特定时间的价值。这就要求房地产估价必须先确定某个特定时间。但是，这个特定时间既不是委托人也不是房地产估价人员可以随意假定的，必须根据估价目的来确定。

不论是何种估价目的，评估估价对象价值所依据的市场状况始终是价值时点时的状况，但估价对象状况不一定是价值时点时的状况。不同估价目的的房地产估价，其价值时点与所对应的估价对象状况和房地产市场状况的匹配关系见表3-1或图3-1。

价值时点、估价对象状况和房地产市场状况的关系   表3-1

价值时点	估价对象状况	房地产市场状况
过去（回顾性估价）	过去	过去
现在	过去	现在
	现在	
	未来	
未来（预测性估价）	未来	未来

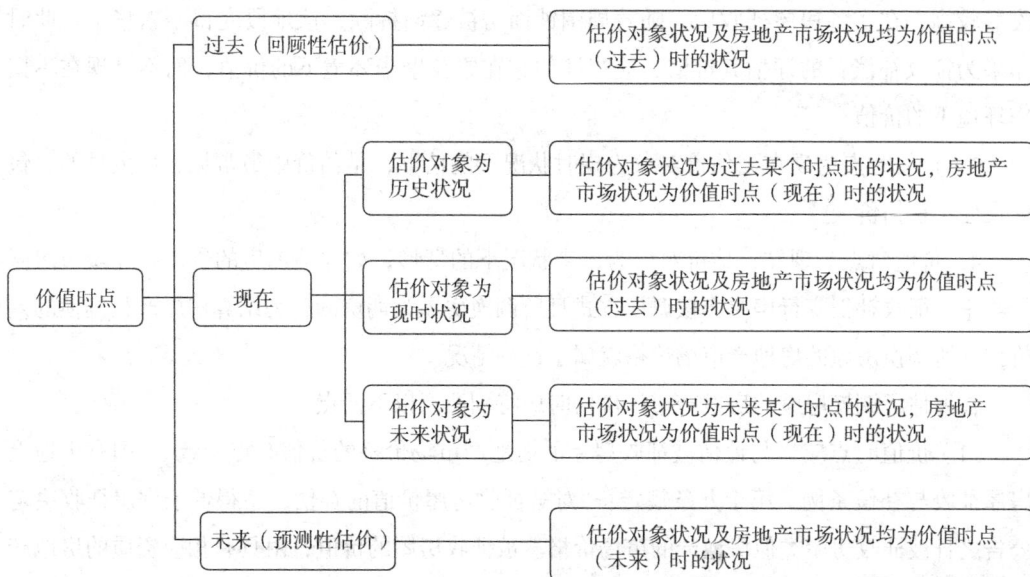

图3-1　价值时点、估价对象状况和房地产市场状况的关系

3.5.2　价值时点原则的应用

1. 价值时点为过去的情形，大多出现在房地产纠纷案件中，特别是对估价结果有异议而引起的复核估价或估价鉴定。例如，某宗房地产被法院强制拍卖后，原产权人认为法院委托的房地产估价机构的估价结果过低，引发了该估价结果究竟是否过低的争论。此时衡量该估价结果是否过低，首先应当回到原价值时点，相应地，估价对象的产权性质、使用性质、建筑物状况以及房地产市场状况等，也都要以原价值时点时的状况为准。否则的话，就无法检验该估价结果是否合理，并且任何一个估价项目的估价结果在事后来看也都可能是错误的，因为房地产市场状况或估价对象状况可能发生了变化，而事实上可能并没有错，只是过去的估价结果不适合现在变化了的情况。类似的情况还出现在对过去评估的房地产抵押价值是否过高的鉴定中。当债务履行期届满债务人不履行债务，依法以抵押房地产折价或者以拍卖、变卖抵押房地产所得的价款优先受偿时，在折价的价值或者拍卖、变卖所得的价款不足以偿还抵押贷款的情况下，就需要追究有关责任。其中，最容易被怀疑的是当时抵押价值存在高估。如果通过估价鉴定，证明当时抵押价值确实存在高估的问题，则原估价机构和评估专业人员就要承担相应的责任。

2. 价值时点为现在，估价对象为历史状况下的情形，大多出现在房地产损害赔偿和保险理赔案件中。例如，投保火灾险的建筑物被火烧毁后，评估其损失价值或损失程度时，通常是估计将损毁后的状况恢复到损毁前的状况（到实地查看：估价对象已不存在了），在现行的国家财税制度和市场价格体系下所必要的费用。城市房屋征收估价有时也会出现这种情况。例如，在实施房屋征收之前的旧城较繁华地段的某临街铺面房，租金或收益较高，在实施房屋征收后，随着周围铺面房被逐渐拆除，该地段变得不繁华了。此时如果为征收补偿目的评估其价值，应当评估它在原较繁华环境下的价值，而不是现在不繁华环境下的价值。

3. 价值时点为现在，估价对象为现时状况下的情形，是估价中最常见、最大量的，包括在建工程估价。

4. 价值时点为现在，估价对象为未来状况下的情形，如评估期房的价值。在城市房屋征收中，征收补偿实行房屋产权调换方式且所调换房屋为期房的，为结算房屋产权调换的差价评估所调换房屋的房地产市场价格就属于这种情况。

在评估所调换房屋的房地产市场价格时应特别注意以下两点：

（1）价值时点应当与评估被征收房屋的房地产市场价格的价值时点一致。《国有土地上房屋征收与补偿条例》第十九条规定："对被征收房屋价值的补偿，不得低于房屋征收决定公告之日被征收房屋类似房地产的市场价格。被征收房屋的价值，由具有相应资质的房地产价格评估机构按照房屋征收评估办法评估确定。"

（2）估价对象状况，如期房的区位、用途、面积、建筑结构等，应当以征收人与被征收人在征收安置补偿协议中约定的为准，并将征收安置补偿协议作为估价报告的一个附件。当所调换房屋的评估价值被被征收人和征收人共同认可或被征收人与征收人在此基础上商定了一个价格后，则该评估价值或商定的价格不应因将来所调换房屋成为现房时房地产市场变化导致的实际市场价格与其不同而调整。仅当交付的房屋状况与征收安置补偿协议中约定的状况有出入时，才应对评估价值或商定的价格进行相应调整。

5. 价值时点为未来的情形，多出现在房地产市场预测、为房地产投资分析提供价值依据的情况下，特别是预估房地产在未来开发完成后的价值。在假设开发法中，预计估价对象开发完成后的价值就属于这种情况。

由于估价目的的不同，可能同时存在着以下3种估价：①价值时点为现在，估价对象为现时状况下的估价，即该在建工程现状在现在的房地产市场状况下的价值是多少；②价值时点为现在，估价对象为未来状况下的估价，例如在建工程经过一段时间（6个月）后将建成的状况，而现在预售或预购它的价值是多少；③价值时点为未来，估价对象为未来状况下的估价，例如该在建工程经过一段时间（如10个月）后将建成的状况，该状况的房地产在未来建成时的房地产市场状况下的价值是多少。

3.6 替代原则和谨慎原则

3.6.1 替代原则

替代原则要求房地产估价结果不得不合理地偏离类似房地产在同等条件下的正常价格。房地产估价之所以要遵守替代原则，是因为根据经济学原理，同一种商品在同一个市场上具有相同的市场价格。如果同一个市场上有两个以上价格相同的类似商品同时存在时，则明智的买者会选择效用最大的。市场上各个经济主体的这些行为所导致的结果，是在效用相同的商品之间形成相同的市场价格。房地产价格的形成也符合这一规律，只是由于房地产的独一无二特性，使得完全相同的房地产几乎没有，但在同一个市场上具有相近效用的房地产，其价格应是接近的。因为，任何明智的买者不会接受比市场上类似房地产的正常价格过高的价格，任何明智的卖者不会接受比市场上类似房地产的正常价格过低的价格，最终是在同一个市场上的类似房地产，价格相互牵掣，相互接近。

替代原则说明了两点：①如果在估价对象附近存在着若干相近效用的房地产并已知它们的价格时，则可以依据替代原则，由这些相近效用的房地产的已知价格推算出估价对象的未知价格。实际上是寻找一些与估价对象具有一定替代性的类似房地产作为参照物，然后根据它们与估价对象之间的差异对其价格作适当的调整。②不能孤立地思考估价对象的价值，要考虑到相近效用的房地产价格的牵掣。特别是作为同一个估价机构，在同一个城市、同一个时期，按照同一种估价目的，对不同区位、档次的房地产的估价结果应有一个合理的价差，尤其是好的房地产的评估价值不能低于差的房地产的评估价值。

替代原则是针对估价结果而言的，不论采用何种估价方法进行估价，最后都需要把估价结果放到市场中去衡量，只有当估价结果不会不合理地偏离类似房地产在同等条件下的正常价格时，估价结果才可以说是客观合理的。

3.6.2　谨慎原则

谨慎原则是评估房地产抵押价值时应当遵守的一项原则，它要求在存在不确定性因素的情况下作出估价相关判断时，应当保持必要的谨慎，充分估计抵押房地产在抵押权实现时可能受到的限制、未来可能发生的风险和损失，不高估假定未设立法定优先受偿权利下的市场价值，不低估房地产估价人员知悉的法定优先受偿款。虽然说只要所担保的债权不超过抵押时抵押物的价值即不违法，但由于需要处分抵押物的时点与抵押价值时点一般相隔较长时间，而且抵押担保的范围包括主债权及利息、违约金、损害赔偿金和实现抵押权的费用，届时抵押物的价值有可能下跌，其他相关的不确定因素也较多，为确保抵押贷款的清偿，拟接受抵押担保的债权人对变现风险高度关注，所以房地产抵押价值评估除了应遵守房地产估价的一般原则，还应遵守谨慎原则。

理解谨慎原则的关键，是要搞清楚"在存在不确定性因素的情况下"。在实际估价中，房地产估价人员如果面临的是确定性因素，则不存在谨慎问题，应依据确定性因素进行估价。如果面临的是不确定性因素，当对该因素的乐观或保守估计会导致对房地产抵押价值的高估或低估时，则应采取导致对房地产抵押价值"低估"的估计。《房地产抵押估价指导意见》针对不同的估价方法，提出了遵守谨慎原则的下列要求：

1. 在运用比较法估价时，不应选取成交价格明显高于市场价格的交易实例作为可比实例，并应对可比实例进行必要的实地查看。

2. 在运用成本法估价时，不应高估土地取得成本、开发成本、有关税费和利润，不应低估折旧。

3. 在运用收益法估价时，不应高估收入或者低估运营费用，选取的报酬率或者资本化率不应偏低。

4. 在运用假设开发法估价时，不应高估未来开发完成后的价值，不应低估开发成本、有关税费和利润。

本章小结

房地产估价原则可以使不同的房地产估价人员对于房地产估价的基本前提具有认识上的一致性，对于同一估价对象在同一估价目的、同一价值时点的评估价值趋于相同或近似。房地产估价原则主要有6项：独立、客观、公正原则；合法原则；最高最佳使用原则；价值时点原则；替代原则；谨慎原则。

合法原则内容包括：在依法判定的权利类型及归属方面，应以房地产权属证书、权属档案以及相关合同等其他合法权属证明为依据；在依法判定的使用权利方面，应以使用管制为依据；在依法判定的处分权利方面，应以法律、法规、政策或者合同等允许的处分方式为依据；在依法判定的其他权益方面，评估出的价值应当符合国家的价格政策。

最高最佳使用原则必须同时满足：法律上许可、技术上可能、经济上可行、价值最大化。理论依据：收益递增递减原理、均衡原理、适合原理。

案例分析

【资料】

2009年5月，曲先生以全款79万元购买了位于××市××工业园的一座占地550m²独用土地使用权的院落住宅证，其中住宅建筑面积236m²，并取得该宗房产的不动产权证及房屋所有权。

2016年10月曲先生欲将该房产过户到其独生子名下。父子俩一起到房产所在地××市房地产交易中心办理房产过户手续。交易中心工作人员要求其提交该房产评估报告，并据此计缴相关税费。在委托房地产评估事务所出具该房产评估报告时，曲氏父子向事务所工作人员陈述该房产是家庭成员内部过户，没有商品交易及收益，要求按原购入房产时的价格即79万元出具评估报告。

【分析】

　　根据房地产估价的原则，房产交易应遵循合法、客观、公正原则，本宗交易在提供曲先生夫妻身份证明、户籍簿、房屋所有权证、不动产权证书，并双方签署转让协议后可到房地产所有地房产交易中心进行合法交易。但根据价值时点原则事务所所委托的房产在2009年5月已经购买，虽有过去历史价格，但作为父子之间的交易行为发生在2016年10月，这就决定了交易估价对象应以2016年10月当时的状况进行评估，因此不需要提供曲先生当年购房时的交款证明或单据，更不能要求事务所以当年的价格出具评估报告。

【结果】

　　事务所根据2016年10月××市××工业园区每平方米4850元的单价出具房产评估报告，该宗房产总估价为114.46万元，曲氏父子据此计缴交易手续费1416元，缴纳契税21280元。

三 技能训练

一、单项选择（每题的备选答案中只有一个最符合题意）

1. 房地产估价中，遵循独立、客观、公正原则的核心是估价机构和估价人员应当站在（　　）的立场上，评估出一个对各方当事人来说都是公平合理的价值。

   A. 委托人　　　　　　　　　　　B. 估价报告预期使用者

   C. 管理部门　　　　　　　　　　D. 中立

2. （　　）是房地产估价的基本原则。

   A. 最高最佳原则　　　　　　　　B. 独立、客观、公正

   C. 价值时点原则　　　　　　　　D. 合法原则

3. 除（　　）外，房地产估价之所以要遵循独立、客观、公正原则，是因为评估出的价值或价格如果不公平合理，就会损害估价利害关系人中某一方的利益。

   A. 房地产抵押评估　B. 投资价值评估　C. 房屋征收评估　D. 房地产税收评估

4. 房地产估价的合法原则是针对（　　）来讲的。

   A. 估价机构　　　B. 估价人员　　　C. 估价对象　　　D. 估价方法

5. 下列关于合法原则说法错误的是（　　）。

   A. 合法原则要求只有合法的房地产才能成为估价对象

   B. 合法原则中所讲的法，是广义的法

   C. 估价对象状况必须依法判定

   D. 合法原则的依据可以是估价对象的不动产登记簿

6. 在房地产估价活动中，合法原则的运用主要体现在（   ）。

    A. 估价主体资格需依法取得   B. 估价对象状况需依法判定

    C. 估价对象收益需依法确定   D. 估价方法需依法选用

7. 对空置（   ）以上的商品房，商业银行不得接受其作为贷款的抵押物。

    A. 半年   B. 一年   C. 两年   D. 三年

8. 建设工程承包人行使优先权的期限为（   ）自建设工程竣工之日或者建设工程合同约定的竣工之日起计算。

    A. 1个月   B. 3个月   C. 6个月   D. 1年

9. 下列估价基本事项中，首先应予以明确的是（   ）。

    A. 估价目的   B. 价值时点   C. 估价对象   D. 价值类型

10. 城市房屋征收补偿估价中，实行房产权调换且所调换房屋为期房的，为结清产权调换的差价而对该期房价进行估价，则（   ）。

    A. 价值时点为未来，估价对象为未来状况

    B. 价值时点与房地产状况均为现在

    C. 价值时点为现在，估价对象为未来状况

    D. 价值时点为现在，估价对象为过去状况

11. 评估期房的价值时，（   ）。

    A. 价值时点为现在，估价对象为现时状况

    B. 价值时点为现在，估价对象为未来状况

    C. 价值时点为未来，估价对象为未来状况

    D. 价值时点为未来，估价对象为现时状况

12. 房地产损害赔偿和保险理赔案件中，通常价值时点为（   ），估价对象为（   ）状况

    A. 现在，历史   B. 现在，现在   C. 历史，现在   D. 未来，现在

13. 某估价机构接受保险公司的委托，对被火灾完全烧毁的房屋进行价值鉴定，为保险理赔提供参考价值，价值时点为现在，则其估价对象状况和房地产市场状况分别为（   ）。

    A. 估价对象状况为现在，房地产市场状况为过去

    B. 估价对象状况为过去，房地产市场状况为过去

    C. 估价对象状况为现在，房地产市场状况为现在

    D. 估价对象状况为过去，房地产市场状况为现在

14. 运用收益法评估房地产价值时，要求利用与估价对象所在区域相同或相似房地产的客观收益来推算估价对象预期收益，这主要是依据房地产估价中的（   ）。

    A. 合法原则   B. 最高最佳使用原则

    C. 替代原则   D. 公平原则

15. 相似的房地产之间之所以价格相互牵制、相互接近，是因为相似的房地产之间具有（　　）。

    A. 异质性　　　　B. 排他性　　　　C. 替代性　　　　D. 互补性

16. 替代原则是针对（　　）而言的。

    A. 房地产状况　　B. 估价对象　　　C. 估价结果　　　D. 估价目的

17. 某宗房地产在现状下持续经营的价值为5000万元。假定对该房地产进行重新装修后的价值为6500万元，装修费用为800万元，装修期为1年，装修费用均匀投入，装修期间租金净损失现值为500万元；如果对该房地产进行改变用途的改造，改造后的价值为8000万元，改造费用为2160万元，改造期为1年，改造费用均匀投入，改造期间租金净损失现值为500万元；折现率均为10%，该地区不适合拆除重建。根据上述资料，该宗房地产的最高最佳利用应是（　　）。

    A. 维持现状　　　B. 改变用途　　　C. 重新装修　　　D. 重新开发

18. 对于经济可行性检验时，只有预测未来的收入现值（　　）支出现值的使用方式才具有经济可行性，否则应被淘汰。

    A. 小于　　　　　B. 大于或等于　　C. 不等于　　　　D. 无法确定

19. 有甲、乙两宗权益、区位、面积、规划条件等相当的土地，甲土地为空地，乙土地上有一建筑物，但估价结果显示乙土地连同地上建筑物的价值低于甲土地的价值，这是由于（　　）。

    A. 该建筑物的价值低于拆除费用　　　B. 该估价结果肯定有误

    C. 甲土地的价值高于乙土地的价值　　　D. 不可能出现这种情况

20. 最高最佳使用包括用途、规模、集约度和档次上的最佳，可以帮助确定估价对象最佳用途的经济学原理是（　　）。

    A. 收益递增递减原理　　　　　　　　B. 均衡原理

    C. 替代原理　　　　　　　　　　　　D. 适合原理

21. 当新用途的房地产价值改变用途的必要支出及应得利润大于现用途的房地产价值时应以（　　）为前提进行估价。

    A. 保持现状　　　B. 装饰装修改造　C. 改变用途　　　D. 重新利用

22. 某城市市区内有一座长期亏损的工厂，其周边多为新建的商品住宅，且销售形势良好，根据城市规划，该工厂所在地块的规划用途为商住综合。现需评估该工厂用地的公开市场价值，则应按（　　）进行评估。

    A. 工业厂房　　　B. 工业用地　　　C. 商品住宅　　　D. 商住用地

23. 运用成本法评估房地产抵押价值时，按谨慎原则要求，在估计房地产价格构成项目的金额可能会在一定区间波动时，应采用（　　）的估计值。

    A. 正常　　　　　B. 较低　　　　　C. 平均　　　　　D. 较高

24. 运用收益法评估房地产抵押价值时，当估计未来收益可能会高也可能会低时，一般应采用（　　）的收益估计值。

    A. 较高   B. 较低   C. 最高   D. 居中

25. 把行政划拨的土地当作有偿出让的土地来估价，违背了房地产估价的（　　）。

    A. 合法   B. 公平   C. 替代   D. 最高最佳使用

26. 在同一估价机构，在同一个城市，同一个估价目的，同一时期，对不同位置、档次的房地产的估价结果应有一个合理的价格差，这符合（　　）原则。

    A. 合法   B. 公平   C. 替代   D. 最高最佳使用

27. 如果与估价对象有利害关系，估价人员应当回避，这是遵循（　　）原则。

    A. 合法   B. 公平   C. 替代   D. 最高最佳使用

28. 适合原理可以帮助我们确定房地产的（　　）。

    A. 最佳规模   B. 最佳集约度

    C. 最佳用途   D. 最佳经济效益地产

29. 当估价对象已做了某种使用时，且现状房地产价值大于新建地产的价值减去拆除现有建筑物的费用及建造新建筑物的费用之后的余额，则该估价前提应为（　　）。

    A. 保持现状   B. 装修改造   C. 重新利用   D. 转换用途

30. 在房地产纠纷案件中，特别是对估价结果争议而引发的复核估价中，价值时点通常为（　　）。

    A. 现在   B. 过去   C. 未来   D. 难以把握

31. 在评估房地产的预售或预购价格时，通常认为（　　）。

    A. 价值时点在现在，估价对象为未来   B. 价值时点为过去，估价对象为未来

    C. 价值时点为未来，估价对象为未来   D. 价值时点为现在，估价对象为现在

32. 城市规划规定某块土地的用途可为商业、居住、办公、工业，根据最高最佳使用原则，该土地的用途为（　　）。

    A. 居住   B. 工业   C. 商业   D. 办公

33. 均衡原理是指房地产内部构成要素的组合是否均衡，它可以帮助我们确定房地产的（　　）。

    A. 最佳规模和用途   B. 最佳集约度和规模

    C. 最佳集约度和用途   D. 最佳用途和规模

二、判断题

1. 适合原理是以估价对象与其外部环境是否协调来判定估价对象是否为最高最佳使用，帮助确定估价对象的最佳用途。（　　）

2. 评估拖欠工程款的房地产在建工程的抵押价值时，该房地产的抵押价值不应包含发包人拖欠承包人的建设工程价款。（　　）

3. 如学校向商业银行申请贷款，教室宿舍楼可以作为抵押资产，但空置3年以上的商品房不得作为贷款的抵押物。（　　）

4．最高最佳使用的原则是法律许可、技术可能、经济可行，经过充分合理的论证，能够使估价对象的价值达到最大化的一种最可能的使用。（　　　）

5．收益递增递减原理可以帮助我们确定估价对象的最佳集约度和最佳规模，它揭示的是投入产出的关系。（　　　）

6．价值时点原则要求估价时要求评估估价对象在所有时间上的价值，以得出准确的估价结论。（　　　）

7．替代原则要求房产估价结果不得不合理地偏离类似房地产在任何条件下的正常价格。（　　　）

8．不论采用何种估价方法进行估价，最后都需要把估价结果放到市场中去衡量。（　　　）

9．在存在不确定性因素的情况下作出估价相关判断时，应当充分估计抵押房地产在抵押权实现时可能受到的限制、未来可能发生的风险和损失，不高估假定未设立法定优先受偿权利下的市场价值，不低估房地产估价人员知悉的法定优先受偿款。（　　　）

10．在运用市场法估价时，应选取成交价格明显高于市场价格的交易实例作为可比实例，并应对可比实例进行必要的实地查看。（　　　）

房地产估价的基本方法 4

引例

某市一单位有一处住宅区，占地面积2000m²，包括一幢1990年建成的七层砖混结构住宅楼，建筑面积为4800m²；一幢1992年建成的一层临街铺面、门卫房，也为砖混结构，建筑面积为180m²。该住宅区地处市城乡接合部，距环城路500m左右，南临××路，西临规划之××东路，东临××公目，北临××。周围无环境污染，交通便利，环境优雅。由于单位发展中心转移，该单位准备将名下所拥有的这处住宅区进行出售。为确定合理的转让价，该公司聘请了当地有名的房地产评估公司进行了评估。

该市房地产有关资料显示住宅所处地区属于市五级二类三通一平熟地，基准地价为1098元／m²，根据其他相关资料，房地产评估公司估价648.5万元，但该单位认为估价过低，不愿意支付评估费，评估公司诉至法院，法院判定评估公司服务合法有效，评估价格符合当地经济发展水平和房地产市场状况，责令该单位向房地产评估公司支付评估费。

本章知识结构图

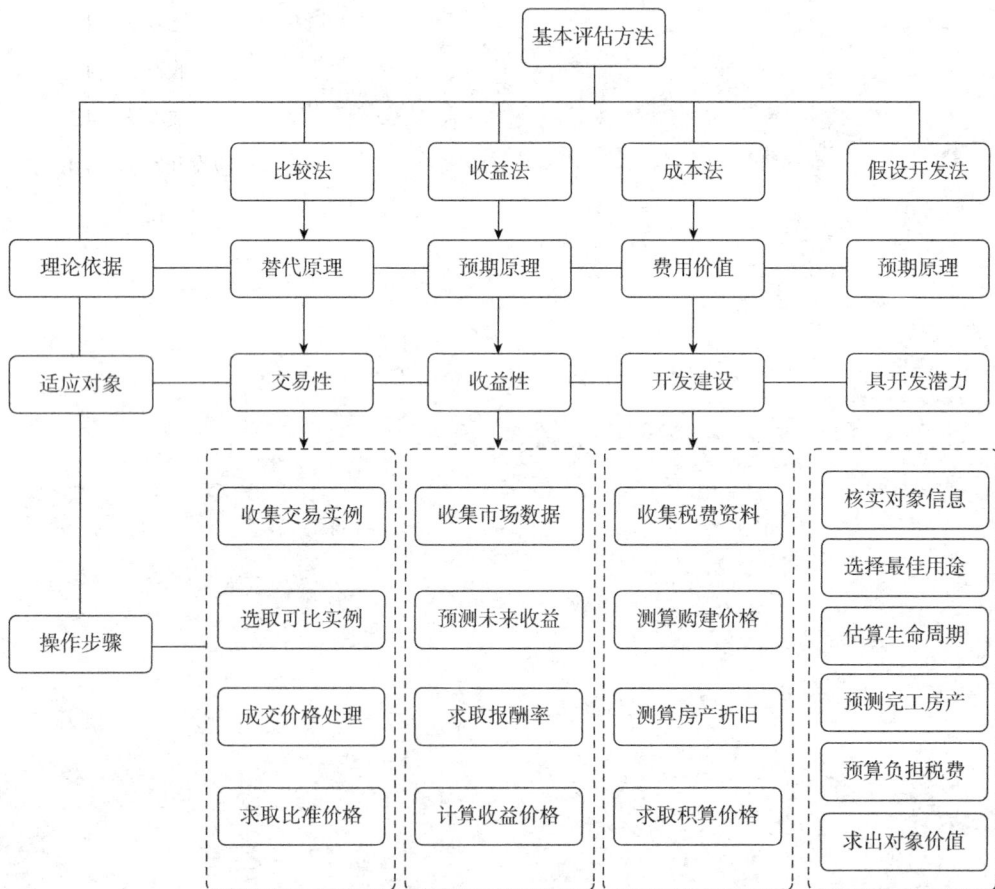

【学习摘要】

　　通过本章的学习和训练了解四种估价方法的理论依据、适用对象和条件。熟悉各种估价方法的操作步骤。掌握比较法的比较基准建立、交易情况修正、市场状况调整、房地产状况调整；成本法中房地产价格构成、重置价格的求取、建筑物折旧的计算；收益法中资本化法的原则、净收益和报酬率的求取；假设开发法中后续开发经营期、开发完成后的房地产价值、折现率、后续开发建设的必要支出和应得利润的求取，具备对数据资料进行简单统计分析的能力，能根据估价对象选择估价方法的能力，利用所选估价方法进行房地产价值估算能力。

4.1　比较法

4.1.1　比较法概述

1. 比较法的含义

　　比较法，是根据类似房地产的成交价格来求取估价对象价值的方法；较具体地说，是选取一定数量的可比实例并将它们与估价对象进行比较，然后对这些可比实例的成交价格进行适当的处理来求取估价对象价值的方法。所谓可比实例，也称为可比房地产，是指交易实例中交易类型与估价目的吻合、成交日期与价值时点接近、成交价格为正常市场价格或者能够修正为正常市场价格的类似房地产。

　　比较法的本质是以房地产的成交价格为导向来求取房地产的价值。通常把比较法求得的价值简称为比准价格。

2. 比较法的理论依据

　　比较法的理论依据是房地产价格形成的替代原理。正是因为在房地产价格形成中有替代原理的作用——"同一种商品在同一个市场上具有相同的市场价格"，所以估价对象的未知价格（价值）可以通过类似房地产的已知成交价格来求取。在现实房地产交易中，由于交易双方之间的关系、动机、偏好、对交易对象和市场行情的了解程度、讨价还价能力等的不同，具体一宗房地产的成交价格可能会偏离其正常市场价格。但是，只要掌握了较多的交易实例，对其成交价格进行适当的处理后得到的结果就可以作为正常市场价格的最佳参照值。

3. 比较法适用的估价对象和条件

（1）比较法适用的估价对象

　　比较法适用的估价对象是同种类型的数量较多且经常发生交易的房地产，例如：①住宅，包括普通住宅、高档公寓、别墅等。特别是存量成套住宅，由于数量较多、可比性较好，最适用比较法估价，相对也是最容易、最简单的一种房地产估价；②写字楼；③商铺；④标准厂房；⑤房地产开发用地。数量很少的房地产，例如特殊厂房、机场、码头、博物馆、教堂、寺庙、古建筑等；很少发生交易的房地产，例如学校、医院、行政办公楼等；可比性很差的房地产，例如在建工程等，难以采用比较法估价。

（2）比较法估价需要具备的条件

比较法估价需要具备的条件是在价值时点的近期有较多的类似房地产的交易。

运用比较法估价需要消除以下三个方面的不同所造成的可比实例成交价格与估价对象客观合理价值之间的差异：①实际交易情况与正常交易情况不同；②成交日期与价值时点不同（本质上是这两个时间上的房地产市场状况不同）；③可比实例房地产状况与估价对象房地产状况不同。把这些对可比实例成交价格进行的修正和调整，分别简称为交易情况修正、市场状况调整、房地产状况调整。在进行这些修正和调整时，并尽量采用定量分析来量化这些因素对可比实例成交价格的影响程度。

（3）比较法的其他用途

比较法中比较分析的原理和方法，也可以用于房地产市场租金及成本法、收益法、假设开发法中重新购建价格、房地产价格各个构成部分（如开发成本、管理费用、销售费用、开发利润等）、经营收入、运营费用、空置率、入住率、报酬率、资本化率、收益乘数、开发完成后的房地产价值、开发经营期等的求取。

（4）比较法估价的操作步骤

运用比较法估价一般分为以下4大步骤进行：①搜集交易实例，即从现实的房地产市场中搜集大量的实际成交的房地产及其成交日期、成交价格、付款方式等情况；②选取可比实例，从搜集的大量交易实例中选取一定数量、符合一定条件的交易实例；③对可比实例的成交价格进行适当的处理。根据处理的内涵不同，分为价格换算、价格修正和价格调整。价格换算主要是对可比实例成交价格表现形式进行处理，也可称为建立比较基准。价格修正是把可比实例的不正常的成交价格处理成正常市场价格。这种处理称为交易情况修正。价格调整是对价格"参考系"的调整，即从可比实例"参考系"下的价格调整为估价对象"参考系"下的价格。"参考系"有市场状况和房地产状况两种；④求取比准价格，把对多个可比实例的成交价格进行处理所得到的多个价格综合成一个价格。

4.1.2　搜集交易实例

1. 搜集大量交易实例的必要性

运用比较法估价需要拥有大量的交易实例。只有拥有了估价对象所在地的大量的房地产交易实例，才能把握估价对象所在地的正常的房地产市场价格，从而保障评估出的估价对象价值不会超出合理的范围；才能选择出符合一定数量和质量要求的可比实例，从而保障根据这些可比实例评估出的估价对象价值更加精准而不会出现较大误差。因此，估价机构和评估专业人员应当尽力搜集较多的交易实例。搜集交易实例尽管是比较法中的一个步骤，但是对于估价人员而言，是一个不断积累的过程，平时就应留意搜集，不能等到需要采用比较法估价时才去做。这样，一旦需要采用比较法估价时，就会有足够多的现成交易实例可供选取，从而可以较快地完成估价工作。当然，在需要采用比较法估价时，也可以根据估价对象、价值时点等情况，有针对性地搜集一些交易实例。

2．搜集交易实例的途径

搜集交易实例及相关参考资料的途径主要有：

（1）查阅政府有关部门的房地产交易资料。例如，房地产权利人转让房地产时向政府有关部门申报的成交价格资料，政府出让土地使用权的价格资料，政府或者其授权的部门确定、公布的基准地价、标定地价、房屋重置价格及房地产市场价格资料。

（2）向房地产经纪机构和房地产经纪人了解其促成交易的房地产成交价格资料和有关交易情况。现在，越来越多的房地产交易是通过专业的房地产经纪机构和房地产经纪人居间、代理完成的。通过房地产经纪机构和房地产经纪人，可以获得大量及时、真实的交易实例。

（3）与房地产出售者或其代理人，如业主、房地产开发商、房地产经纪人等洽谈，获得房地产的要价等资料；查阅报刊、网络资源上有关房地产出售、出租的广告、信息等资料。

3．搜集交易实例的要求

搜集内容完整、真实的交易实例，是提高估价精度的一个基本保证。在搜集交易实例时应尽可能搜集较多的内容，一般包括：①交易实例房地产的基本状况，例如名称、坐落、四至、面积、用途、产权、土地形状、土地使用期限、建筑物建成日期、建筑结构、周围环境景观等；②交易双方，例如卖方和买方的名称，卖方和买方之间的关系；③成交日期；④成交价格，包括总价、单价及计价方式（如按建筑面积计价、按套内建筑面积计价、按使用面积计价、按套计价等）；⑤付款方式，例如一次性付款、分期付款（包括付款期限、每期付款额或付款比率）、贷款方式付款（包括首付款比例、贷款期限）；⑥交易情况，例如交易目的（卖方为何而卖，买方为何而买），交易方式（如协议、招标、拍卖、挂牌等），交易税费负担方式（如买卖双方是依照规定或者按照当地习惯各自缴纳自己应缴纳的，还是全部由卖方负担，或者全部由买方负担等），有无利害关系人之间的交易、急于出售或急于购买等特殊交易情况。

根据不同类型的房地产的特点，将需要搜集的内容制作成统一的表格。表4-1是一种适宜性、简化的"房地产交易实例调查表"，供参考。

4．建立交易实例库

房地产估价机构应当建立房地产交易（包括买卖、租赁）实例库。建立房地产交易实例库不仅是运用比较法估价的需要，而且是从事房地产估价及相关咨询、顾问业务的一项基础性工作，也是形成房地产估价机构核心竞争力的重要手段之一。建立房地产交易实例库有利于交易实例资料的保存和在需要时查找、调用，能有效提高估价工作效率。建立交易实例库的最简单做法，是将搜集交易实例时填写好的"房地产交易实例调查表"及有关资料（如照片等），以交易实例卡片或档案袋的形式，一个交易实例一张卡片或一个档案袋,分门别类保存起来。有条件可开发或购买有关计算机软件,将所搜集到的交易实例信息输入计算机中。

4.1.3 选取可比实例

1.选取可比实例的必要性

虽然搜集的交易实例或者交易实例库中存储的交易实例可能较多,但针对某一具体的估价对象及估价目的、价值时点,其中的某些交易实例可能不适用。因此,需要从中选取符合一定条件的交易实例作为参照比较的交易实例。作为参照比较的交易实例称为可比实例。

房地产交易实例调查表 表4-1

	名称			
	坐落			
房地产基本状况	四至			
	面积			
	用途			
	产权			
	卖方			
	买方			
交易基本情况	成交日期			
	成交价格	总价		单价
	付款方式			
交易情况说明				
	区位状况说明			
房地产状况说明	实物状况说明			
	权益状况说明			
位置图		外观图片		其他图片

注:调查人员: 调查日期: 年 月 日

2.选取可比实例的要求

(1)选取可比实例的数量要求

从理论上讲,只要是对可比实例的成交价格进行了"适当"的处理,通过一个可比实例的成交价格就可以得出估价对象的价值。但在实际估价中,由于信息不完全,对可比实例成交价格的处理不可能做到完全"适当"。因此,为了减小估价的误差,要求选取多个可比实例,并且从理论上讲,选取的可比实例越多越好。但如果要求选取的可比实例过多,一是可能由于交易实例的数量有限而难以做到，二是造成后续处理的工作量很大，所以从某种意义上讲，选取可比实例主要在于精而不在于多，一般选取3个以上（含3个）、10个以下（含10个）的可比实例即可。

（2）选取可比实例的质量要求

可比实例选取得恰当与否，直接影响到比较法评估结果的准确性，因此应特别慎重。选取的可比实例应符合以下4个要求：

1）可比实例房地产应是估价对象房地产的类似房地产，由于类似房地产是指与估价对象处在同一供求范围内，并在用途、规模、建筑结构、档次、权利性质等方面与估价对象相同或者相似的房地产，所以具体要求选取的房地产符合下列6个条件：

①在区位上应与估价对象处在同一供求范围内。具体地说，可比实例与估价对象应为同一地区或同一供求范围内的类似地区。

②在用途上应与估价对象的用途相同。这里的用途相同主要指大类用途相同，如果能做到小类用途也相同则更好。大类用途一般分为居住、商业、办公、旅馆、工业、农业等。

③在规模上应与估价对象的规模相当。例如估价对象为一宗土地，则选取的可比实例的土地面积应与该宗土地的面积差不多大小，既不能过大也不能过小。选取的可比实例规模一般应在估价对象规模的0.5~2范围内，即：

$$0.5 \leqslant \frac{可比实例规模}{估价对象规模} \leqslant 2 \qquad (4-1)$$

④在建筑结构上应与估价对象的建筑结构相同。这里的建筑结构相同主要指大类建筑结构相同，如果能做到小类建筑结构也相同则更好。大类建筑结构一般分为钢结构、钢筋混凝土结构、砖混结构、砖木结构、简易结构。

⑤在档次上应与估价对象的档次相当。这里的档次相当主要指在装饰装修、设备（如电梯、空调、智能化）、环境等方面的齐全、优劣程度应相当。

⑥在权利上应与估价对象的权利性质相同。当两者不相同时，一般不能作为可比实例。例如，国有土地与集体土地的权利性质不同；转让土地使用权与划拨土地使用权的权利性质不同。

2）可比实例的交易类型应与估价目的吻合，是因为房地产交易有买卖、租赁等类型，其中又可分为协议、招标、拍卖、挂牌等方式。如果是为买卖目的估价，则应选取买卖实例为可比实例；如果是为租赁目的估价，则应选取租赁实例为可比实例。

3）可比实例的成交日期应尽量接近价值时点，这里所谓"接近"是相对而言的，如果房地产市场比较平稳，则较早之前发生的交易实例可能仍然有参考价值，也可选为可比实例；但如果房地产市场变化快，则此期限应缩短，可能只有近期发生的交易实例才有说服力。

4）可比实例的成交价格应尽量为正常价格，是要求可比实例的成交价格是正常价格，或者能够修正为正常价格。

（3）选取可比实例应注意的其他问题

选取可比实例时，一般是指估价对象为房地的，应选取类似房地的交易实例；主要内容是：如果估价对象为单独的土地或单独的建筑物，而缺少相应的交易实例，但有类似的土地与建筑物综合体的交易实例时，则可将此土地与建筑物综合体及其成交价格予以分解（进行价值分配），提取出与估价对象同类型部分的土地或建筑物及其价格，再将此作为可比实例。

4.1.4 建立比较基准

1. 统一房地产范围

针对某些估价对象，有时难以直接选取到与其范围完全相同的房地产的交易实例作为可比实例，只能选取"主干"相同的房地产的交易实例作为可比实例。这种情况在实际估价中主要有以下3类：①房地产实物范围不同。所谓范围不同，是指"有"与"无"的差别。②含有非房地产成分。例如，估价对象是"纯粹"的房地产，选取的是含有非房地产成分的类似房地产的交易实例，如附赠家具、家用电器、汽车等的房地产交易实例；或者相反。③带有债权债务的房地产。

2. 统一付款方式

房地产由于价值量大，其成交价格的付款方式往往采取分期支付方式。而且付款期限长短、付款次数、每笔付款金额在付款期限内分布等的不同，实际价格会有所不同。估价中为便于比较，价格通常以一次性付清所需要支付的金额为基准，因此，需要将分期支付的可比实例成交价格折算为在其成交日期一次性付清的金额。具体方法是通过折现计算。

【例4-1】某宗房地产交易总价为30万元，其中首期付款20%，余款于半年后支付。假设月利率为0.5%，请计算该宗房地产在其成交日期一次性付清的价格。

【解】该宗房地产在其成交日期一次性付清的价格计算如下：

$$30 \times 20\% + \frac{30 \times (1 - 20\%)}{(1 + 0.5\%)^6} = 29.29万元$$

在例4-1中，如果已知的不是月利率，而是：①年利率r，则计算中的$(1+0.5\%)^6$就变为$(1+r)^{0.5}$；②半年利率r，则计算中的$(1+0.5\%)^6$就变为$(1+r)$；③季度利率r，则计算中的$(1+0.5\%)^6$就变为$(1+r)^2$。

3. 统一采用单价

在统一采用单价方面，通常为单位面积的价格。根据估价对象的具体情况，还可以有其他的比较单位，例如仓库通常以单位体积为比较单位，停车场通常以每个车位为比较单位，旅馆通常以每个客房或床位为比较单位。

4. 统一币种和货币单位

在统一币种方面，不同币种的价格之间的换算，应采用该价格所对应的日期时的汇率。汇率的取值，一般采用国家外汇管理部门公布的外汇牌价的卖出、买入中间价。

5．统一面积内涵

在现实的房地产交易中，有按建筑面积计价、有按套内建筑面积计价，也有按使用面积计价的。它们之间的换算公式如下，

$$建筑面积下的单价 = 套内建筑面积下的单价 \times \frac{套内建筑面积}{建筑面积} \qquad （4-2）$$

$$建筑面积下的单价 = 使用面积下的单价 \times \frac{使用面积}{建筑面积} \qquad （4-3）$$

$$套内建筑面积下的单价 = 使用面积下的单价 \times \frac{使用面积}{套内建筑面积} \qquad （4-4）$$

6．统一面积单位

在面积单位方面，中国内地通常采用平方米（土地面积单位除了平方米，有时还采用公顷、亩），中国香港地区和美国、英国等习惯采用平方英尺，中国台湾地区和日本、韩国一般采用坪。由于：

1公顷＝10000m^2＝15亩

1亩＝666.67m^2

1平方英尺＝0.09290304m^2

1坪＝3.30579m^2

所以，将公顷、亩、平方英尺、坪下的价格换算为平方米下的价格如下：

平方米下的价格＝公顷下的价格÷10000

平方米下的价格＝亩下的价格÷666.7

平方米下的价格＝平方英尺下的价格÷0.09290304

平方米下的价格＝坪下的价格×3.30579

【例4-2】搜集了甲、乙两个交易实例。甲交易实例房地产的建筑面积200m^2，成交总价80万元人民币，分3期付款，首期付16万元人民币，第二期于半年后付32万元人民币，余款32万元人民币于1年后付清。乙交易实例房地产的使用面积2500平方英尺，成交总价15万美元，于成交时一次性付清。如果选取该两个交易实例为可比实例，请在对其成交价格进行有关比较、修正和调整之前进行"建立比较基准"处理。

【解】对该两个交易实例进行建立比较基准处理，包括统一付款方式、统一采用单价、统一币种和货币单位、统一面积内涵和面积单位。具体的处理方法如下：

（1）统一付款方式。如果以在成交日期一次性付清为基准，假设当时人民币的年利率为8%，则：

$$甲总价 = 16 + 32 \times \left[\frac{1}{(1+8\%)^{0.5}} + \frac{1}{(1+8\%)} \right] = 76.42 万元$$

$$乙总价 = 15.00 万美元$$

（2）统一采用单价。

甲单价＝764200÷200＝3821.00元人民币/平方米建筑面积

乙单价＝150000÷2500＝60.00美元/平方英尺使用面积

（3）统一币种和货币单位。如果以人民币元为基准，则需要将乙交易实例的美元换算为人民币元。假设乙交易实例成交当时人民币与美元的市场汇率为1美元等于7.7395元人民币，则：

甲单价＝3821.00元人民币/平方米建筑面积

乙单价＝60.00×7.7395＝464.37元人民币/平方英尺使用面积

（4）统一面积内涵。如果以建筑面积为基准，另通过调查得知乙交易实例房地产（或该类房地产）的建筑面积与使用面积的关系为1平方英尺建筑面积等于0.75平方英尺使用面积。则：

甲单价＝3821.00元人民币/平方米建筑面积

乙单价＝464.37×0.75＝348.28元人民币/平方英尺建筑面积

（5）统一面积单位。如果以平方米为基准，由于1平方英尺＝0.09290304平方米，则：

甲单价＝3821.00元人民币/平方米建筑面积

乙单价＝348.28÷0.09290304＝3748.85元人民币/平方米建筑面积

4.1.5 交易情况修正

1．交易情况修正的含义

可比实例的成交价格是实际发生的，它可能是正常的，也可能是不正常的。由于要求评估的估价对象的价值是客观合理的，所以，如果可比实例的成交价格是不正常的，则应将它修正为正常的。

2．造成成交价格偏离正常市场价格的因素

首先要了解有哪些因素可能使可比实例的成交价格偏离正常市场价格及是如何偏离的。交易中的特殊因素较复杂，归纳起来主要有下列方面：

（1）强迫出售或强迫购买的交易。

（2）利害关系人之间的交易。例如，亲朋好友之间、母子公司之间、公司与其员工之间等的房地产交易，多数情况下成交价格低于正常市场价格。

（3）交易双方或某一方对交易对象或市场行情缺乏了解的交易。如果买方不了解交易对象或市场行情，盲目购买，成交价格往往偏离。

（4）急于出售或急于购买的交易。例如，欠债到期，无奈只有出售房地产来偿还。

（5）交易双方或某一方对所交易的房地产有偏好的交易。例如，买方或卖方对所买卖的房地产有特别的爱好、感情，特别是对买方或卖方有特殊的意义或价值，从而买方执意要购买或卖方惜售，在这种情况下的成交价格往往偏高。

（6）相邻房地产的合并交易。房地产价格受土地形状是否规则、土地面积或建筑规模是否适当的影响。形状不规则或者面积、规模过小的房地产，价值通常较低。但这类房地产如果与相邻房地产合并后，则效用通常会增加，会产生附加价值或"结合价值"。因此，当相邻房地产的拥有者欲购买该房地产时，往往愿意出较高的价格，出售者通常也会索要高价。所以，相邻房地产合并交易的成交价格往往高于其单独存在、与其不相邻者交易时的正常市场价格。

3. 交易情况修正的方法

有上述特殊交易情况的交易实例一般不宜选为可比实例，但当可供选择的交易实例较少而不得不选用时，应对其进行交易情况修正。交易情况修正的方法主要有百分率法和差额法。

采用百分率法进行交易情况修正的一般公式为：

$$可比实例成交价格 \times 交易情况修正系数 = 可比实例正常市场价格 \qquad (4-5)$$

采用差额法进行交易情况修正的一般公式为：

$$可比实例成交价格 \pm 交易情况修正金额 = 可比实例正常市场价格 \qquad (4-6)$$

百分率法中，交易情况修正系数应以正常市场价格为基准来确定。假设可比实例成交价格比其正常市场价格高、低的百分率为 $\pm S\%$（当可比实例成交价格比其正常市场价格高时为 $+S\%$；低时为 $-S\%$），则有：

$$可比实例成交价格 \times \frac{1}{1 \pm S\%} = 可比实例正常市场价格 \qquad (4-7)$$

通过上式可知，交易情况修正系数是：$\dfrac{1}{1 \pm S\%}$ 或 $\dfrac{100}{100 \pm S}$，而不是 $\pm S\%$。

在交易情况修正中要以正常市场价格为基准，是因为采用比较法估价时要求选取多个可比实例，这样，如果以正常市场价格为基准，只会有一个比较基准，而如果以每个可比实例的实际成交价格为基准，则会出现多个比较基准。

为此，在交易情况修正中应统一采用可比实例成交价格比其正常市场价格是高还是低多少的说法。

对于交易税费非正常负担的修正，具体是将成交价格修正为依照税法及中央和地方政府的有关规定（没有规定的，按照当地习惯），买卖双方各自缴纳自己应缴纳的交易税费下的价格。修正公式如下：

$$正常成交价格 - 应由卖方缴纳的税费 = 卖方实际得到的价格 \qquad (4-8)$$

$$正常成交价格 + 应由买方缴纳的税费 = 买方实际付出的价格 \qquad (4-9)$$

$$买方实际付出的价格 - 卖方实际得到的价格 = 应由买卖双方缴纳的税费 \qquad (4-10)$$

如果卖方、买方应缴纳的税费是正常成交价格的一定比率，即：

$$应由卖方缴纳的税费 = 正常成交价格 \times 应由卖方缴纳的税费比率 \qquad (4-11)$$

$$应由买方缴纳的税费 = 正常成交价格 \times 应由买方缴纳的税费比率 \qquad (4-12)$$

则：

$$正常成交价格 = \frac{卖方实际得到的价格}{1 - 应由卖方缴纳的税费比率} \qquad (4-13)$$

$$正常成交价格 = \frac{买方实际得到的价格}{1 + 应由买方缴纳的税费比率} \qquad (4-14)$$

【例4-3】某宗房地产的正常成交价格为2500元/m²，卖方应缴纳的税费为正常成交价格的7%，买方应缴纳的税费为正常成交价格的5%。请计算卖方实际得到的价格和买方实际付出的价格。

【解】卖方实际得到的价格计算如下：

卖方实际得到的价格＝正常成交价格－应由卖方缴纳的税费

$$= 2500 - 2500 \times 7\% = 2325 元/m^2$$

买方实际付出的价格计算如下：

买方实际付出的价格＝正常成交价格＋应由买方缴纳的税费

$$= 2500 + 2500 \times 5\% = 2625 元/m^2$$

【例4-4】某宗房地产交易，买卖双方在买卖合同中约定买方付给卖方2325元/m²，买卖中涉及的税费均由买方负担。据悉，该地区房地产买卖中应由卖方、买方缴纳的税费分别为正常成交价格的7%和5%。请求取该宗房地产的正常成交价格。

【解】该宗房地产的正常成交价格求取如下：

$$正常成交价格 = \frac{卖方实际得到的价格}{1 + 应由卖方缴纳的税费比率} = \frac{2325}{1 + 7\%} = 2500 元/m^2$$

【例4-5】某宗房地产交易，买卖双方在买卖合同中约定买方付给卖方2625元/m²，买卖中涉及的税费均由卖方负担。据悉，该地区房地产买卖中应由卖方、买方缴纳的税费分别为正常成交价格的7%和5%。请求取该宗房地产的正常成交价格。

【解】该宗房地产的正常成交价格求取如下：

$$正常成交价格 = \frac{买方实际得到的价格}{1 + 应由买方缴纳的税费比率} = \frac{2625}{1 + 5\%} = 2500 元/m^2$$

4.1.6　市场状况调整

1．市场状况调整的含义

可比实例的成交价格是其成交日期时的价格，是在其成交日期时的房地产市场状况下形成的。由于成交日期通常是过去，所以通常是在过去的房地产市场状况下形成的。需要评估的估价对象的价值应当是价值时点时的价值，是应当在价值时点时的房地产市场状况下形成的。如果价值时点是现在（通常是这种情况），则应当是在现在的房地产市场状况下形成的。即使两宗完全相同的房地产，在这两个不同时间的价格也会不同。因此，应将可比实例在其成交日期时的价格调整到在价值时点时的价格，经过市场状况调整之后，就将可比实例在其成交日期的价格变成了在价值时点的价格。

2．市场状况调整的方法

在可比实例的成交日期至价值时点期间，随着时间的流逝，房地产市场价格可能发生的变化有3种情况：①平稳；②上涨；③下跌。市场状况调整主要采用百分率法，其进行市场状况调整的一般公式为：

可比实例在其成交日期的价格×市场状况调整系数

$$=可比实例在价值时点的价格 \quad (4-15)$$

市场状况调整系数一般应以成交日期时的价格为基准来确定。假设从成交日期到价值时点，可比实例的市场价格涨、跌的百分率为±T%（从成交日期到价值时点，当可比实例的市场价格上涨时为+T%；下跌时为−T%），则：

可比实例在其成交日期的价格×（1±T%）＝可比实例在价值时点的价格

或者　可比实例在其成交日期的价格×$\dfrac{100 \pm T}{100}$＝可比实例在估价时点的价格 $\quad (4-16)$

市场状况调整的关键是把握估价对象或可比实例这类房地产的市场价格自某个时期以来的涨落变化情况，通过类似房地产的价格找出该类房地产的市场价格随着时间变化而变动的规律，据此再对可比实例成交价格进行市场状况调整。市场状况调整的具体方法，可采用价格指数或价格变动率，也可采用时间序列分析。

（1）市场状况调整的价格指数法

价格指数有定基价格指数和环比价格指数。在价格指数编制中，需要选择某个时期作为基期，如果是以某个固定时期作为基期的，则为定基价格指数；如果是以上一时期作为基期的，则为环比价格指数。定基价格指数和环比价格指数的编制原理见表4-2。

价格指数的编制原理　　表4-2

时间	价格	定基价格指数	环比价格指数
1	P_1	$P_1/P_1=100$	P_1/P_0
2	P_2	P_2/P_1	P_2/P_1
…	…	…	…
$n-1$	P_{n-1}	P_{n-1}/P_1	P_{n-1}/P_{n-2}
n	P_n	P_n/P_1	P_n/P_{n-1}

采用定基价格指数进行市场状况调整的公式为：

可比实例在其成交日期的价格 × $\dfrac{估价时点的价格指数}{成交日期时的价格指数}$ ＝ 可比实例在估价时点的价格 $\quad (4-17)$

【例4-6】某宗房地产2007年6月1目的价格为1800元/m²，现需要将其调整到2007年10月1日。已知该宗房地产所在地区类似房地产2007年4月1日至10月1日的价格指数分别为79.6，74.7，76.7，85.0，89.2，92.5，98.1（以2005年1月1日为100%）。请计算该宗房地产2007年10月1日的价格。

【解】该宗房地产2007年10月1日的价格计算如下：

$$1800 \times \frac{98.1}{76.7} = 2302.22 元/m^2$$

采用环比价格指数进行市场状况调整的公式为：

可比实例在其成交日期的价格×成交日期的下一时期的价格指数×再下一时期的价格指数×…×价值时点时的价格指数＝可比实例在价值时点的价格 （4-18）

【例4-7】某宗房地产2007年6月1日的价格为2000元/m²，现需要将其调整到2007年10月1日。已知该宗房地产所在地区类似房地产2007年4月1日至10月1日的价格指数分别为99.6，94.7，96.7，105.0，109.2，112.5，118.1（均以上个月为100）。试计算该宗房地产2007年10月1日的价格。

【解】该宗房地产2007年10月1日的价格计算：

$$2000 \times \frac{105.0}{100} \times \frac{109.2}{100} \times \frac{112.5}{100} \times \frac{118.1}{100} = 3046.8 元/m^2$$

（2）市场状况调整的价格变动率法

房地产价格变动率有逐期递增或递减的价格变动率和期内平均上升或下降的价格变动率。采用逐期递增或递减的价格变动率进行市场状况调整的公式为：

可比实例在其成交日期的价格×（1±价格变动率）^{期数}

＝可比实例在价值时点的价格 （4-19）

采用期内平均上升或下降的价格变动率进行市场状况调整的公式为：

可比实例在其成交日期的价格×（1±价格变动率×期数）

＝可比实例在价值时点的价格 （4-20）

【例4-8】为评估某宗房地产2007年9月1日的价格，选取了下列可比实例：成交价格3000元/m²，成交日期2006年10月1日。另调查获知2006年6月1日至2007年2月1日该类房地产的价格平均每月比上月上涨1.5%，2007年2月1日至2007年9月1日平均每月比上月上涨2%。请对该可比实例的价格进行市场状况调整。

【解】对该可比实例的价格进行市场状况调整，是将该价格调整到2007年9月1日，即：

$$3000 \times (1+1.5\%)^4 \times (1+2\%)^7 = 3658 元/m^2$$

【例4-9】某宗可比实例房地产2007年1月30日的价格为1000美元/m²，该类房地产以人民币为基准的价格变动平均每月比上月上涨0.2%。假设人民币与美元的市场汇率2007年1月30日为1美元＝7.8450元，2007年9月30日为1美元＝7.7050元。请将该可比实例的价格调整到2007年9月30日。

【解】将该可比实例的价格调整到2007年9月30日为：

$$1000 \times 7.8450 \times (1+0.2\%)^8 = 7971.40 元/m^2$$

【例4-10】某宗可比实例房地产2007年1月30日的价格为1000美元/m²，该类房地产以美元为基准的价格变动平均每月比上月上涨0.3%。假设人民币与美元的市场汇率2007年1月30

日的1美元＝7.8450元，2007年9月30日为1美元＝7.7050元。请将该可比实例的价格调整到2007年9月30日。

【解】将该可比实例的价格调整到2007年9月30日为：

$$1000 \times (1+0.3)^8 \times 7.7050 = 7891.87 元/m^2$$

市场状况调整的价格指数或变动率，应采用可比实例所在地区的同类房地产的价格指数或变动率。

4.1.7 房地产状况调整

1．房地产状况调整的含义

房地产状况调整，是把可比实例房地产在其自身状况下的价格，调整为在估价对象房地产状况下的价格。可比实例房地产状况应是其成交价格所对应或反映的房地产状况，而不是它在价值时点或其他时候的状况。估价对象房地产状况应是其需要评估的价值所对应或反映的房地产状况，通常是在价值时点时的状况。价值时点为现在、估价对象为历史状况或未来状况下的估价。在这种估价情况下，估价对象房地产状况就不是在价值时点的状况了。

2．房地产状况调整的内容

由于房地产状况可以分为区位状况、实物状况和权益状况，所以房地产状况调整可以分为区位状况调整、实物状况调整和权益状况调整。

（1）区位状况调整的内容

区位状况是对房地产价格有影响的房地产区位因素的状况。进行区位状况调整，是将可比实例房地产在其区位状况下的价格，调整为在估价对象房地产区位状况下的价格。

区位状况比较、调整的内容主要包括：位置（包括所处的方位、距离、朝向、楼层等）、交通（包括进、出的方便程度）、环境景观（包括自然环境、人文环境和景观等）、外部配套设施（包括基础设施和公共服务设施）等影响房地产价格的因素。

（2）实物状况调整的内容

实物状况是对房地产价格有影响的房地产实物因素的状况。进行实物状况调整，是将可比实例房地产在其实物状况下的价格，调整为在估价对象房地产实物状况下的价格。

实物状况比较、调整的内容很多，对于土地来说，主要包括：面积（大小）、形状（规则与否）、进深、宽深比、地势（高低）、土壤及地基状况、基础设施完备程度（属于可比实例、估价对象之内的部分）和场地平整程度等影响房地产价格的因素；对于建筑物来说，主要包括：建筑规模（建筑面积大小）、建筑结构、设施、设备、装饰装修、空间布局、外观、防水、保温、隔热、隔声、通风、采光、日照、使用率、层高、完损程度（包括工程质量、建筑物年龄、维修养护情况）等影响房地产价格的因素。

（3）权益状况调整的内容

权益状况是对房地产价格有影响的房地产权益因素的状况。进行权益状况调整，是将可比实例房地产在其权益状况下的价格，调整为在估价对象房地产权益状况下的价格。

由于在选取可比实例时要求可比实例的权利性质应与估价对象的权利性质相同，所以，在可比实例的权利性质与估价对象的权利性质相同的前提下，权益状况比较、调整的内容主要包括：土地使用期限，城市规划限制条件（如容积率）等影响房地产价格的因素。在实际估价中，遇到最多的是土地使用期限调整。

3. 房地产状况调整的思路

房地产状况调整的总思路是：以估价对象房地产状况为基准，将可比实例房地产状况与估价对象房地产状况进行直接比较；或者设定一种"标准房地产"，以该标准房地产状况为基准，将可比实例房地产状况与估价对象房地产状况进行间接比较。如果可比实例房地产状况比估价对象房地产状况好的，则应对可比实例的成交价格进行减价调整；反之，如果可比实例房地产状况比估价对象房地产状况差的，则应对可比实例的成交价格进行加价调整。具体思路如下：

（1）确定对估价对象这类房地产的价格有影响的各种房地产自身因素，包括区位因素、实物因素和权益因素。不同使用性质的房地产，影响因素是不尽相同的。例如，居住房地产讲求宁静、安全、舒适；商业房地产着重繁华、交通条件；工业房地产强调对外交通运输和基础设施条件；农业房地产重视土壤、排水和灌溉条件等。

（2）判定估价对象房地产和可比实例房地产在这些因素方面的状况，将可比实例房地产与估价对象房地产在这些因素方面的状况逐一进行比较，找出它们之间的差异程度。

（3）将可比实例与估价对象之间的房地产状况差异程度转换为价格差异程度。找出房地产状况差异程度所造成的价格差异程度。可比实例房地产状况与估价对象房地产状况之间的差异程度不一定等于它们之间的价格差异程度。因此，需要根据不同的具体情况，将可比实例与估价对象之间的房地产状况差异程度转换为价格差异程度。

（4）根据价格差异程度对可比实例的成交价格进行调整。同一使用性质的房地产，各种影响因素对价格的影响程度不同；不同使用性质的房地产，即使某些价格影响因素相同，但这些因素对价格的影响方向和程度不一定相同。

4. 房地产状况调整的方法

房地产状况调整的方法主要有百分率法和差额法。

（1）采用百分率法进行房地产状况调整的一般公式为：

$$\text{可比实例在其房地产状况下的价格} \times \text{房地产状况调整系数} = \text{可比实例在估价对象房地产状况下的价格} \quad (4-21)$$

（2）采用差额法进行房地产状况调整的一般公式为：

$$\text{可比实例在其房地产状况下的价格} \times \text{房地产状况调整金额} = \text{可比实例在估价对象房地产状况下的价格} \quad (4-22)$$

在百分率法中，房地产状况调整系数应以估价对象房地产状况为基准来确定。假设可比实例在其房地产状况下的价格比在估价对象房地产状况下的价格高、低的百分率为 $\pm R\%$（当可比实例在其房地产状况下的价格比在估价对象房地产状况下的价格高时，为 $+R\%$；低

时为 $-R\%$），则：

$$\text{可比实例在其} \atop \text{房地产下的价格} \times \frac{1}{1 \pm R\%} = \text{可比实例在估价对象} \atop \text{房地产状况下的价格} \qquad (4-23)$$

通过上式可知，地产状况调整系数是 $\frac{1}{1 \pm R\%}$ 或 $\frac{100}{100 \pm R}$，而不是 $1 \pm R\%$。

具体进行房地产状况调整的方法，有直接比较调整和间接比较调整两种。

第一，直接比较调整（表4-3）一般是：

①确定若干种对房地产价格有影响的房地产状况方面的因素，例如分为10种因素。根据每种因素对房地产价格的影响程度确定其权重。

②以估价对象的房地产状况为基准（通常将其在每种因素方面的分数定为100分），将可比实例的房地产状况与估价对象的房地产状况逐个因素进行比较、评分。如果在某个因素方面可比实例的房地产状况比估价对象的房地产状况差，则所得的分数就低于100分，反之就高于100分。

③将累计所得的分数转化为调整价格的比率。

④利用该比率对可比实例价格进行调整。

房地产状况直接比较表

表4-3

房地产状况	权重	估价对象	可比实例A	可比实例B	可比实例C
因素1	F_1	100			
因素2	F_2	100			
…	…	…	…	…	…
因素n	F_n	100			
综合	1	100			

采用直接比较进行房地产状况调整的表达式为：

$$\text{可比实例在其房} \atop \text{地产状况下的价格} \times \frac{100}{(\quad)} = \text{可比实例在估价对象} \atop \text{房地产状况下的价格} \qquad (4-24)$$

括号内应填写的数字，为可比实例房地产状况相对于估价对象房地产状况的得分。

第二，间接比较调整（表4-4）与直接比较调整相类似，所不同的是不以估价对象房地产状况为基准，而是设想一种"标准房地产"，以此标准房地产状况为基准（通常将其在每种因素方面的分数定为100分），将估价对象及可比实例的房地产状况均与它逐个因素进行比较、评分。如果估价对象、可比实例的房地产状况比标准房地产状况好的，则所得的分数就高于100分；反之，如果估价对象、可比实例的房地产状况比标准房地产差的，则所得分数就低于100分。

房地产状况间接比较表 表4-4

房地产状况	权重	标准状况	可比实例A	可比实例B	可比实例C
因素1	F_1	100			
因素2	F_2	100			
…	…	…	…	…	…
因素n	F_n	100			
综合	1	100			

采用间接比较进行房地产状况调整的表达式为：

$$
\begin{array}{ccc} & \text{标准化修正} & \text{房地产状况调整} \\ \text{可比实例在其房地产状况下的价格} \times & \dfrac{100}{(\quad)} & \times \dfrac{(\quad)}{100} = \text{可比实例在估价对象房地产状况下的价格} \end{array} \quad (4-25)
$$

上式位于分母的括号内应填写的数字为可比实例房地产状况相对标准房地产状况的得分，位于分子的括号内应填写的数字为估价对象房地产状况相对于标准房地产状况的得分。

在房地产状况调整中，可以根据每种因素的具体情况而分别予以调整。假设估价对象是一套旧住宅，该住宅位于20世纪80~90年代建造砖混结构、无电梯的6层住宅楼的4层。为评估该套住宅的价值，选取了甲、乙、丙三个可比实例。其中，甲可比实例位于一栋同类6层住宅楼的5层，成交价格为2900元/m²；乙可比实例位于一栋同类5层住宅楼的4层，成交价格为3100/m²；丙可比实例位于一栋同类5层住宅楼的5层，成交价格为2700元/m²。并假设通过对估价对象所在地区同类5层、6层住宅楼中的住宅交易价格进行大量调查及统计分析，得到以一层为基准的不同楼层住宅市场价格差异系数见表4-5，并得到6层住宅楼的一层住宅市场价格为5层住宅楼的一层住宅市场价格的98%。则对甲、乙、丙三个可比实例的成交价格进行楼层调整如下：

$$V_{甲} = 2900 \times \frac{105\%}{100\%} = 3045 元/m^2$$

$$V_{乙} = 3100 \times \frac{105\%}{105\%} \times \frac{98\%}{100\%} = 3038 元/m^2$$

$$V_{丙} = 2700 \times \frac{105\%}{90\%} \times \frac{98\%}{100\%} = 3087 元/m^2$$

5层、6层普通住宅楼不同楼层的市场价格差异系数 表4-5

楼层	5层住宅楼	6层住宅楼
1层	100%（0%）	105%（0%）
2层	105%（5%）	105%（5%）
3层	110%（10%）	110%（10%）
4层	105%（5%）	105%（5%）
5层	90%（-10%）	100%（0%）
6层		85%（-15%）

4.1.8 求取比准价格

1. 求取单个可比实例比准价格的方法

比较法估价需要进行交易情况、市场状况、房地产状况三大方面的修正和调整。经过交易情况修正之后，就把可比实例的实际而可能是不正常的成交价格变成了正常市场价格；经过市场状况调整之后，就把可比实例在其成交日期时的价格变成了价值时点时的价格；经过房地产状况调整之后，就把可比实例在其自身房地产状况下的价格变成了在估价对象房地产状况下的价格。这样，经过这三大方面的修正和调整之后，就把可比实例的成交价格变成了估价对象在价值时点时的价值。如果把这三大方面的修正和调整综合在一起，则有下列计算公式：

（1）修正和调整系数连乘公式：

$$比准价格 = \frac{可比实例}{成交价格} \times \frac{交易情况}{修正系数} \times \frac{市场状况}{调整系数} \times \frac{房地产状况}{调整系数} \qquad (4-26)$$

（2）百分率法下的修正和调整系数累加公式：

$$比准价格 = \frac{可比实例}{成交价格} \times \left(1 + \frac{交易情况}{修正系数} + \frac{市场状况}{调整系数} + \frac{房地产状况}{调整系数}\right) \qquad (4-27)$$

（3）差额法下的公式：

$$比准价格 = \frac{可比实例}{成交价格} \pm \frac{交易情况}{修正系数} \pm \frac{市场状况}{调整系数} \pm \frac{房地产状况}{调整系数} \qquad (4-28)$$

值得注意的是，上述百分率法下的连乘公式和累加公式都只是文字上的形象表示。这就造成了从表面上看，似乎各种修正和调整系数无论在连乘公式中还是在累加公式中都是相同的，而实际上是不同的。假设交易情况修正中可比实例成交价格比其正常市场价格高、低的百分率为 $\pm S\%$，市场状况调整中从成交日期到价值时点可比实例价格涨、跌的百分率为 $\pm T\%$，房地产状况调整中可比实例在其房地产状况下的价格比在估价对象房地产状况下的价格高、低的百分率为 $\pm R\%$，则：

（1）百分率法下的修正和调整系数连乘公式为：

$$比准价格 \times (1 \pm S\%) \times (1 \pm R\%) = 可比实例成交价格 \times (1 \pm T\%)$$

或者 $\quad 比准价格 = 可比实例成交价格 \times \left[\dfrac{1}{1 \pm S\%} \times (1 \pm T\%) \times \dfrac{1}{1 \pm R\%}\right]$

或者 $\quad 比准价格 = 可比实例成交价格 \times \left[\dfrac{1}{(100 \pm S)}\right] \times \dfrac{100 \pm T}{100} \times \dfrac{100}{100 \pm R} \qquad (4-29)$

（2）百分率法下的修正和调整系数累加公式为：

$$比准价格 \times (1 \pm S\% \pm R\%) = 可比实例成交价格 \times (1 \pm T\%)$$

或者 $\quad 比准价格 = 可比实例成交价格 \times \dfrac{1 \pm T\%}{1 \pm S\% \pm R\%}$

或者
$$比准价格=可比实例成交价格\times\frac{100\pm T}{100\pm S\pm R}\tag{4-30}$$

在实际估价中，公式的具体形式要比上述公式复杂得多，因为交易情况修正、市场状况调整、房地产状况调整以及对它们中的一些具体因素对价格的影响进行修正、调整，百分率法和差额法往往是混合在一起使用的。

下面以百分率法下的连乘公式为例，进一步说明比较法的综合修正和调整计算。由于房地产状况调整有直接比较调整和间接比较调整，所以较具体化的综合修正和调整计算公式，有直接比较修正和调整公式及间接比较修正和调整公式。

（1）直接比较修正和调整公式：

$$\begin{aligned}比准价格&=可比实例成交价格\times\underbrace{\frac{100}{(\ )}}_{交易情况修正}\times\underbrace{\frac{(\ )}{100}}_{市场状况调整}\times\underbrace{\frac{100}{(\ )}}_{房地产状况调整}\\&=可比实例成交价格\times\frac{正常市场价格}{实际成交价格}\times\frac{估价时点价格}{成交日期价格}\times\frac{估价对象状况价格}{实例状况价格}\end{aligned}\tag{4-31}$$

交易情况修正的分子为100，表示以正常市场价格为基准；市场状况调整的分母为100，表示以成交日期时的价格为基准，房地产状况调整的分子为100，表示以估价对象的房地产状况为基准。

（2）间接比较修正和调整公式：

$$\begin{aligned}比准价格&=可比实例成交价格\times\underbrace{\frac{100}{(\ )}}_{交易情况修正}\times\underbrace{\frac{(\ )}{100}}_{市场状况调整}\times\underbrace{\frac{100}{(\ )}}_{标准化修正}\times\underbrace{\frac{(\ )}{100}}_{房地产状况调整}\\&=可比实例成交价格\times\frac{正常市场价格}{实际成交价格}\times\frac{估价时点价格}{成交日期价格}\times\frac{标准状况价格}{实例状况价格}\times\frac{估价对象状况价格}{标准状况价格}\end{aligned}\tag{4-32}$$

上式中，标准化修正的分子为100，表示以标准房地产状况为基准，分母是可比实例房地产状况相对于标准房地产状况所得的分数；房地产状况调整的分母为100，表示以标准房地产状况为基准，分子是估价对象房地产状况相对于标准房地产状况所得的分数。

2. 求取最终比准价格的方法

每个可比实例的成交价格经过上述各种修正和调整之后，都会相应地得到一个比准价格。从理论上讲，综合的方法主要有以下3种：①平均数；②中位数；③众数。

（1）平均数又有简单算术平均数和加权算术平均数。简单算术平均数是把修正和调整出的各个价格直接相加，再除以这些价格的个数，所得的数即为综合出的一个价格。设V_1、V_2、V_3、…、V_n为修正和调整出的n个价格，则其简单算术平均数的计算公式如下：

$$V = \frac{V_1 + V_2 + \cdots + V_n}{n} = \frac{1}{n}\sum_{i=1}^{n}V_i \qquad (4-33)$$

加权算术平均数是在将修正、调整出的各个价格综合成一个价格时，考虑到每个价格的重要程度不同，先赋予每个价格不同的权数或权重，然后综合出一个价格。通常对于与估价对象房地产最类似的可比实例房地产所修正和调整出的价格，赋予最大的权数或权重；反之，赋予最小的权数或权重。则其加权算术平均数依下列公式求取：

$$V = \frac{V_1 f_1 + V_2 f_2 + \cdots V_n f_n}{f_1 + f_2 + \cdots + f} = \sum_{i=1}^{n}V f_i / \sum_{i=1}^{n}f_i \qquad (4-34)$$

（2）中位数是把修正和调整出的各个价格按由低到高的顺序排列，如果是奇数个价格，那么处在正中间位置的那个价格为综合出的一个价格；如果是偶数个价格，那么处在正中间位置的那两个价格的简单算术平均数为综合出的一个价格。

（3）众数是一组数值中出现频数最多的那个数值，即出现最频繁的那个数值就是众数。例如，2200，2600，2300，2600，2300，2600这组数值的众数是2600。一组数值可能有不止一个众数，也可能没有众数。在实际中最常用的是平均数，其次是中位数，较少采用众数。

4.1.9 比较法总结和运用举例

如图4-1所示，比较法是选取一些可比实例并将它们与估价对象进行比较，然后对这些可比实例的成交价格进行适当的处理来求取估价对象价值的方法。

图4-1 比较法流程图

【例4-11】为评估某写字楼2007年10月1日的正常市场价格，评估专业人员在该写字楼附近调查选取了A、B、C三宗类似写字楼的交易实例作为可比实例，成交价格及成交日期见表4-6，具体情况见"可比实例价格修正与调整表"。根据比较结果，结合各因素对房地产价格影响的重要性，得出了可比实例价格修正与调整表，具体见表4-6。在表4-6的交易情况中，正（负）值表示可比实例成交价格高（低）于其正常市场价格的幅度；房地产状况中，正（负）值表示可比实例房地产状况优（劣）于估价对象房地产状况导致的价格差异幅度。另假设人民币与美元的市场汇率2007年3月1日为1：7.7395，2007年10月1日为1：7.6850；该类写字楼以人民币为基准的市场价格2007年1月1日至2007年2月1日基本保持不变，2007年2月1日至2007年5月1日平均每月比上月下降1%，以后平均每月比上月上升0.5%。请利用上述资料测算该写字楼2007年10月1日的正常市场价格。

可比实例价格修正与调整表 表4-6

	可比实例A	可比实例B	可比实例C
成交价格	5000元人民币/m²	680美元/m²	5500元人民币/m²
成交日期	2007年1月1日	2007年3月1日	2007年7月1日
交易情况	+2%	+5%	−3%
房地产状况	−8%	−4%	+6%

【解】该写字楼2007年10月1日的正常市场价格测算如下：

（1）测算公式：

比准价格＝可比实例成交价格×交易情况修正系数×市场状况调整系数
　　　　　×房地产状况调整系数

（2）求取比准价格V_A：

$$V_A = 5000 \times \frac{100}{100+2} \times (1-1\%)^3 \times (1+0.5\%)^5 \times \frac{100}{100-8} = 5300.51 \text{元人民币/m}^2$$

（3）求取比准价格V_B：

$$V_B = 680 \times 7.7395 \times \frac{100}{100+5}(1-1\%)^2 \times (1+0.5\%)^5 \times \frac{100}{100-4} = 5246.41 \text{元人民币/m}^2$$

（4）求取比准价格V_C：

$$V_C = 5500 \times \frac{100}{100-3} \times (1+0.5\%)^3 \times \frac{100}{100+6} = 5429.79 \text{元人民币/m}^2$$

（5）将上述三个比准价格的简单算术平均数作为比较法的测算结果，则：

估价对象价格（单价）＝（5300.51＋5146.41＋5429.79）/3＝5325.57元人民币/m²

案例分析

1. 可比实例资料

（1）具体估价思路

在近期房地产市场中选择与估价对象处于同一供求范围内，具有较强相关性、替代性的房地产交易实例，根据估价对象和可比实例的状况，对区位因素、实物因素、时间因素和交易情况等影响房地产市场价格的因素进行分析比较和修正，评估出估价对象的市场价格。

通过市场调查和向有关部门查询，收集了与估价对象有关的若干市场交易实例，根据相关替代性原理，按用途相同、同一供需圈、价格类型相同、价值时点接近、交易情况正常的要求，从交易案例中选择如下三宗案例作为可比实例。

（2）可比实例选择（表4-7）

可比实例表 表4-7

	可比实例一	可比实例二	可比实例三
位置	东归步行街	东归步行街	东归步行街
房地产用途	商业	商业	商业
交易情况	正常	正常	正常
总层数	2	2	2
所在楼层	1	1	1
建筑面积	41.49	42	46
朝向	南北	南北	南北
装修	普通	中档	普通
建筑结构	砖混	砖混	砖混
物业管理	一般	一般	一般
建设年代	2005	2005	2005
交易期日	2016年4月	2016年1月	2016年3月
交易单价（元/m²）	9185	9258	9188

（3）因素选择

根据影响房地产价格的主要因素，结合估价对象和可比实例的实际情况，所选择的比较因素主要有用途、交易日期、交易情况、区位因素、权益因素及实物因素等。区位因素主要有商服繁华度、临街类型、公用设施完备度、交通条件、人口密度条件；实物因素主要有装修、建筑质量、楼层、户型、设施设备、建筑结构、建设年代等，由于可比实例容积率与估价对象接近，故对容积率不作修正。

（4）因素条件描述

估价对象和可比实例的各因素条件说明，详见因素条件说明表（表4-8）。

因素条件说明表　　　　　　表4-8

比较因素		实例项目	估价对象	可比实例一	可比实例二	可比实例三
位置			团结东路-东归步行街-西街C-127号	东归步行街	东归步行街	东归步行街
房地产用途			商业	商业	商业	商业
交易情况			正常	正常	正常	正常
总层数			2	2	2	2
建筑面积			41.49	41.49	42	46
交易期日			2016年11月	2016年4月	2016年1月	2016年3月
房地产状况	区位因素	地段繁华程度	较繁华	较繁华	较繁华	较繁华
		交通状况	较优	较优	较优	较优
		临街状况	较优	较优	较优	较优
		环境状况	一般	一般	一般	一般
		形成商业规模	较优	较优	较优	较优
		人流状况	较优	较优	较优	较优
	权益	规划限制	无	无	无	无
	实物因素	装修	普通	普通	中档	普通
		所在楼层	1	1	1	1
		内部格局	较优	较优	较优	较优
		朝向	南北	南北	南北	南北
		建筑品质	较优	较优	较优	较优
		建筑结构	砖混	砖混	砖混	砖混
		物业管理	一般	一般	一般	一般
		建设年代	2005	2005	2005	2005
交易单价（元/m²）			待估	9185	9258	9188

（5）编制比较因素条件指数表

以估价对象的各因素条件为基础，相应指数为100，将可比实例相应因素条件与估价对象相比较，确定相应的指数。详见因素条件指数表（表4-9）。

因素条件指数表 表4-9

比较因素 \ 可比实例			估价对象	可比实例一	可比实例二	可比实例三
房地产用途			100	100	100	100
交易情况			100	100	100	100
交易期日			100	100	100	100
房地产状况	区位因素	地段繁华程度	100	100	100	100
		交通状况	100	100	100	100
		临街状况	100	100	100	100
		环境状况	100	100	100	100
		形成商业规模	100	100	100	100
		人流状况	100	100	100	100
	合计		100	100	100	100
	权益	规划限制	100	100	100	100
	实物因素	装修	100	100	101	100
		所在楼层	100	100	100	100
		内部格局	100	100	100	100
		朝向	100	100	100	100
		景观	100	100	100	100
		建筑品质	100	100	100	100
		建筑结构	100	100	100	100
		建设年代	100	100	100	100
	合计		100	100	101	100

表中有关修正说明如下:

1)交易日期修正

可比实例最早成交2016年01月,根据截至价值时点以来市场变化状况调查,进行合理的规律性修正,月环比修正值为0/月。

2)交易情况修正

可比实例的交易情况均属正常,因此不作修正。

3)区位因素修正

① 地段繁华程度:综合分析地段等级、距区、市中心的距离及商贸繁华程度等因素,分为繁华、较繁华、一般、较偏僻、偏僻、每变化一个等级修正2%;

② 交通状况：综合分析对外交通、公共交通（距公交站点的距离、车次数）、路网密度、交通管制等因素，每变化一个等级修正1%；

③ 临街状况：综合分析临近街道的数量及其规模，临街状况分为优、较优、一般、较劣、劣五个等级每变化一个级修正3%；

④ 环境状况：综合分析环境质量（声、气、视）、治安环境、人文环境等因素，每变化一个等级修正1%；

⑤ 形成商业规模：综合分析周边的商业聚集度、规模、产业结构等因素，每变化一个等级修正1%；

⑥ 人流状况：区域口密度，流动人口数量分为优、较优、一般、较劣、劣五个等级，每变化一个级修正1%。

4）规划限制修正

以受规划限制的影响程度分为几乎不受规划限制的影响、个别方面受规划限制的影响、部分地方受规划限制影响、较多方面受规划限制的影响、很多方面受规划限制的影响五个等级，每变化一个级修正1%。

5）实物因素修正

① 装修：所选案例与估价对象的装修状况区分为无、普通、中档、高档四个等级，每变化一个等级修正1%；

② 楼层：楼层修正系数以自然楼层计算，按相应楼层在总楼层中不同优劣度进行楼层系数修正；

③ 内部格局：综合分析内部格局的合理性分为合理、一般、不合理三个等级，每变化一个等级修正1%；

④ 朝向：综合分析房屋的暗房数量、采光面积的大小等因素，每变化一个等级修正1% ~ 2%，分为南北、南、东南、西南、东西、东、西、东北、西北、北；

⑤ 建筑品质：综合分析房屋不同品质，分为高档、中档、低档三个等级，每变化一个等级修正1%；

⑥ 建筑结构：商业一般为以钢混和砖混两种类型为主，对以钢筋混凝土为主要承重结构材料的按102%计，对以砖砌承重墙加部分钢筋混凝土结构件为主承重结构的砖混或混合结构建筑按100%计；

⑦ 物业管理：分无、一般、好三个等级，每变化一个等级修正1%；

⑧ 建设年代：按照每变化一年修正0.5%计算；

要求：根据资料写出估价技术路线，并列出比较法计算公式，算出对象的评估价。

技能训练

一、单项选择题（每题的备选答案中只有一个最符合题意）

1. 比较法估价需要具备的条件是价值时点的近期有较多的（　　）。

    A. 完全相同的房地产　　　　　　　B. 相关的房地产交易

    C. 类似房地产的交易　　　　　　　D. 房地产的交易

2. 下列不属于比较法适用估价对象的是（　　）。

    A. 存量成套住宅　　　　　　　　　B. 房地产开发用地

    C. 商铺　　　　　　　　　　　　　D. 古建筑

3. 搜集内容（　　）的交易实例，是提高估价精度的一个基本保证。

    A. 充实和完整　　　B. 丰富和完整　　　C. 广泛和真实　　　D. 完整和真实

4. 采用比较法估价时，一般要求选取（　　）可比实例。

    A. 3个以上　　　　　B. 5个以下　　　　　C. 3～5个　　　　　D. 3～10个

5. 在用比较法选择可比实例的过程中，可比实例的规模应与估价对象的规模相当，选取的可比实例规模一般应为估价对象规模的（　　）倍。

    A. 0.5～2.0　　　　B. 1.5～2.0　　　　C. 0.5～1.5　　　　D. 1.0～15

6. 估价对象及下列交易实例均为单层标准厂房，估价对象的建筑面积为1500m²时，现为空置。估算估价对象的租金时，最适宜作为可比实例的为（　　）。

    A. 建筑面积500m²，两年前租出，年租35万元，位于同一工业区

    B. 建筑面积1000m²，近期租出，年租50元/m²，位于50km外

    C. 建筑面积10000m²，近期租出，年租180万元，位于同一工业区

    D. 建筑面积2000m²，近期租出，年租20万元，位于同一工业区

7. 在抵押、抵债、房屋征收补偿等目的的估价中，一般应选取（　　）的买卖实例。

    A. 协议方式　　　　B. 招标方式　　　　C. 拍卖方式　　　　D. 政府定价

8. 房地产由于价值量大，其成交价格的付款方式往往采取（　　）的方式支付。

    A. 一次付清　　　　　　　　　　　B. 支付定金

    C. 分期支付　　　　　　　　　　　D. 以一定日期为最后期限一次付清

9. 有一宗房地产交易实例，其成交总价为40万元，其中首付10%，余款在半年和一年后分两次平均支付，假设月利率为0.5%，则在成交日期一次付清的价格为（　　）万元。

    A. 37.91　　　　　B. 38.25　　　　　C. 38.42　　　　　D. 50

10. 某可比实例的成交价格为3000元/m²，建筑面积为100m²，首付12万元，余款半年后支付8万元，一年后支付10万元。年利率为8%，则该可比实例的实际价格为（　　）元/m²。

    A. 3000　　　　　B. 2895.73　　　　C. 2985.71　　　　D. 2960.80

11. 在估价中选取四个可比实例：甲成交价格4800元／m²，建筑面积100m²，首次付清24万元，其余半年后支付16万元，一年后支付8万元；乙成交价格5000元／m²，建筑面积120m²时，首次支付24万元，半年后付清余款36万元；丙成交价格4700元／m²，建筑面积90m²，成交时一次付清；丁成交价格4760元／m²，建筑面积110m²，成交时支付20万元，一年后付清余款32.36万元。已知折现率为10%，那么这四个可比实例实际单价的高低排序为（　　　）。

    A. 甲＞乙＞丙＞丁　　　　　　　　　　B. 乙＞丁＞甲＞丙

    C. 乙＞丙＞甲＞丁　　　　　　　　　　D. 丙＞乙＞丁＞甲

12. 某宗房地产交易的成交价格为30万元人民币，其中首期支付30%，余款在一年后一次性付清。该房地产公摊面积为建筑面积的10%，套内建筑面积为100m²。假定折现率为6%，则该房地产按照建筑面积计算的实际单价为（　　　）元／m²。

    A. 2593　　　　　B. 2619　　　　　C. 2727　　　　　D. 2862

13. 某套住宅的套内建筑面积为145m²，套内使用面积为132m²，应分摊的公共部分建筑面积为9m²，按套内建筑面积计算的价格为3500元／m²，该套住宅按建筑面积计算的价格为（　　　）元／m²。

    A. 3000　　　　　B. 3277　　　　　C. 3295　　　　　D. 3599

14. 某套住宅总价30万元，套内建筑面积125m²，套内墙体面积20m²，分摊的共有建筑面积25m²，则该住宅每平方米建筑面积的价格为（　　　）元。

    A. 1765　　　　　B. 2000　　　　　C. 2069　　　　　D. 2400

15. 某套住宅建筑面积为100m²，套内建筑面积为92m²，使用面积系数为0.8，每平方米使用面积价格为3000元，则该住宅建筑面积下的价格为（　　　）元／m²。

    A. 2400　　　　　B. 2580　　　　　C. 2607　　　　　D. 2760

16. 某套住宅建筑面积为100m²，可使用面积为80m²，分摊的共有面积系数为10%，套内建筑面积下的价格为2600元／m²，该套住宅建筑面积下的价格为（　　　）元／m²。

    A. 2080　　　　　B. 2288　　　　　C. 2340　　　　　D. 2392

17. 在统一币种方面，不同币种的价格之间的换算，在通常情况下，是采用（　　　）时的汇率。

    A. 成交日期　　　B. 价值时点　　　C. 估价作业日期　　D. 估价委托日

18. 判定某可比实例的成交价格比正常价格低6%，则交易情况修正系数为（　　　）。

    A. 0.060　　　　　B. 0.940　　　　　C. 1.060　　　　　D. 1.064

19. 甲、乙两宗相邻土地，价格均为50万元，若将该两宗土地合并为一宗土地，合并后的市场价格为150万元。在这种情况下，如果乙宗地的拥有者购买甲宗地，则甲宗地的拥有者合理的索价范围是（　　　）万元。

    A. 0～50　　　　　B. 50～75　　　　　C. 50～100　　　　　D. 100～150

20. 某地区房地产交易中买方和卖方应交纳的税费分别为正常交易价格的3%和6%，某宗房地产建筑面积为120m²，买卖双方商定，买方付给卖方30万元，并由买方交纳所有的税费。则该宗房地产的正常成交单价为（　　）元／m²。

A. 2427.18　　　　　B. 2500.00　　　　　C. 2575.00　　　　　D. 2659.57

21. 某宗房地产交易，买卖双方约定：买方付给卖方2385元／m²，买卖中涉及的税费均由买方负担。据悉，该地区房地产买卖中应由卖方缴纳的税费为正常成交价格的6.8%，应由买方缴纳的税费为正常成交价格的3.9%。若买卖双方又重新约定买卖中涉及的税费改由卖方负担，并在原价格基础上相应调整买方付给卖方的价格，则调整后买方应付给卖方的价格约为（　　）元／m²。

A. 2139　　　　　B. 2146　　　　　C. 2651　　　　　D. 2659

22. 在某宗房地产交易中，买方付给卖方2500元／m²，交易税费均由买方负担。已知该地区的房地产交易中应由卖方按正常价格的5%缴纳有关税费，买方按正常价格的3%缴纳有关税费。则该宗房地产的正常成交价格最接近于（　　）元／m²。

A. 2427　　　　　B. 2500　　　　　C. 2575　　　　　D. 2632

23. 在某宗房地产交易中，买方支付给卖方29万元，买卖中涉及的税费均由卖方负担。据悉，该地区房地产买卖中应由卖方和买方缴纳的税费分别为正常成交价格的5%和3%。则该宗房地产交易的正常成交价格为（　　）万元。

A. 27.6　　　　　B. 28.2　　　　　C. 29.0　　　　　D. 29.9

24. 某地区房地产买卖中应由卖方缴纳的税费为正常成交价格的7%，应由买方缴纳的税费为正常成交价格的5%。在某宗房地产交易中，买卖双方约定买方付给卖方2500元／m²，买卖中涉及的税费均由卖方负担。但之后双方又重新约定买卖中涉及的全部税费改由买方支付，并在原价格基础上相应调整买方付给卖方的价格，则调整后买方应付给卖方（　　）元／m²。

A. 2020.80　　　　　B. 2214.29　　　　　C. 2336.45　　　　　D. 2447.37

25. 在某城市房地产交易中，卖方、买方应缴纳的税费分别为正常成交价格的6%和3%，某宗房地产交易中，买方付给卖方2500元／m²，应缴纳的税费均由卖方负担。则该宗房地产的正常成交价格为（　　）元／m²。

A. 2660　　　　　B. 2425　　　　　C. 2294　　　　　D. 2427

26. 在某地区的房地产交易中，应由卖方缴纳的税费为正常成交价格的7%，应由买方缴纳的税费为正常成交价格的5%。某宗房地产交易中，买卖双方约定买方付给卖方为2500元／m²，买卖中涉及的税费均由买方负担，但之后双方重新约定买卖中涉及的全部税费改由卖方支付，并在原价格基础上相应调整，调整后买方应付给卖方（　　）元／m²。

A. 2816　　　　　B. 2823　　　　　C. 2688　　　　　D. 2632

27. 为评估某房地产2012年9月1日的市场价格，选取的可比实例资料是：交易日期为2012年3月1日，合同交易价格为4000元／m²，约定建筑面积为95m²，合同约定面积误差在6%以内不增加付款，实际产权登记面积为100m²。自2012年1月1日起至2012年9月1日，当地该类房地产价格平均每月比上月上涨0.3%，则就上述情况对该可比实例成交价格进行处理后的单价为（　　）元／m²。

  A. 3868.92   B. 4000.00   C. 4072.54   D. 4286.89

28. 为评估某宗房地产2012年10月13日的价格，选取了可比实例甲，其成交价格为3000元/m²，成交日期为2011年11月13日。经调查获知2011年6月至2012年10月该类房地产的价格平均每月比上月上涨1%。对可比实例甲进行市场状况调整后的价格为（　　）元／m²。

  A. 3214   B. 3347   C. 3367   D. 3458

29. 某地区某类房地产2012年4月1日至10月1日的价格指数分别为79.6、74.7、76.7、85.0、89.2、92.5、98.1（均以上个月为100）。其中有一房地产在2012年6月1日的价格为2000元／m²，对其作市场状况调整到2010年10月1日的价格为（　　）元／m²。

  A. 1376   B. 2308   C. 2558   D. 1055

30. 为评估某宗房地产2012年10月的价格，选取的可比实例成交价格为3000元/m²，成交日期为2012年4月末，该类房地产自2012年1月至2012年6月末每月价格递增1%，2012年6月末至2012年10月末平均每月比上月价格下降10元/m²。则该可比实例在2012年10月末的价格为（　　）元／m²。

  A. 3018   B. 3020   C. 3144   D. 3050

31. 某宗房地产2006年2月25日的价格为1000美元／m²。汇率为1美元＝8.26元人民币，该类房地产以美元为基准的价格变动平均每月比上月递减0.5%。则其在2006年10月25日的价格为（　　）元人民币（2006年10月25日的汇率为1美元＝8.29元人民币）。

  A. 7935   B. 7964   C. 8260   D. 8290

32. 最适用的房地产价格指数或变动率是（　　）。

  A. 全国房地产价格指数或变动率 B. 某地区房地产价格指数或变动率

  C. 全国某类房地产价格指数或变动率 D. 某地区某类房地产价格指数或变动率

33. 下列不属于房地产区位因素的是（　　）。

  A. 交通   B. 用途   C. 环境   D. 楼层

34. 房地产状况修正中的间接比较修正评分办法，是以（　　）状况为参照系进行的。

  A. 可比实例房地产 B. 估价对象房地产 C. 标准房地产 D. 类似房地产

35. 在百分率法中，房地产状况调整系数应以（　　）房地产状况为基准来确定。

  A. 估价对象 B. 标准   C. 市场上   D. 交易情况

36. 按直接比较判定某可比实例价格的调整系数为0.98，则其依据是（　　）。

  A. 可比实例房地产状况在某个因素方面优于估价对象房地产状况，对价格的影响幅度为2%

  B．可比实例房地产状况在某个因素方面劣于估价对象房地产状况，对价格的影响幅度为2%

  C．可比实例房地产状况在某个因素方面优于估价对象房地产状况，对价格的影响幅度为2.04%

  D．可比实例的房地产状况在某个因素方面劣于估价对象的房地产状况，对价格的影响幅度为2.04%

37．按间接比较的判定，某可比实例的房地产状况劣于标准房地产状况，价格低2%；而估价对象的房地产状况优于标准房地产状况，价格高5%。若改为直接比较判定，将出现（　　　）的情形。

  A．估价对象的房地产状况优于可比实例的房地产状况，价格高7%

  B．可比实例的房地产状况劣于估价对象的房地产状况，价格低7%

  C．可比实例价格的房地产状况调整系数为1.071

  D．可比实例价格的房地产状况调整系数为0.933

38．在比较法中，对房地产状况进行间接比较调整，其中可比实例的房地产状况优于标准房地产状况得102分；估价对象的房地产状况劣于标准房地产状况得97分，则房地产状况修正系数为（　　　）。

  A．0.95   B．0.99   C．1.01   D．1.05

39．某宗地的面积为1000时，采用比较法进行评估。通过三宗可比实例求出的比较价值分别为2130元／m^2、2190元／m^2，和2220元／m^2。如果赋予这三个价格的权重分别为0.3、0.4和0.3，则采用加权算术平均法得到的比较价值为（　　　）元／m^2。

  A．2160   B．2175   C．2181   D．2205

40．某宗房地产选取三个可比实例，通过对三个可比实例修正、调整得出的三个价格分别为5200元／m^2、5500元／m^2、9000元／m^2，若赋予的权重分别为0.5、0.3和0.2，则该宗房地产的比较价值为（　　　）元／m^2。

  A．8500   B．8450   C．8690   D．8570

41．已知某可比交易单价为4500元/m^2，该交易实例在建设时拖欠建设工程价款100元/m^2；累计拖欠水费、电费、燃气费、供暖费、电话费、有线电视费、物业服务费用等300元/m^2；累计未收房屋租金150元/m^2。则统一财产范围的价格为（　　　）元/m^2。

  A．4750   B．4500   C．4250   D．4100

42．某城市房屋征收中，因有的房屋登记的是使用面积，有的房屋登记的是建筑面积，在对可比实例建立比较基准时应特别注意的环节是（　　　）。

  A．统一财产范围 B．统一付款方式 C．统一价格单位 D．统一市场状况

二、多项选择题（每题的备选答案中有两个或两个以上答案符合题意）

1．比较法适用的对象有（　　　）。

  A．标准厂房   B．在建工程   C．高档公寓   D．房地产开发用地

E. 纪念馆

2. 下列哪些难以采用比较法估价（　　　）。

　　A. 特殊厂房　　　　B. 普通住宅　　　　C. 存量成套住宅　　D. 博物馆

　　E. 在建工程

3. 搜集交易实例时应搜集交易实例的（　　　）。

　　A. 成交价格　　　　B. 议价时间　　　　C. 成交日期　　　　D. 付款方式

　　E. 交易地点

4. 选取可比实例时，应符合的要求包括（　　　）等。

　　A. 可比实例与估价对象所处的地区必须相同

　　B. 可比实例的交易类型与估价目的吻合

　　C. 可比实例的规模与估价对象的规模相当

　　D. 可比实例的成交价格是正常价格或可修正为正常价格

　　E. 可比实例大类用途与估价对象的大类用途相同

5. 下列关于可比实例的说法中，正确的有（　　　）。

　　A. 可比实例一定是交易实例

　　B. 可比实例不一定是交易实例

　　C. 交易实例一定是可比实例

　　D. 交易实例不一定是可比实例

　　E. 可比实例可以是交易实例，也可以不是交易实例

6. 建立比较基准，主要包括（　　　）等。

　　A. 统一付款方式　　　　　　　　　　B. 统一价格单位

　　C. 统一财产范围　　　　　　　　　　D. 统一产权性质

　　E. 统一采用总价

7. 下列房地产交易中，需要进行交易情况修正的有（　　　）。

　　A. 以正常市场价格成交的交易　　　　B. 急于出售的交易

　　C. 以协议方式进行的房地产交易　　　D. 受迷信影响的交易

　　E. 相邻房地产的合并交易

8. 在房地产交易中往往需要缴纳一些税费。根据税法及中央和地方政府的有关规定，应由买方缴纳的税费包括（　　　）。

　　A. 出让金　　　　B. 营业税　　　　C. 地增值税　　　　D. 契税

　　E. 所得税

9. 在房地产交易中往往需要缴纳一些税费。根据税法及中央和地方政府的有关规定，应由卖方缴纳的税费包括（　　　）等。

　　A. 出让金　　　　B. 营业税　　　　C. 土地增值税　　　D. 契税

　　E. 所得税

10. 在房地产交易中往往需要缴纳一些税费。根据税法及中央和地方政府的有关规定，应由买卖双方共同缴纳或者各负担一部分的税费包括（ ）等。

    A. 土地增值税　　B. 印花税　　　　C. 交易手续费　　　D. 出让金

    E. 契税

11. 在考虑房地产交易程度的不同负担状况时，房地产正常的成交价格等于（ ）。

    A. 卖方实际得到的价格／（1－应由卖方缴纳的税费比率）

    B. 卖方实际得到的价格－应由卖方负担的税费

    C. 买方实际付出的价格+应由买方负担的税费

    D. 应由卖方负担的税费／应由卖方缴纳的税费比率

    E. 买方实际付出的价格（1－应由买方缴纳的税费比率）

12. 房地产状况调整可分为（ ）。

    A. 实物状况调整　　　　　　　　B. 权益状况调整

    C. 区位状况调整　　　　　　　　D. 土地状况调整

    E. 房屋状况调整

13. 评估某套住宅价格中，进行区位状况调整时，比较、调整的内容包括（ ）等。

    A. 环境景观　　　　　　　　　　B. 离市中心距离

    C. 朝向　　　　　　　　　　　　D. 城市规划限制条件

    E. 地势

14. 比较法中实物状况比较和调整的内容包括（ ）。

    A. 环境　　　　　　　　　　　　B. 地形地势

    C. 外部配套设施　　　　　　　　D. 内部基础设施完备程度

    E. 装饰装修

15. 对于土地来说，实物状况比较、调整的内容包括（ ）。

    A. 形状　　　　　　　　　　　　B. 外部配套设施

    C. 环境景观　　　　　　　　　　D. 基础设施完备程度

    E. 场地平整程度

16. 权益状况比较、调整的内容包括（ ）。

    A. 土地使用期限　　　　　　　　B. 城市规划限制条件

    C. 周围环境和景观　　　　　　　D. 基础设施完备程度

    E. 建筑规模

17. 对于商业房地产来说，它看重的是（ ）。

    A. 繁华程度　　　　　　　　　　B. 安宁程度

    C. 交通条件　　　　　　　　　　D. 动力的取得

    E. 基础设施条件

三、判断题

1. 比较法的本质是以房地产的实际成交价格为导向来计算房地产的价值。（　　）

2. 对于存量成套住宅，由于数量较多、可比性较好，最适用比较法估价。（　　）

3. 对在建工程的估价，可采用比较法估价。（　　）

4. 即使在房地产市场比较发达的地区，比较法也并非完全有效。（　　）

5. 对于估价人员收集的交易实例，只要是估价对象的类似房地产就可以作为可比实例。
（　　）

6. 采用比较法估价时，一般要求选取3~10个可比实例即可。（　　）

7. 运用比较法求房地产的价格时，选取的可比实例的规模一般应在估价对象规模的
0.5~2范围内。（　　）

8. 一般认为可比实例的成交日期与价值时点相隔2年以上的不宜采用。（　　）

9. 交易双方自愿成交的价格属于正常成交价格。（　　）

10. 选取土地使用权出让实例作为可比实例时，可选用协议方式的出让实例。（　　）

11. 交易税费非正常负担的房地产交易，其成交价格比正常价格可能偏高也可能偏低。
（　　）

12. 设某城市房地产交易中卖方、买方应缴纳的税费分别为正常成交价格的6%和3%。
现某宗房地产的正常成交价格为2500元/m²，则卖方出售其房地产实得收入为2350
元/m²，买方购买该房地产实际付出为2575元/m²。（　　）

13. 在比较法中，可采用长期趋势法对可比实例价格进行交易日期的修正。（　　）

14. 某宗房地产2012年6月1日的价格为1800元/m²，现需要将其调整为2012年10月1日的
价格。已知该宗房地产所在地区类似房地产2012年4月1日至10月1日的价格指数分
别为79.2，74.5，76.5，85.0，89.1，92.7，98.0（以2012年1月1日为100）。则该宗房
地产2012年10月1日的价格为2305.55元。（　　）

15. 某宗可比实例房地产2006年1月30日的价格为500美元/m²，该类房地产以人民币为
基准的价格变动平均每月比上月下降0.7%，假设人民币与美元的市场汇率2006年
1月30日为1美元＝7.98元人民币。2006年9月30日为1美元＝7.95元人民币。则将该
可比实例调整为2006年9月30日的价格约为3758元/m²。（　　）

16. 比较法中的房地产状况调整可以分为区位状况调整、交易情况调整和权益状况
调整。（　　）

17. 现判定某可比实例的房地产状况比估价对象差2%，则可比实例的房地产状况调整
系数为100/102。（　　）

四、计算题

现拟采用比较法评估某房地产价格，选取了甲、乙、丙三宗可比实例，资料见表4-10。

可比实例 表4-10

项目	可比实例甲	可比实例乙	可比实例丙	估价对象
建筑面积	1000m^2	1200m^2	9687.6平方英尺	1000m^2
成交价格	240万元人民币	300美元/m^2	243万元人民币	
成交日期	2015年3月	2015年8月	2016年2月	2016年8月
交易情况	−5%	0%	0%	
状况因素	0%	+2%	+5%	

另：可比实例乙、丙的付款方式均为一次付清，可比实例甲为分期付款：首期96万元；第一年年末72万元，月利率1%；第二年年末72万元，第二年月利率1.05%。2015年8月人民币与美元的市场汇价为1：6.4，2016年8月的市场汇价为1：6.3。该类房地产人民币价格2015年逐月下降0.8%，2016年逐月上涨1.2%。又知1m^2＝10.764平方英尺。

试利用上述资料评估该房地产2016年8月的正常单价（如需计算平均值，请采用简单算术平均法）。

4.2 收益法

4.2.1 收益法概述

1. 收益法的含义

收益法，是预测估价对象的未来收益，然后将其转换为价值来求取估价对象价值的方法。报酬资本化法是一种现金流量折现法，即房地产的价值等于其未来各期净收益的现值之和，具体是预测估价对象未来各期的净收益，然后利用适当的报酬率将其折算到价值时点后相加来求取估价对象价值的方法。

收益法的本质是以房地产的未来收益为导向来求取房地产的价值。通常把收益法求得的价值简称为收益价格。收益法的雏形是用若干年（或若干倍）的年地租（或年收益）来表示土地价值的早期购买年法，即：地价=年地租×购买年。

2. 收益法的理论依据

收益法是以预期原理为基础的。预期原理说明，决定房地产当前价值的，重要的不是过去的因素而是未来的因素，是基于市场参与者对房地产未来所能带来的收益或者能够获得的满足、乐趣等的预期。

收益法的基本思想，由于房地产的寿命长久，占用收益性房地产不仅现在能够获得收益，而且可以期望在未来持续获得收益。对于投资者来说，将资金用于购买房地产获取收益，与将资金存入银行获取利息所起的作用是相同的。于是，一宗房地产的价格就相当于这样一笔资金，如果将该笔资金存入银行也会带来与该宗房地产所产生的收益相等的收入。

$$某笔资金×利率＝房地产的净收益 \tag{4-35}$$

收益法是建立在资金具有时间价值观念上的。资金时间价值的量是同量资金在两个不同时点的价值之差，用绝对量来反映为"利息"，用相对量来反映为"利率"。利息从贷款人的角度来说，是贷款人将资金借给他人使用所获得的报酬；从借款人的角度来说，是借款人使用他人的资金所支付的成本。也可以将利息理解为使用资金的"租金"，如同租用土地的地租或租用房屋的房租一样。

收益性房地产的价值是其未来净收益的现值之和。主要取决于以下3个因素：①未来净收益的大小——未来净收益越大，房地产的价值就越高，反之就越低；②获得净收益期限的长短——获得净收益期限越长，房地产的价值就越高，反之就越低；③获得净收益的可靠性——获得净收益越可靠，房地产的价值就越高，反之就越低。

3．收益法适用的估价对象和条件

（1）收益法适用的估价对象

收益法适用的估价对象是有经济收益或有潜在经济收益的房地产，例如住宅（特别是公寓）、写字楼、旅馆、商店、餐馆，游乐场、影剧院、停车场、汽车加油站、标准厂房（用于出租的）、仓库（用于出租的）、农地等。它不限于估价对象本身现在是否有收益，只要估价对象所属的这类房地产有获取收益的能力即可。

（2）收益法估价需要具备的条件

收益法评估出的价值取决于评估专业人员对未来的预期，那么错误和非理性的预期就会得出错误的评估价值。因此，收益法估价需要具备的条件是房地产未来的收益和风险都能够较准确地量化（预测）。对未来的预期通常是基于过去的经验和对现实的认识作出的，必须以广泛、深入的市场调查和市场分析为基础。

4．收益法估价的操作步骤

收益法估价一般分为以下4个步骤进行：①搜集并验证可用于预测估价对象未来收益的有关数据资料，例如估价对象及其类似房地产过去和现在的收入、费用等数据资料；②预测估价对象的未来收益（如净收益）；③求取报酬率或资本化率、收益乘数；④选用适宜的收益法公式计算收益价格。

4.2.2 报酬资本化法的公式

1．报酬资本化法一般的公式

$$V = \frac{A_1}{1+Y_1} + \frac{A_2}{(1+Y_1)(1+Y_2)} + \cdots + \frac{A_n}{(1+Y_1)(1+Y_2)\cdots(1+Y_n)} = \sum_{i=1}^{n} \frac{A_i}{\prod_{j=1}^{i}(1+Y_i)} \tag{4-36}$$

式中　　V——房地产在价值时点的收益价格，通常称为现值；

　　　　A——房地产的未来运营收益，通常简称净收益。其中，A_1，A_2，$\cdots$，A_n分别为相对于价值时点而言的未来第1期，第2期，$\cdots$，第n期末的净收益。

Y——房地产的报酬率（折现率）。其中，Y_1，Y_2，…，Y_n分别为相对于价值时点而言的未来第1期，第2期，…，第n期的报酬率。

n——房地产的收益期限，是从价值时点开始计算的未来可以获得收益的持续时间，通常为收益年限。

在报酬资本化法的各种计算公式中，假设净收益、报酬率、收益期限均已知，至于它们的求取，将在后面单独介绍。为更好地理解上述公式，可以利用现金流量图来直观、形象地表示该公式，如图4-2所示。

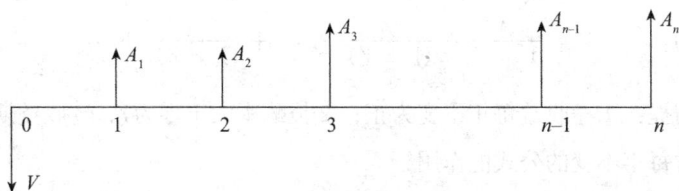

图4-2 用现金流量图表示的报酬资本化

对上述公式作补充说明如下：

（1）上述公式实际上是收益法基本原理的公式化，是收益法的原理公式，主要用于理论分析。

（2）在实际估价中，一般假设报酬率长期维持不变，即$Y_1=Y_2=Y_3=Y_4=\cdots=Y_n=Y$

可简化为：
$$V=\frac{A_1}{1+Y}+\frac{A_2}{(1+Y)^2}+\cdots+\frac{A_n}{(1+Y)^n}=\sum_{i=1}^{n}\frac{A_i}{(1+Y)^i} \tag{4-37}$$

（3）报酬资本化法的所有公式均是假设净收益相对于价值时点发生在期末。在实际中，如果净收益发生的时间相对于价值时点不是在期末，例如在期初或期中，则应对净收益或者对报酬资本化法公式进行相应调整。例如，假设净收益发生在期初为$A_初$，则对该净收益进行相应调整是将其转换为发生在期末，公式为：$A_初=A_初(1+Y)$

如果对报酬资本化法公式进行相应调整，则调整后的报酬资本化法公式为：
$$V=A_1+\frac{A_2}{1+Y}+\cdots+\frac{A_n}{(1+Y)^{n-1}}=\sum_{i=1}^{n}\frac{A_i}{(1+Y)^{i-1}} \tag{4-38}$$

（4）公式中A、Y、n的时间单位是一致的，通常为年，也可以为月、季、半年等。

2. 净收益每年不变的公式

具体有两种情况：一是收益期限为有限年，二是收益期限为无限年。

（1）收益期限为有限年的公式

收益期限为有限年的公式如下：$V=\dfrac{A}{Y}\left[1-\dfrac{1}{(1+Y)^n}\right]$ （4-39）

公式原型为：
$$V=\frac{A}{1+Y}+\frac{A}{(1+Y)^2}+\cdots+\frac{A}{(1+Y)^n} \tag{4-40}$$

此公式的假设前提（也是应用条件，下同）是：①净收益每年不变为A；②报酬率不等于零为Y；③收益期限为有限年n。

上述公式的假设前提是公式推导上的要求（后面的公式均如此），其中报酬率Y在现实中是大于零的，因为报酬率也表示一种资金的时间价值或机会成本。从数学上看，当$Y=0$时，$V=A\times n$。

（2）收益期限为无限年的公式

收益期限为无限年的公式如下：
$$V=\frac{A}{Y}$$

公式原型为：
$$V=\frac{A}{1+Y}+\frac{A}{(1+Y)^2}+\cdots+\frac{A}{(1+Y)^n}+\cdots \tag{4-41}$$

公式假设前提：①净收益每年不变为正；②报酬率大于零为Y；③收益期限n为无限年。

（3）净收益每年不变的公式的作用

净收益每年不变的公式除了可以用于测算价格，还有可用于不同使用期限或不同收益期限价格间的换算；比较不同期限价格的高低；期限不同房产的价格调整。

1）直接用于测算价格

【例4-12】某宗房地产是在政府有偿出让的土地上开发建设的，当时获得的土地使用期限为50年，不可续期，至今已使用了6年；预计利用该宗房地产正常情况下每年可获得净收益8万元；该报酬率为8.5%。请计算该宗房地产的收益价格。

【解】该宗房地产的收益价格计算如下：
$$V=\frac{A}{Y}\left[1-\frac{1}{(1+Y)^n}\right]=\frac{8}{8.5\%}\left[1-\frac{1}{(1+8.5\%)^{50-6}}\right]=91.52 \quad 万元$$

【例4-13】某宗房地产预计未来每年的净收益为8万元，收益期限可视为无限年，该类房地产的报酬率为8.5%。请计算该宗房地产的收益价格。

【解】该宗房地产的收益价格计算如下：$V=\frac{A}{Y}=\frac{8}{8.5\%}=94.12万元$

与例4-13中44年土地使用期限的房地产价格91.52万元相此，例4-14中无限年的房地产价格要高2.6万元（94.12-91.52=2.60）。

2）用于不同期限价格之间的换算

为叙述上的简便，现以K_n代表上述受益期限为有限年公式中的"$1-\frac{1}{(1+Y)^n}$"，即：
$$K_n=1-\frac{1}{(1+Y)^n}=\frac{(1+Y)^n-1}{(1+Y)^n} \tag{4-42}$$

因此，K_{70}表示n为70年时的K值，K_∞表示n为无限年时的K值。另用V_n表示收益期限为n年的价格，所以V_{50}就表示收益期限为50年的价格，V_∞就表示收益期限为无限年的价格。于是，不同期限价格之间的换算方法如下：

若已知V_∞，求V_{70}、V_{50}如下： $V_{70} = V_\infty \times K_{70}$ $V_{50} = V_\infty \times K_{50}$

若已知V_{50}，求V_∞、V_{40}如下： $V_\infty = V_{50} \times (1/K_{50})$ $V_{40} = V_{50} \times (K_{40}/K_{50})$

将上述公式一般化： $V_n = V_N \times \dfrac{K_n}{K_N} = V_N \times \dfrac{(1 + Y)^{N-n}[(1 + Y)^n - 1]}{(1 + Y)^N - 1}$ （4-43）

【例4-14】已知某宗收益性房地产40年收益权利的价格为2500元/m²，报酬率为10%。请计算该宗房地产30年收益权利的价格。

【解】该宗房地产30年收益权利的价格求取如下：

$$V_{30} = 2500 \times \frac{(1 + 10\%)^{40-30}[(1 + 10\%)^{30} - 1]}{(1 + 10\%)^{40} - 1} = 2409.98 \text{元/m}^2$$

上述不同期限价格之间的换算隐含着下列前提：①V_n与V_N对应的报酬率相同且不等于零（当V_n或V_N之一为V_∞时，要求报酬率大于零；当V_n和V_N都不为V_∞且报酬率等于零时，$V_n = V_N \times n/N$）；②V_n与V_N对应的净收益相同或可转化为相同（如单位面积的净收益相同）；③如果V_n和V_N对应的是两宗房地产，则该两宗房地产除了收益期限不同之外，其他方面均应相同或者可以调整为相同。

当V_n和V_N对应的报酬率不相同时，假如V_n对应的报酬率为Y_n，V_N对应的报酬率为Y_N，其他方面仍符合上述前提，则通过公式 $V_n = \dfrac{A}{Y_n}\left[1 - \dfrac{1}{(1 + Y_n)^n}\right]$，与公式 $V_N = \dfrac{A}{Y_N}\left[1 - \dfrac{1}{(1 + Y_N)^N}\right]$

相除，可以推导出下列不同期限价格之间的换算公式：

$$V_n = V_N \times \frac{Y_N(1 + Y_N)^N[(1 + Y_n)^n - 1]}{Y_n(1 + Y_n)^n[(1 + Y_N)^N - 1]}$$ （4-44）

【例4-15】已知某宗收益性房地产30年土地使用权、报酬率为10%的价格为3000元/m²。请计算该宗房地产50年土地使用权、报酬率为8%的价格。

【解】该宗房地产50年土地使用权下的价格求取如下：

$$V_{50} = 3000 \times \frac{10\%(1 + 10\%)^{30}[(1 + 8\%)^{50} - 1]}{8\%(1 + 8\%)^{50}[(1 + 10\%)^{30} - 1]} = 3893.00 \text{元/m}^2$$

3）用于比较不同期限价格的高低

要比较两宗房地产价格的高低，如果两宗房地产的土地使用期限或收益期限不同，直接比较是不妥的。如果要比较，就需要将它们先转换成相同期限下的价格。转换成相同期限下价格的方法，与上述不同期限价格之间的换算方法相同。

【例4-16】有甲、乙两宗房地产，甲房地产的收益期限为50年，单价2000元/m²，乙房地产的收益期限为30年，单价1800元/m²。假设报酬率均为6%，请比较该两宗房地产价格的高低。

【解】要比较该两宗房地产价格的高低，需要将它们先转换为相同期限下的价格。为了计算方便，将它们都转换为无限年下的价格：

甲房地产 $V_\infty = V_{50} \times \dfrac{1}{K_{50}} = 2000 \div \left[1 - \dfrac{1}{(1+6\%)^{50}}\right] = 2114.81 \, \text{元}/\text{m}^2$

乙房地产 $V_\infty = V_{30} \times \dfrac{1}{K_{30}} = 1800 \div \left[1 - \dfrac{1}{(1+6\%)^{30}}\right] = 2179.47 \, \text{元}/\text{m}^2$

通过上述处理之后可知，乙房地产的价格名义上低于甲房地产的价格（1800元/m²低于2000元/m²），实际上却高于甲房地产的价格（2179.47元/m²高于2114.81元/m²）。

4）用于比较法中因期限不同进行的价格调整

上述不同期限价格之间的换算方法，对于比较法中因可比实例房地产与估价对象房地产的期限不同需要对可比实例价格进行调整是特别有用的。在比较法中，可比实例房地产的期限可能与估价对象房地产的期限不同，从而需要对可比实例价格进行调整，使其成为与估价对象相同期限下的价格。

【例4-17】某宗5年前通过出让方式取得的50年使用期限的工业用地，所处地段的基准地价目前为1200元/m²。该基准地价在评估时设定的使用期限为法定最高年限，现行土地报酬率为10%。假设除了使用期限不同之外，该宗工业用地的其他状况与评估基准地价时设定的状况相同，通过基准地价求取该宗工业用地目前的价格。

【解】本题通过基准地价求取该宗工业用地目前的价格，实际上就是将使用期限为法定最高年限（50年）的基准地价转换为45年（原取得的50年使用期限减去已使用5年）的基准地价。具体计算如下：

$$V_{45} = V_{50} \times \frac{K_{45}}{K_{50}} = 1200 \times \frac{(1+10\%)^{50-45}[(1+10\%)^{45} - 1]}{(1+10\%)^{50} - 1} = 1193.73 \, \text{元}/\text{m}^2$$

净收益每年不变的公式还有一些其他作用，例如，可用来说明在不同报酬率下土地使用期限长到何时，有限期的土地使用权价格接近无限年的土地所有权价格。通过计算可以发现，报酬率越高，接近无限年的价格越快。

3. 净收益在前若干年有变化的公式

净收益在前若干年有变化的公式具体有两种情况：一是收益期限为有限年；二是收益期限为无限年。

（1）收益期限为有限年的公式

$$V = \sum_{i=1}^{t} \frac{A_i}{(1+Y)^i} + \frac{A}{Y(1+Y)^t}\left[1 - \frac{1}{(1+Y)^{n-t}}\right] \tag{4-45}$$

式中 t——净收益有变化的期限。

此公式的假设前提是：①净收益在未来t年（含第t年）有变化，分别为A_1, A_2, …, A_t，在第t年以后无变化为A；②报酬率不等于零为Y；③收益期限为有限年n。

（2）收益期限为无限年的公式

收益期限为无限年的公式如下：$V = \sum_{i=1}^{t} \dfrac{A_i}{(1+Y)^i} + \dfrac{A}{Y(1+Y)^t}$ （4-46）

此公式的假设前提是：①净收益在未来t年（含第t年）有变化，分别为A_1，A_2，…，A_t，在第t年以后无变化为A；②报酬率大于零为Y；③收益期限n为无限年。

净收益在前若干年有变化的公式有重要的实用价值。因为在现实中每年的净收益往往不同，如果采用公式 $V = \dfrac{A}{Y}\left[1 - \dfrac{1}{(1+Y)^n}\right]$，或者公式 $V = \dfrac{A}{Y}$ 来估价，有时未免太片面；而如果根据净收益每年都有变化的实际情况来估价，又不大可能（除非收益期限较短）。为解决此矛盾，一般是根据估价对象的经营状况和市场环境，对其在未来3~5年或可以预测的更长时期的净收益作出估计，并且假设从此以后的净收益将不变，然后对这两部分净收益进行折现处理，计算出房地产的价格。

【例4-18】某宗房地产的收益期限为38年，通过预测得到其未来5年的净收益分别为20万元、22万元、25万元、28万元、30万元，从未来第6年到第38年每年的净收益将稳定在35万元左右，该类房地产的报酬率为10%。请计算该宗房地产的收益价格。

【解】该宗房地产的收益价格计算如下：

$$V = \sum_{i=1}^{t} \frac{A_i}{(1+Y)^i} + \frac{A}{Y(1+Y)^t}\left[1 - \frac{1}{(1+Y)^{n-t}}\right]$$

$$= \frac{20}{1+10\%} + \frac{22}{(1+10\%)^2} + \frac{25}{(1+10\%)^3} + \frac{28}{(1+10\%)^4} + \frac{30}{(1+10\%)^5}$$

$$+ \frac{35}{10\%(1+10\%)^5}\left[1 - \frac{1}{(1+10\%)^{38-5}}\right] = 300.86 \text{万元}$$

【例4-19】通过预测得到某宗房地产未来5年的净收益分别为20万元、22万元、25万元、28万元、30万元，从未来第6年到无穷远每年的净收益将稳定在35万元左右，该类房地产的报酬率为10%。请计算该宗房地产的收益价格。

【解】该宗房地产的收益价格计算如下：

$$V = \sum_{i=1}^{t} \frac{A_i}{(1+Y)^i} + \frac{A}{Y(1+Y)^t}$$

$$= \frac{20}{1+10\%} + \frac{22}{(1+10\%)^2} + \frac{25}{(1+10\%)^3} + \frac{28}{(1+10\%)^4} + \frac{30}{(1+10\%)^5} + \frac{35}{10\%(1+10\%)^5}$$

$$= 310.20 \text{万元}$$

与例4-18的38年受益期限的房地产价格300.86万元相比，例4-19受益期限为无限年的房地产价格要高9.34万元（310.20－300.86＝9.34）。

4．净收益按一定数额递增的公式

具体有两种情况：一是收益期限为有限年；二是收益期限为无限年。

（1）收益期限为有限年的公式

$$V = \left(\frac{A}{Y} + \frac{b}{Y^2}\right)\left[1 - \frac{1}{(1+Y)^n}\right] - \frac{b}{Y} \times \frac{n}{(1+Y)^n} \tag{4-47}$$

式中 b——净收益逐年递增的数额，其中，净收益未来第1年为A，未来第2年为$(A+b)$，未来第3年为$(A+2b)$，依此类推，未来第n年为$[A+(n-1)b]$。

此公式的假设前提是：①净收益未来第1年为A，此后按数额b逐年递增；②报酬率不等于零为Y；③收益期限为有限年n。

（2）收益期限为无限年的公式

$$V = \frac{A}{Y} + \frac{b}{Y^2} \qquad\qquad (4-48)$$

此公式的假设前提是：①净收益未来第1年为A，此后按数额b逐年递增；②报酬率大于零为Y；③收益期限n为无限年。

【例4-20】预计某宗房地产未来第一年的净收益为16万元，此后每年的净收益会在上一年的基础上增加2万元，收益期限可视为无限年，该类房地产的报酬率为9%。请计算该宗房地产的收益价格。

【解】该宗房地产的收益价格计算如下：$V = \dfrac{A}{Y} + \dfrac{b}{Y^2} = \dfrac{16}{9\%} + \dfrac{2}{9\%^2} = 424.69$ 万元

5．净收益按一定数额递减的公式

净收益按一定数额递减的公式只有收益期限为有限年一种，其公式为：

$$V = \left(\frac{A}{Y} - \frac{b}{Y^2}\right)\left[1 - \frac{1}{(1+Y)^n}\right] + \frac{b}{Y} \times \frac{n}{(1+Y)^n} \qquad\qquad (4-49)$$

式中　　b——净收益逐年递减的数额，其中，净收益未来第1年为A，未来第2年为（$A-b$），未来第3年为（$A-2b$），依此类推，未来第n年为$[A-(n-1)b]$。

此公式的假设前提是：①净收益未来第1年为A，此后按数额b逐年递减；②报酬率不等于零为Y；③收益期限为有限年n，且$n \leqslant \dfrac{A}{b} + 1$。

$n \leqslant \dfrac{A}{b} + 1$ 和不存在收益期限为无限年公式的原因是：当 $n > \dfrac{A}{b} + 1$ 年时，第n年的净收益<0。这可以通过令第n年的净收益<0推导出，即$A-(n-1)b<0$，得到 $n > \dfrac{A}{b} + 1$，此后各年的净收益均为负值，任何一个"经济人"在 $\left(\dfrac{A}{b} + 1\right)$ 年后都不会再经营下去。

【例4-21】预计某宗房地产未来第一年的净收益为25万元，此后每年的净收益会在上一年的基础上减少2万元。请计算该宗房地产的合理经营期限及合理经营期限结束前后整数年份假定经营情况下的净收益；如果报酬率为6%，请计算该宗房地产的收益价格。

【解】该宗房地产的合理经营期限n计算如下：令$A-(n-1)b=0$

有：$25-(n-1)\times 2=0$　　得$n=13.5$年

该宗房地产第13年的净收益为：$A-(n-1)b=25-(13-1)\times 2=1$万元

该宗房地产第14年的净收益为：$A-(n-1)b=25-(14-1)\times 2=-1$万元

该宗房地产的收益价格计算如下：

$$V = \left(\frac{A}{Y} - \frac{b}{Y^2}\right)\left[1 - \frac{1}{(1+Y)^n}\right] + \frac{b}{Y} \times \frac{n}{(1+Y)^n}$$

$$= \left(\frac{25}{6\%} - \frac{2}{6\%^2}\right)\left[1 - \frac{1}{(1+6\%)^{13.5}}\right] + \frac{1}{6\%} \times \frac{13.5}{(1+6\%)^{13.5}} = 129.28 \text{万元}$$

6. 净收益按一定比率递增的公式

公式具体有两种情况：一是收益期限为有限年，二是收益期限为无限年。

（1）收益期限为有限年的公式

收益期限为有限年的公式如下：
$$V = \frac{A}{Y-g}\left[1 - \left(\frac{1+g}{1+Y}\right)^n\right] \quad\quad （4-50）$$

式中 g——净收益逐年递增的比率，其中，净收益未来第1年为A，未来第2年为$A(1+g)$，未来第3年为$A(1+g)^2$，依此类推，未来第n年为$A(1+g)^{n-1}$。

此公式的假设前提是：①净收益未来第1年为A，此后按比率g逐年递增；②净收益逐年递增的比率g不等于报酬率Y〔当$g=Y$时，$V = A \times \frac{n}{(1+Y)}$〕；③收益期限为有限年$n$。

【例4-22】某房地产的土地使用权年限为48年，预计该房地产未来第一年的净收益为16万元，此后每年的净收益会在上一年的基础上增长2%；该类房地产的报酬率为9%。请计算该宗房地产的收益价格。

【解】该宗房地产的收益价格计算如下：

$$V = \frac{A}{Y-g}\left[1 - \left(\frac{1+g}{1+Y}\right)^n\right] = \frac{16}{9\%-2\%}\left[1 - \left(\frac{1+2\%}{1+9\%}\right)^{48}\right] = 219.12 \text{万元}$$

（2）收益期限为无限年的公式

$$V = \frac{A}{Y-g} \quad\quad （4-51）$$

此公式的假设前提是：①净收益未来第1年为A，此后按比率g逐年递增；②报酬率Y大于净收益逐年递增的比率g；③收益期限n为无限年。

【例4-23】预计某宗房地产未来第一年的净收益为16万元，此后每年的净收益会在上一年的基础上增长2%，收益期限可视为无限年，该类房地产的报酬率为9%。请计算该宗房地产的收益价格。

【解】该宗房地产的收益价格计算如下：

$$V = \frac{A}{Y-g} = \frac{16}{9\%-2\%} = 228.57 \text{万元}$$

净收益等于有效毛收入减去运营费用。如果有效毛收入与运营费用递增或递减的比率不等，也可以利用净收益按一定比率递增或递减的公式计算估价对象的收益价格。例如，假设有效毛收入逐年递增的比率为g_I，运营费用逐年递增的比率为g_E，收益期限为有限年，则计算公式为：
$$V = \frac{I}{Y-g_I}\left[1-\left(\frac{1+g_I}{1+Y}\right)^n\right] - \frac{E}{Y-g_E}\left[1-\left(\frac{1+g_E}{1+Y}\right)^n\right]$$
（4-52）

式中 I——有效毛收入；

$\qquad$ E——运营费用；

$\qquad$ g_I——I逐年递增的比例；

$\qquad$ g_E——E逐年递增的比例。

此公式的假设前提是：①有效毛收入I按比率g_I逐年递增，运营费用E按比率g_E逐年递增；②g_I或g_E不等于报酬率Y；③收益期限为有限年n，并且满足$I(1+g_I)^{n-1}-E(1+g_E)^{n-1}\geq 0$。

在上述公式中，有效毛收入逐年递增时，g_I前取"－"，逐年递减时，g_I前取"＋"；运营费用逐年递增时，g_E前取"－"，逐年递减时，g_E前取"＋"。

【例4-24】预计某宗房地产未来第一年的有效毛收入为20万元，运营费用为12万元，此后每年的有效毛收入会在上一年的基础上增长5%，运营费用增长3%，收益期限可视为无限年，该类房地产的报酬率为8%。请计算该宗房地产的收益价格。

【解】该宗房地产的收益价格计算如下：

$$V = \frac{I}{Y-g_I} - \frac{E}{Y-g_E} = \frac{20}{8\%-5\%} - \frac{12}{8\%-3\%} = 426.67万元$$

【例4-25】预计某宗房地产未来每年的有效毛收入不变，为16万元，运营费用第一年为8万元，此后每年会在上一年的基础上增长2%，该类房地产的报酬率为10%。请计算该宗房地产的收益价格。

【解】由于一定期限之后，该宗房地产的运营费用会超过有效毛收入，所以在计算其收益价格之前，先计算其合理经营期限n。

因为，$I-E(1+g_E)^{n-1}=0$ 所以，$16-8(1+2\%)^{n-1}=0$ 得出：$n=36$年

该宗房地产的收益价格计算如下：

$$V = \frac{16}{10\%}\left[1-\frac{1}{(1+10\%)^{36}}\right] - \frac{8}{10\%-2\%}\left[1-\left(\frac{1+2\%}{1+10\%}\right)^{36}\right] = 61.42万元$$

7. 预知未来若干年后的价格的公式

预测房地产未来t年期间的净收益分别为A_1，A_2，$\cdots$，A_t，第t年末的价格为V_t，则其现在

的价格为：
$$V = \sum_{i=1}^{t} \frac{A_i}{(1+Y)^i} + \frac{V_t}{(1+Y)^t}$$
（4-53）

式中 V——房地产现在的价格；

$\qquad$ A_i——房地产未来t年期间的净收益，简称期间受益；

$\qquad$ V_t——房地产在未来第t年末的价格（或第t年末的残值；如果购买房地产的目的是为了持有一段时间后转售，则为预测的第t年末转售时的价格减去销售税费后的净值，简称期末转售收益。期末转售收益是在持有期末转售房房地产时可以获得的净收益）；

t——持有房地产的期限，简称持有期。

此公式的假设前提是：①已知房地产未来t年期间的净收益为A_1，A_2，…，A_t；②已知房地产在未来第t年末的价格为V_t；③期间受益和期末转售收益具有相同的报酬率Y。

预测未来若干年后的价格的公式，一是适用于房地产目前的价格难以知道，但根据发展前景比较容易预测其未来的价格或未来价格相对于当前价格的变化率时，特别是在某地区将会出现较大改观或者房地产市场行情预期有较大变化的情况下。二是对于收益期限较长的房地产，有时不是按照其收益期限来估价，而是先确定一个合理的持有期，然后预测持有期间的净收益和持有期末的价值，再将它们折算为现值。实际上，收益性房地产是一种投资品，作为投资品的典型收益包括两部分：一是在持有房地产期间每单位时间（如每月、每年）所获得的租赁收益，二是在持有期末转售房地产时所获得的增值收益。因此，预知未来若干年后的价格的公式成了评估收益性房地产价值的最常用公式。下面举几个例子予以具体说明。

【例4-26】某宗房地产现行的价格为2000元/m²，年净收益为200元/m²，报酬率为10%。现获知该地区将兴建一座大型的现代化火车站，该火车站将在6年后建成投入使用，到那时该地区将达到该城市现有火车站地区的繁华程度。在该城市现有火车站地区，同类房地产的价格为5000元/m²。据此预计新火车站建成投入使用后，新火车站地区该类房地产的价格将达到5000元/m²。请计算获知兴建火车站后该宗房地产的价格。

【解】获知兴建火车站后该宗房地产的价格计算如下：

$$V = \frac{A}{Y}\left[1 - \frac{1}{(1+Y)^t}\right] + \frac{V_t}{(1+Y)^t} = \frac{200}{10\%}\left[1 - \frac{1}{(1+10\%)^6}\right] + \frac{5000}{(1+10\%)^6} = 3693.42 \text{元/m}^2$$

可见，该宗房地产在获知兴建火车站之后，价格由2000元/m²上涨到3693.42元/m²。

【例4-27】某写字楼过去的市场价格为12000元/m²，目前房地产市场不景气，其市场租金为每天3元/m²。该类写字楼的净收益为市场租金的70%。预测房地产市场3年后会回升，那时该写字楼的市场价格将达12500元/m²，转让该写字楼的税费为市场价格的6%。如果投资者要求该类投资的报酬率为10%，请计算该写字楼目前的价值。

【解】该写字楼目前的价值计算如下：

$$V = \frac{A}{Y}\left[1 - \frac{1}{(1+Y)^t}\right] + \frac{V_t}{(1+Y)^t} =$$
$$\frac{3\times365\times70\%}{10\%}\left[1 - \frac{1}{(1+10\%)^3}\right] + \frac{12500(1-6\%)}{(1+10\%)^3} = 10734 \text{元/m}^2$$

【例4-28】某出租的旧办公楼的租约尚有2年到期，在此最后2年的租期中，每年可收取净租金80万元（没有费用支出），到期后要拆除作为商业用地。预计作为商业用地的价值为1100万元，拆除费用为50万元，该类房地产的报酬率为10%。请计算该旧办公楼的价值。

【解】该旧办公楼的价值计算如下：

$$V = \frac{A}{Y}\left[1 - \frac{1}{(1+Y)^t}\right] + \frac{V_t}{(1+Y)^t} = \frac{80}{10\%}\left[1 - \frac{1}{(1+10\%)^2}\right] + \frac{1100-50}{(1+10\%)^2} = 1006.61 \text{万元}$$

【例4-29】预测某宗房地产未来两年的净收益分别为55万元和60万元，两年后的价格比现在的价格上涨5%。该类房地产的报酬率为10%。请计算该宗房地产现在的价格。

【解】该宗房地产现在的价格计算如下：

$$V = \sum_{i=1}^{t} \frac{A_i}{(1+Y)^i} + \frac{V_t}{(1+Y)^t} = \frac{55}{1+10\%} + \frac{60}{(1+10\%)^2} + \frac{V(1+5\%)}{(1+10\%)^2}$$

$$V = 753.30万元$$

【例4-30】某宗收益性房地产，预测其未来第一年的净收益为24000元，此后5年，净收益每年在上年基础上增加1000元，价格每年上涨3%，报酬率为9.5%。请计算该宗房地产当前的价格。

【解】选用下列公式计算该宗房地产当前的价格：

$$V = \left(\frac{A}{Y} + \frac{b}{Y^2}\right)\left[1 - \frac{1}{(1+Y)^t}\right] - \frac{b}{Y} \times \frac{t}{(1+Y)^t} + \frac{V_t}{(1+Y)^t}$$

根据题意已知：$A = 24000$（元），$b = 1000$（元），$t = 5$年，$V_t = V(1+3\%)^5$（元），$Y = 9.5\%$

将上述数据代入公式得：

$$V = \left(\frac{24000}{9.5\%} + \frac{1000}{9.5\%^2}\right)\left[1 - \frac{1}{(1+9.5\%)^5}\right] - \frac{1000}{9.5\%} \times \frac{5}{(1+9.5\%)^5} + \frac{V(1+3\%)^5}{(1+9.5\%)^5}$$

将上述等式合并同类项计算得：$V = 376096.65$元

4.2.3　净收益的求取

1．净收益测算的基本原理

收益资本化法估价，要预测估价对象的未来净收益。在实际估价中，求取净收益甚至比求取报酬率更困难，特别是针对不同的估价对象，求取其净收益时应当扣除哪些费用，不应扣除哪些费用。此外，估价结果对净收益也很敏感。收益性房地产获取收益的方式，可分为出租和营业两大类。据此，净收益的测算途径可分为两种：一是基于租赁收入测算净收益，例如普通住宅、高档公寓、写字楼、商铺、停车场、标准厂房、仓库等类房地产；二是基于营业收入测算净收益，例如旅馆、影剧院、娱乐中心、汽车加油站等类房地产。在实际估价中，只要是能够通过租赁收入求取净收益的，宜通过租赁收入求取净收益来估价。因此，基于租赁收入测算净收益的收益法是收益法的典型形式。下面先介绍基于租赁收入的净收益测算，然后介绍基于营业收入的净收益测算。

（1）基于租赁收入测算净收益的基本原理

基于租赁收入测算净收益的基本公式为：

净收益＝潜在毛租金收入－空置和收租损失＋其他收入－运营费用

　　　＝有效毛收入－运营费用　　　　　　　　　　　　　　　　　（4-54）

潜在毛收入，房地产在充分利用、没有空置下所能获得的归因于房地产的总收入。写字楼等出租房地产的潜在毛收入，一般是潜在毛租金收入加上其他收入。潜在毛租金收入等于全部可出租面积与最可能的租金水平的乘积。其他收入是租赁保证金或押金的利息收入，以及例如写字楼中设置的自动售货机、投币电话等获得的收入。

收租损失是指租出的面积因拖欠租金，包括延迟支付租金、少付租金或者不付租金所造成的收入损失。空置和收租损失通常是按照潜在毛收入的一定比例来估算。有效毛收入，是从潜在毛收入中扣除空置和收租损失以后得到的归因于房地产的收入。运营费用，是维持房地产正常使用或营业所必要的费用，包括房地产税、保险费、人员工资及办公费用、保持房地产正常运转的成本建筑物及相关场地的维护、维修费、为承租人提供服务的费用（如清洁、保安）等。运营费用与会计上的成本费用有所不同，是从估价角度出发的，不包含房地产抵押贷款还本付息额、房地产折旧额、房地产改扩建费用和所得税。进一步说明如下：

1）对于有抵押贷款负担的房地产，运营费用不包含抵押贷款还本付息额，它是以测算包含自有资金和抵押贷款价值在内的整体房地产价值为前提的。由于抵押债务并不影响房地产整体的正常收益，而且由于抵押贷款条件不同，抵押贷款还本付息额会有所不同，如果运营费用包含抵押贷款还本付息额，则会使不同抵押贷款条件下的净收益出现差异，从而影响到这种情况下房地产估价的客观性。如果在扣除运营费用后再扣除抵押贷款还本付息额，则得到的收益不称为净收益而称为税前现金流量，即税前现金流量是指从净收益中扣除抵押贷款还本付息额后的余额，它被用于评估房地产自有资金权益的价值。

2）这里所讲的房地产折旧额，是指会计上的建筑物折旧费、土地取得费用的摊销，而不包含寿命比整体建筑物经济寿命短的构件、设备、装饰装修等的折旧费。

3）房地产改扩建能增加房地产每年的收入而提高房地产的价值。收益法估价是假设房地产改扩建费用与其所带来的房地产价值增加额相当，从而两者可相抵，因此不将它作为运营费用的一部分。如果房地产改扩建能大大提高房地产的价值，房地产改扩建费用大大低于其所带来的房地产价值增加额，则这种房地产属于"具有投资开发或再开发潜力的房地产"。

4）运营费用中之所以不包含所得税，是因为所得税与特定业主的经营状况直接相关。如果包含它，则估价会失去作为客观价值指导的普遍适用性。而在评估投资价值时，通常是采用扣除所得税后的收益，这种收益被称为税后现金流量。

运营费用与有效毛收入之比，称为运营费用率。净收益占有效毛收入的比率，称为净收益率，它是运营费用率的补集，即：NIR＝1－OER。

注：潜在毛收入、有效毛收入、运营费用、净收益等，通常以年度计，并假设在年末发生。

（2）基于营业收入测算净收益的基本原理

有些收益性房地产，通常不是以租赁方式而是以营业方式获取收益，其业主与经营者是合二为一的，例如旅馆、娱乐中心、汽车加油站等。这些收益性房地产的净收益测算与基于租赁收入的净收益测算，主要有以下两个方面的不同：一是潜在毛收入或有效毛收入变成了经营收入，二是要扣除归属于其他资本或经营的收益，例如商业、餐饮、工业、农业等经营者的正常利润。例如，某餐馆正常经营的收入为100万元，费用为36万元，经营者利润为24万元，则基于营业收入测算的房地产净收益为100－36－24＝40（万元）。基于租金收入测算净收益由于归属于其他资本或经营的收益在房地产租金之外，即实际上已经扣除，所以就不再扣除归属于其他资本或经营的收益。

2．不同收益类型房地产净收益的求取

净收益的具体求取因估价对象的收益类型不同而有所不同，可归纳为下列4种情况：①出租的房地产；②营业的房地产；③自用或尚未使用的房地产；④混合收益的房地产。

（1）出租的房地产净收益的求取

出租的房地产是收益法估价的典型对象，其净收益通常为租赁收入扣除由出租人负担的费用后的余额。租赁收入包括租金收入和租赁保证金或押金的利息收入等其他收入。

出租人负担的费用，房租构成因素：地租、房屋折旧费、维修费、管理费、投资利息、保险费、房地产税、租赁费用、租赁税费和利润。在实际求取净收益时，通常是在分析租约的基础上决定要扣除的费用项目。如果租约约定保证合法、安全、正常使用所需要的一切费用均由出租人负担，则应将它们全部扣除；如果租约约定部分或全部费用由承租人负担，则出租人所得的租赁收入就接近于净收益，此时扣除的费用项目就要相应减少。

（2）营业的房地产净收益的求取

营业房地产特点是，房地产所有者又是经营者，房地产租金与经营者利润没有分开。

主要包括：商业经营的房地产；工业生产的房地产；农地净收益的测算三类。

（3）自用或尚未使用的房地产净收益的求取

自用或尚未使用的房地产的净收益，可以根据同一市场上有收益的类似房地产的有关资料按照上述相应的方式来测算，或者通过类似房地产的净收益直接比较得出。而写字楼、宾馆的大堂、管理用房等所必要的"空置"或自用部分。其中写字楼、宾馆的大堂、管理用房等的价值是通过其他用房的收益体现出来的，因此其净收益不用单独计算，否则就重复了。

（4）混合收益的房地产净收益的求取

对于现实中包含上述多种收益类型的房地产，如星级宾馆一般有客房、会议室、餐厅、商场、商务中，娱乐中心等，其净收益视具体情况采用下列3种方式之一求取：

1）把费用分为变动费用和固定费用，将测算出的各种类型的收入分别减去相应的变动费用，予以加总后再减去总的固定费用。变动费用是指其总额随着业务量的变动而变动的费用。固定费用是指其总额不随业务量的变动而变动的费用，即不论业务量发生什么变化，都固定不变的费用。以一个有客房、会议室、餐饮、商场、商务中心、娱乐中心的星级宾馆为例来说，客房部分的变动费用是与入住客人多少直接相关的费用，会议室部分的变动费用是与使用会议室的次数直接相关的费用，餐饮部分的变动费用是与用餐人数直接相关的费用，商场部分的变动费用是与商品销售额直接相关的费用等；固定费用是指人员工资、固定资产折旧费、房地产税、保险费等。

2）首先测算各种类型的收入，然后测算各种类型的费用，再将总收入减去总费用。

3）把混合收益的房地产看成是各种单一收益类型房地产的简单组合，先分别根据各自的收入和费用求出各自的净收益，然后将所有的净收益相加。

3．求取净收益应注意的问题

（1）有形收益和无形收益

房地产收益可分为有形收益和无形收益。有形收益是由房地产带来的直接货币收益。无形收益是指房地产带来的间接利益。例如安全感、自豪感、提高声誉和信用、增强融资能力等。在求取净收益时不仅要包括有形收益，还要考虑各种无形收益。但要注意有些无形收益可能考虑在报酬率中，因此要与报酬率衔接起来，不能有重复。

无形收益可通过选取较低的报酬率或资本化率予以考虑。同时值得注意的是，如果无形收益已通过有形收益得到体现，则不应再单独考虑，以免重复计算。例如，在当地能显示承租人形象、地位的写字楼，即承租人租用该写字楼办公可显示其实力，该因素往往已包含在该写字楼的较高租金中。

（2）实际收益和客观收益

房地产收益可分为实际收益和客观收益。实际收益是在当前经营管理状况下实际取得的收益，它一般不能直接用于估价。因为具体经营管理者的能力等对实际收益影响很大。

客观收益是排除了实际收益中属于特殊的、偶然的因素后能够获得的一般正常收益，通常只有这种收益才可以作为估价的依据。因此，估价中采用的潜在毛收入、有效毛收入、运营费用或者净收益，除了有租约限制的以外，一般应采用正常客观的数据。为此，除了有租约限制的以外，利用估价对象本身的资料直接测算出了潜在毛收入、有效毛收入、运营费用或者净收益后，还应将它们与类似房地产在正常情况下的潜在毛收入、有效毛收入、运营费用或者净收益进行比较。如果与正常客观的情况不符，应对它们进行适当的修正，使其成为正常客观的情况。

有租约限制的，租赁期限内的租金应采用租约约定的租金（简称租约租金，又可称为实际租金），租赁期限外的租金应采用正常客观的市场租金。

【例4-31】某商店的土地使用期限为40年，自2003年10月1日起计算。该商店共有两层，每层可出租面积各为200m²。一层于2004年10月1日出租，租赁期限为5年，可出租面积的月租金为180元/m²，且每年不变；二层现暂空置。附近类似商场一、二层可出租面积的正常月租金分别为200元/m²和120元/m²，运营费用率为25%。该类房地产的出租率为100%，报酬率为9%。请计算该商场2007年10月1日带租约出售时的正常价格。

【解】该商场2007年10月1日带租约出售时的正常价格测算如下：

（1）商场一层价格的测算：

租赁期限内年净收益＝200×180×（1−25%）×12＝32.40万元

租赁期限外年净收益＝200×200×（1−25%）×12＝36.00万元

$$V = \frac{32.40}{1+9\%} + \frac{32.40}{(1+9\%)^2} + \frac{36.00}{9\%(1+9\%)^2}\left[1 - \frac{1}{(1+9\%)^{40-4-2}}\right] = 375.69万元$$

（2）商场二层价格的测算：

年净收益＝200×120×（1－25%）×12＝21.60万元

$$V = \frac{21.60}{9\%}\left[1 - \frac{1}{(1+9\%)^{40-4}}\right] = 229.21万元$$

该商场的正常价格＝商场一层的价格＋商场二层的价格

$$= 375.69 + 229.21 = 604.90万元$$

收益法的一种变通形式是"成本节约资本化法"。当一种权益或资产并不产生收入，却可以帮助所有者避免原本可能发生的成本时，就可以采用这种方法评估其价值。该方法的实质是，某种权益或资产的价值等于其未来有效期内可以节约的成本的现值之和。承租人权益价值评估是这种方法的典型运用。承租人权益的价值等于剩余租赁期间各期市场租金与租约租金差额的现值之和。如果租约租金低于市场租金，则承租人权益就有价值；反之，如果租约租金高于市场租金，则承租人权益就是负价值。

【例4-32】某公司3年前与一写字楼所有权人签订了租赁合同，租用其中500m²的面积，约定租赁期限为10年，租金固定不变为75元/m²。现市场上类似写字楼的月租金为100元/m²。假设折现率为10%，请计算目前承租人权益的价值。

【解】利用现值年金公式计算目前承租人权益的价值：$V = \frac{A}{Y}\left[1 - \frac{1}{(1+Y)^n}\right]$

根据题意已知：$A=$（100－75）×500×12＝150000（元），$Y=10\%$，$n=10-3=7$年

将上述数据代入公式计算得：$V = \frac{150000}{10\%}\left[1 - \frac{1}{(1+10\%)^7}\right] = 73.03万元$

同一宗房地产，有租约限制下的价值（也称为出租人权益价值、带租约的房地产价值）、无租约限制下的价值（也称为房地产本身的价值）和承租人权益价值三者之间的关系为：

有租约限制下的价值＝无租约限制下的价值－承租人权益价值

4．收益期限和净收益流模式的确定

（1）收益期限的确定

收益期限是估价对象自价值时点起至预期未来可以获取收益的时间。根据建筑物的剩余经济寿命和土地使用权的剩余期限来确定。建筑物剩余经济寿命是自价值时点起至建筑物经济寿命结束的时间。土地使用权剩余期限是自价值时点起至土地使用期限结束的时间。

建筑物剩余经济寿命与土地使用权剩余期限可能同时结束，也可能不是同时结束，归纳起来有以下3种情况：①同时结束；②建筑物剩余经济寿命早于土地使用权剩余期限结束；③建筑物剩余经济寿命晚于土地使用权剩余期限结束。在建筑物剩余经济寿命与土地使用权剩余期限同时结束的情况下，房地产的收益期限为建筑物剩余经济寿命或者土地使用权剩余

期限。

在建筑物剩余经济寿命早于土地使用权剩余期限结束的情况下，房地产的价值等于以建筑物剩余经济寿命为收益期限计算的房地产价值，加上建筑物剩余经济寿命结束后的剩余期限土地使用权在价值时点的价值。例如，某宗收益性房地产的建筑物剩余经济寿命为30年，土地使用权剩余期限为40年，求取其现在的价值时，可先求取30年收益期限的价值，然后加上30年后的10年使用期限土地使用权在现在的价值。该30年后的10年使用期限土地使用权在现在的价值，等于现在40年使用期限的土地使用权价值减去现在30年使用期限的土地使用权价值。

在建筑物剩余经济寿命晚于土地使用权剩余期限结束的情况下，分为在土地使用权出让合同中未约定不可续期和已约定不可续期两种情况。对于在土地使用权出让合同中未约定不可续期的，房地产的价值等于以土地使用权剩余期限为收益期限计算的房地产价值，加上土地使用权剩余期限结束时建筑物的残余价值折算到价值时点时的价值。对于在土地使用权出让合同已约定不可续期的，以土地使用权剩余期限为房地产的收益期限，选用相应的收益期限为有限年的公式计算房地产的价值。

上述收益期限的确定是针对求取建筑物所有权和土地使用权的价值而言的，如果是求取承租人权益的价值，则收益期限为剩余租赁期限。

（2）净收益流模式的确定

运用报酬资本化法估价，在求取估价对象的净收益时，应根据估价对象的净收益在过去和现在的变动情况及预期的收益期限，预测估价对象未来各期的净收益，并判断未来净收益流属于下列哪种类型，以便于选用相应的报酬资本化法公式进行计算：①净收益每年基本上固定不变；②净收益每年基本上按照某个固定的数额递增或递减；③净收益每年基本上按照某个固定的比率递增或递减；④其他有规则变动的情况。

在实际估价中使用最多的是净收益每年不变的公式，其净收益A的求取方法有下列3种：

1）"过去数据简单算术平均法"。这是通过调查，求取估价对象过去若干年的净收益，例如过去3年或5年的净收益，然后将其简单算术平均数作为A。

2）"未来数据简单算术平均法"。这是通过调查，预测估价对象未来若干年的净收益，例如未来3年或5年的净收益，然后将其简单算术平均数作为A。

3）"未来数据资本化公式法"。这是通过调查，预测估价对象未来若干年的净收益，例如未来3年或5年的净收益，然后利用报酬资本化法公式演变出的下列等式来求取A（可视为一种加权算术平均数）：

$$\frac{A}{Y}\left[1-\frac{1}{(1+Y)^t}\right]=\sum_{i=1}^{t}\frac{A_i}{(1+Y)^i}$$

或者   （4-55）

$$A=\frac{Y(1+Y)^t}{(1+Y)^t-1}\sum_{i=1}^{t}\frac{A_i}{(1+Y)^i}$$

由于收益法采用的净收益应是估价对象的未来净收益，而不是历史净收益或当前净收益。所以，上述三种方法中相对而言第三种最合理，其次是第二种。

【例4-33】某宗房地产的收益期限为40年，判定其未来每年的净收益基本上固定不变，通过预测得知其未来4年的净收益分别为25万元、26万元、24万元、25万元，报酬率为10%。请计算该宗房地产的收益价格。

【解】该宗房地产的收益价格求取如下：

$$A = \frac{10\% \times (1 + 10\%)^4}{(1 + 10\%)^4 - 1}\left[\frac{25}{1 + 10\%} + \frac{26}{(1 + 10\%)^2} + \frac{24}{(1 + 10\%)^3} + \frac{25}{(1 + 10\%)^4}\right] = 25.02\,万元$$

$$V = \frac{25.02}{10\%}\left[1 - \frac{1}{(1 + 10\%)^{40}}\right] = 244.67\,万元$$

4.2.4 报酬率的求取

1. 报酬率的实质

报酬率也称为回报率、收益率，是一种折现率，是与利率、内部收益率（也称为内部报酬率）同性质的比率。投资回收是指所投入资本的回收，即保本，投资回报是指所投入资本全部回收以后所获得的额外资金，即报酬。报酬率为投资回报与所投入资本的比率，即：

$$报酬率 = \frac{投资回报}{所投入的资本} \tag{4-56}$$

投资既要获取收益，又要承担风险。所谓风险，是指由于不确定性的存在，导致投资收益的实际结果偏离预期结果造成损失的可能性。在一个完善的市场中，投资者之间竞争的结果是：要想获取较高的收益，意味着要承担较大的风险；或者，有较大的风险，投资者必然要求有较高的收益，即只有较高收益的吸引，投资者才愿意进行有较大风险的投资。因此，从全社会来看，投资遵循收益与风险相匹配原则，报酬率与投资风险正相关，风险大的投资，其报酬率也高，反之则低。

报酬率与投资风险的关系如图4-3所示。

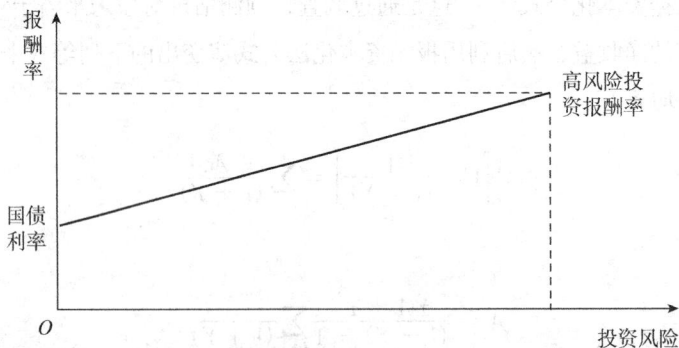

图4-3 报酬率与投资风险关系示意图

掌握了报酬率与投资风险的上述关系，实际上就在观念上把握住了求取报酬率的方法，即所选取的报酬率，应等同于与获取估价对象产生的净收益具有同等风险的投资的报酬率。

2. 报酬率的求取方法

（1）累加法

累加法是将报酬率视为包含无风险报酬率和风险报酬率两大部分，然后分别求出每一部分，再将它们相加得到报酬率的方法。无风险报酬率也称为安全利率，是无风险投资的报酬率，是资金的机会成本。风险报酬率是指承担额外的风险所要求的补偿，即超过无风险报酬率以上部分的报酬率，具体是对估价对象房地产自身及其所在的区域、行业、市场等所存在的风险的补偿。累加法的一个细化公式为：

$$报酬率＝无风险报酬率＋投资风险补偿率＋管理负担补偿率$$
$$＋缺乏流动性补偿率－投资带来的优惠率 \tag{4-57}$$

其中：①投资风险补偿率，是指当投资者投资于收益不确定、具有一定风险性的房地产时，必然会要求对所承担的额外风险有所补偿，否则就不会投资。②管理负担补偿率，是指一项投资所要求的操劳越多，其吸引力就会越小，从而投资者必然会要求对所承担的额外管理有所补偿。房地产要求的管理工作一般超过存款、证券。③缺乏流动性补偿率，是指投资者对所投入的资金由于缺乏流动性所要求的补偿。房地产与存款、股票、债券、黄金相比，买卖要困难，变现能力弱。④投资带来的优惠率，是指由于投资房地产可能获得某些额外的好处，例如易于获得融资（如可以抵押贷款），从而投资者会降低所要求的报酬率。因此，针对投资估价对象可以获得的额外好处，投资者之间的竞争也会要求作相应的扣减。累加法的应用见表4-11。

累加法应用举例	表4-11
项目	数值
无风险报酬率	0.050（5.0%）
投资风险补偿率	0.020（2.0%）
管理负担补偿率	0.001（0.1%）
缺乏流动性补偿率	0.015（1.5%）
易于获得融资的优惠率	−0.005（−0.5%）
所得税抵扣的优惠率	−0.005（−0.5%）
报酬率	0.076（7.6%）

由于在现实中不存在完全无风险的投资，所以，通常是选取同一时期相对无风险的报酬率去代替无风险报酬率，例如，选取同一时期的国债利率或银行存款利率。于是，投资风险补偿就变为投资估价对象相对于投资同一时期国债或银行存款的风险补偿；管理负担补偿变

为投资估价对象相对于投资同一时期国债或银行存款管理负担的补偿；缺乏流动性补偿变为投资估价对象相对于投资同一时期国债或银行存款缺乏流动性的补偿；投资带来的优惠变为投资估价对象相对于投资同一时期国债或银行存款所带来的优惠。需要注意的是，上述无风险报酬率和具有风险性房地产的报酬率，一般是指名义报酬率，即已经包含了通货膨胀的影响。这是因为在收益法估价中，广泛使用的是名义净收益，因而根据"匹配原则"，应使用与之相对应的名义报酬率。

（2）市场提取法

市场提取法是利用与估价对象房地产具有类似收益特征的可比实例房地产的价格、净收益等资料，选用相应的报酬资本化法公式，反求出报酬率的方法。

1）在 $V = \dfrac{A}{Y}$ 的情况下，是通过 $V = \dfrac{A}{Y}$ 来求取 Y，即可以将市场上类似房地产的净收益与其价格的比率作为报酬率。通常为避免偶然性，应尽量搜集较多的可比实例，求其净收益与价格之比的平均数。举例说明，见表4-12。

选取的6个可比实例及其相关资料   表4-12

可比实例	净收益（万元/年）	价格（万元）	报酬率（%）
1	12	102	11.8
2	23	190	12.1
3	10	88	11.4
4	65	542	12.0
5	90	720	12.5
6	32	250	12.8

表4-12中6个可比实例报酬率的简单算术平均数为：

（11.8%+12.1%+11.4%+12%+12.55+12.8%）÷6＝12.1%

由上求出的12.1%可以用为估价对象的报酬率。此外，较为精确的计算还可以采用加权算术平均数。

2）在 $V = \dfrac{A}{Y}\left[1 - \dfrac{1}{(1 + Y)^n}\right]$ 的情况下，是通过 $\dfrac{A}{Y}\left[1 - \dfrac{1}{(1 + Y)^n}\right] - V = 0$ 来求取 Y。

在手工计算的情况下，是先采用试错法试算，计算到一定精度后再采用线性内插法求取，即 Y 是通过试错法与线性内插法相结合的方法来求取的。设：

$$X = \dfrac{A}{Y}\left[1 - \dfrac{1}{(1 + Y)^n}\right] - V$$

试错法是先以任一方式挑选出一个认为最可能使 X 等于零的 Y，再通过计算这一选定 Y 下的X值来检验它。如果计算出的X正好等于零，则就求出了Y；如果计算出的X为正值，则通常表明必须再试一下较大的Y，相反，如果计算出的X为负值，就必须试一下较小的Y。这个过程一直进行到找到一个使计算出的X值接近于零的Y时为止。在利用计算机的情况下，只要输入V，A，n，让计算机来做就可以。不利用计算机的情况下，求解Y必须进行反复的人工试算。

利用试错法计算到一定精度后，利用线性内插法求取Y的公式如下：

$$Y = Y_1 + \frac{(Y_2 - Y_1) \times |X_1|}{|X_1| + |X_2|} \tag{4-58}$$

式中 Y_1——当X为接近于零的正值时的Y；

Y_2——当X为接近于零的负值时的Y；

X_1——Y_1时的X值（正值）；

X_2——Y_2时的X值（实际为负值，是通过 $Y = \frac{A}{V} + g$ 来求取Y）。

对估价对象报酬率的判断，应着眼于可比实例的典型买者和卖者对该类房地产的预期或期望报酬率，对用市场提取法求出的报酬率进行适当的调整。

（3）投资报酬率排序插入法

报酬率是典型投资者在房地产投资中所要求的收益率。由于具有同等风险的任何投资的报酬率应该是相近的，所以，可以通过与估价对象同等风险的投资报酬率来求取估价对象的报酬率。报酬率排序插入法的操作步骤和主要内容如下：

1）调查、搜集估价对象所在地区的房地产投资、相关投资及其报酬率和风险程度的资料，如银行存款利率、政府债券利率、公司债券利率、股票报酬率及其他投资的报酬率等。

2）将所搜集的不同类型投资的报酬率按从低到高的顺序排列，制成图表（图4-4）。

3）将估价对象与这些类型投资的风险程度进行分析比较，考虑管理的难易、投资的流动性以及作为资产的安全性等，判断出同等风险的投资，确定估价对象风险程度应落的位置。

4）根据估价对象风险程度所落的位置，在图表上找出对应的报酬率，从而就求出了估价对象的报酬率。

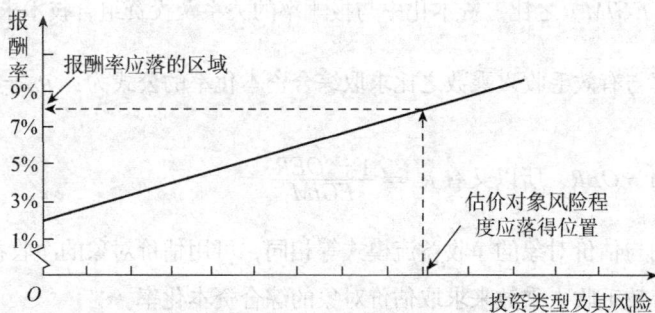

图4-4　投资报酬率排序插入法示意图

4.2.5 直接资本化法

1. 直接资本化法概述

直接资本化法是将估价对象未来某一年的某种预期收益除以适当的资本化率或者乘以适当的收益乘数来求取估价对象价值的方法。

未来某一年的某种预期收益通常是采用未来第一年的预期收益，预期收益的种类有毛租金、净租金、潜在毛收入、有效毛收入、净收益等。即：

$$资本化率 = \frac{年收益}{价格} \tag{4-59}$$

利用资本化率将年收益转换为价值的直接资本化法的常用公式是：

$$V = \frac{NOI}{R} \tag{4-60}$$

式中　　V——房地产价值；

　　NOI——房地产未来第一年的净收益；

　　　　R——资本化率。

因此，利用市场提取法求取资本化率的具体公式为：

$$R = \frac{NOI}{V} \tag{4-61}$$

收益乘数是房地产的价格除以其某种年收益所得的倍数，即：

$$收益乘数 = \frac{价格}{年收益} \tag{4-62}$$

利用收益乘数将年收益转换为价值的直接资本化法公式为：

$$房地产价值 = 年收益 \times 收益乘数 \tag{4-63}$$

2. 资本化率和收益乘数的求取方法

资本化率和收益乘数都可以采用市场提取法，通过市场上近期交易的与估价对象的净收益流模式（包括净收益的变化、收益期限的长短）等相同的许多类似房地产的有关资料（由这些资料可求得年收益和价格）求取。综合资本化率（R_O）还可以通过净收益率（NIR）与有效毛收入乘数（$EGIM$）之比、资本化率与报酬率的关系及投资组合技术求取。

通过净收益率与有效毛收入乘数之比求取综合资本化率的公式为：$R_O = \dfrac{NIR}{EGIM}$

因为，$NIR = 1 - OER$，所以又有 $R_O = \dfrac{1 - OER}{EGIM}$。

如果可比实例与估价对象的净收益流模式等相同，可用估价对象的净收益率或运营费用率和可比实例的有效毛收入乘数来求取估价对象的综合资本化率。

3．资本化率与报酬率的区别和关系

资本化率（R）和报酬率（Y）都是将房地产的未来预期收益转换为价值的比率，但两者又有很大的区别。资本化率是在直接资本化法中采用的，是一步就将房地产的未来预期收益转换为价值的比率；报酬率是在报酬资本化法中采用的，是通过折现的方式将房地产的未来预期收益转换为价值的比率。资本化率是房地产的某种年收益与其价格的比率（通常用未来第一年的净收益除以价格来计算），仅仅表示从收益到价值的比率，并不明确地表示获利能力；报酬率则是用来除一连串的未来各期净收益，以求得未来各期净收益现值的比率。

在报酬资本化法中，如果净收益流模式不同，具体的计算公式就有所不同。例如，在净收益每年不变并收益期限为无限年的情况下，报酬资本化法的公式为：

$$V = \frac{A}{Y} \qquad (4-64)$$

在净收益每年不变但收益期限为有限年的情况下，报酬资本化法的公式为：

$$V = \frac{A}{Y}\left[1 - \frac{1}{(1+Y)^n}\right] \qquad (4-65)$$

在净收益按一定比率g递增且收益期限为无限年的情况下，报酬资本化法的公式为：

$$V = \frac{A}{Y-g} \qquad (4-66)$$

在上述三种情况下的报酬资本化法公式中，Y就是我们所讲的报酬率。而资本化率是不区分净收益流模式的，在所有情况下的未来第一年的净收益与价格的比率（A/V）都是资本化率。所以，在上述第一种情况下，资本化率正好等于报酬率，即：$R=Y$。

但在上述第二种情况下，资本化率就不等于报酬率。它与报酬率的关系变为：

$$R = \frac{Y(1+Y)^n}{(1+Y)^n - 1} \qquad (4-67)$$

在上述第三种情况下，资本化率与报酬率的关系变为：$R=Y-g$。

4．直接资本化法与报酬资本化法的比较

（1）直接资本化法的特点

直接资本化法的特点是：①不需要预测未来许多年的净收益，通常只需要测算未来第一年的收益；②资本化率或收益乘数直接来源于市场上所显示的收益与价值的关系，能较好地反映市场的实际情况；③计算过程较为简单。

（2）报酬资本化法的特点

报酬资本化法的特点是：①指明了房地产的价值是其未来各期净收益的现值之和，这既是预期原理最形象的表述，又考虑到了资金的时间价值，逻辑严密，有很强的理论基础；②每期的净收益或现金流量都是明确的，直观并容易理解；③由于具有同等风险的任何投资的报酬率应该是相近的，所以，不必直接依靠与估价对象的净收益流模式相同的类似房地产来求取适当的报酬率，而通过其他具有同等风险投资也可以求取适当的报酬率。

但由于报酬资本化法需要预测未来各期的净收益，从而较多地依赖于评估专业人员的主观判断，并且各种简化的净收益流模式不一定符合市场的实际情况。当相似的预期收益存在大量的可比市场信息时，直接资本化法会是相当可靠的。当市场可比信息缺乏时，报酬资本化法则能提供一个相对可靠的评估价值，因为评估专业人员可以通过投资者在有同等风险的投资上所要求的报酬率来确定估价对象的报酬率。

4.2.6 投资组合技术和剩余技术

1. 投资组合技术

投资组合技术主要有土地与建筑物的组合和抵押贷款与自有资金的组合两种。

（1）土地与建筑物的组合

运用直接资本化法估价，由于估价对象不同，相应的三种资本化率分别是综合资本化率、土地资本化率、建筑物资本化率。

综合资本化率是求取房地价值时应当采用的资本化率。这时对应的净收益应是土地及其上的建筑物共同产生的净收益。

土地资本化率是求取土地价值时应当采用的资本化率。这时对应的净收益应是土地产生的净收益（即仅归属于土地的净收益，不包含建筑物带来的净收益）。建筑物资本化率是求取建筑物价值时应当采用的资本化率。这时对应的净收益应是建筑物产生的净收益（即仅归属于建筑物的净收益），不包含土地带来的净收益。如果在求取建筑物价值时选用的不是建筑物资本化率，则求出的就不是建筑物价值。

综合资本化率、土地资本化率、建筑物资本化率三者虽然有严格区分，但又是相互联系的。如果能从可比实例房地产中求出其中两种资本化率，便可利用下列公式求出另外一种资本化率：

$$R_O = \frac{V_L \times R_L + V_B \times R_B}{V_L + V_B} \tag{4-68}$$

$$R_L = \frac{(V_L + V_B)R_O - V_B \times R_B}{V_L} \tag{4-69}$$

$$R_B = \frac{(V_L + V_B)R_O - V_L \times R_L}{V_B} \tag{4-70}$$

式中　　R_O——综合资本化率；

　　　　R_L——土地资本化率；

　　　　R_B——建筑物资本化率；

　　　　V_L——土地价值；

　　　　V_B——建筑物价值。

上述公式必须确切地知道土地价值、建筑物价值分别是多少。这有时难以做到。但如果知道了土地价值或建筑物价值占房地价值的比率，也可以找出综合资本化率、土地资本化率和建筑物资本化率三者的关系，公式为：

$$R_O = L \times R_L + B \times R_B \qquad (4\text{-}71)$$

式中　　L——土地价值占房地价值的比率；

　　　　B——建筑物价值占房地价值的比率，$(L + B = 100\%)$。

【例4-34】某宗房地产的土地价值占总价值的40%，建筑物价值占总价值的60%。从可比实例房地产中求出的土地资本化率为6%，建筑物资本化率为8%。请计算综合资本化率。

【解】综合资本化率计算如下：$R_O = L \times R_L + B \times R_B = 40\% \times 6\% + 60\% \times 8\% = 7.2\%$

（2）抵押贷款与自有资金的组合

购买房地产的资金通常由两部分构成：一部分是抵押贷款，另一部分是自有资金（或称权益资本）。因此，房地产的报酬率必须同时满足这两部分资金对投资报酬的要求：贷款人（贷款银行）要求得到与其贷款所谓风险相当的贷款利率报酬，自有资金投资者要求得到与其投资所冒风险相当的投资报酬。由于抵押贷款通常是分期偿还的，所以抵押贷款与自有资金的组合一般不是利用抵押贷款利率和自有资金报酬率来求取房地产的报酬率，而是利用抵押贷款常数和自有资金资本化率来求取综合资本化率，具体是综合资本化率为抵押贷款常数与自有资金资本化率的加权平均数，即

$$R_O = M \times R_M + (1 - M)R_E \qquad (4\text{-}72)$$

式中　　R_O——综合资本化率；

　　　　M——贷款价值比，也称为贷款成数，是指贷款金额占房地产价值的比率，一般介于60%~90%之间；

　　　　R_M——抵押贷款常数；

　　　　R_E——自有资金资本化率。

在上述公式中，抵押贷款常数一般采用年抵押贷款常数，它是每年的还款额（还本付息额）与抵押贷款金额（抵押贷款本金）的比率。如果抵押贷款是按月偿还的，则年抵押贷款常数是将每月的还款额乘以12，然后除以抵押贷款金额；或者将月抵押贷款常数（每月的还款额与抵押贷款金额的比率）乘以12。在分期等额本息偿还贷款的情况下，由于等额还款额为：

$$A_M = \frac{V_M \times Y_M}{\left[1 - \dfrac{1}{(1 + Y_M)^n}\right]}$$

则抵押贷款常数公式为：$\quad R_M = \dfrac{A_M}{V_M} = \dfrac{Y_M(1 + Y_M)^n}{(1 + Y_M)^n - 1} = Y_M + \dfrac{Y_M}{(1 + Y_M)^n - 1} \qquad (4\text{-}73)$

式中　　R_M——抵押贷款常数；

　　　　A_M——等额还款额；

　　　　V_M——抵押贷款金额；

　　　　Y_M——抵押贷款报酬率，即抵押贷款利率（i）；

　　　　n——抵押贷款期限。

自有资金资本化率是税前现金流量（从净收益中扣除抵押贷款还本付总额后的余额）与自有资金额的比率，通常为未来第一年的税前现金流量与自有资金额的比率，可以通过市场提取法由可比实例房地产的税前现金流量除以自有资金额得到。综合资本化率必须同时满足贷款人对还本付息额的要求和自有资金投资者对税前现金流量的要求。

$$房地产价格 \times 综合资本化率 = 抵押贷款金额 \times 抵押贷常数 +$$
$$自有资金额 \times 自有资金资本化率 \tag{4-74}$$

$$综合资本化率 = \frac{抵押贷款金额}{房地产价格} \times 抵押贷款常数 + \frac{自有资金额}{房地产价格} \times 自有资金资本化率$$
$$= 贷款价值比率 \times 抵押贷款常数 + (1 - 贷款价值比率) \times 自有资金资本化率 \tag{4-75}$$

【例4-35】购买某类房地产通常抵押贷款占七成，抵押贷款年利率为6%，贷款期限为20年，按月等额偿还本息。通过可比实例房地产计算出的自有资金资本化率为12%。请计算综合资本化率。

【解】综合资本化率计算如下：

$$R_M = Y_M + \frac{Y_M}{(1 + Y_M)^n - 1} = 6\% + \frac{6\%/12}{(1 + 6\%/12)^{20 \times 12} - 1} \times 12 = 8.60\%$$

$$R_O = M \times R_M + (1 - M)R_E = 70\% \times 8.6\% + (1 - 70\%) \times 12\% = 9.62\%$$

【例4-36】某宗房地产的年净收益为2万元，购买者的自有资金为5万元，自有资金资本化率为12%，抵押贷款常数为0.08。请计算该房地产的价格。

【解】该房地产的价格计算如下：

购买者要求的税前现金流量＝5×12%＝0.6万元

偿还抵押贷款金额＝1.4÷0.08＝17.5万元

该房地产的价格＝5＋17.5＝22.5万元

2. 剩余技术

剩余技术是当已知整体房地产的净收益、其中其一构成部分的价值和各构成部分的资本化率或报酬率时，从整体房地产的净收益中扣除归属于已知构成部分的净收益，求出归属于另外构成部分的净收益，再将它除以相应的资本化率或选用相应的报酬率予以资本化，得出房地产中未知构成部分的价值的方法。

（1）土地剩余技术

土地及其上的建筑物共同产生收益，但如果采用收益法以外的方法（如成本法）能求得其中的建筑物价值时，则可以利用收益法公式求得归属于建筑物的净收益，然后从土地及其上的建筑物共同产生的净收益中扣除归属于建筑物的净收益，得到归属于土地的净收益，再除以土地资本化率或选用土地报酬率予以资本化，即可求得土地的价值，这种剩余技术称为土地剩余技术。

直接资本化法的土地剩余技术的公式为：

$$V_L = \frac{A_O - V_B \times R_B}{R_L} \qquad （4-76）$$

式中　　V_L——土地价值；

A_O——土地及其上的建筑物共同产生的净收益（通常是基于房租的净收益）；

V_B——建筑物价值（是采取收益法以外的方法，多数情况下是采用成本法求取）；

R_B——建筑物资本化率；

R_L——土地资本化率。

在净收益每年不变，受益期限为有限年情况下的土地剩余技术的公式为：

$$V_L = \frac{A_O - \dfrac{V_B \times Y_B}{\left[1 - \dfrac{1}{(1+Y_B)^n}\right]}}{Y_L}\left[1 - \frac{1}{(1+Y_L)^n}\right] \qquad （4-77）$$

式中　　Y_B——建筑物报酬率；

Y_L——土地报酬率。

另外，如果将土地价值与建筑物价值相加，还可以得到整体房地产的价值。

【例4-37】某宗房地产每年净收益为50万元，建筑物价值为200万元，建筑物资本化率为12%，土地资本化率为10%。请计算该宗房地产的价值。

【解】该宗房地产的价值计算如下：

$$土地价值 = \frac{50 - 200 \times 12\%}{10\%} = 260万元$$

该宗房地产价值＝土地价值＋建筑物价值＝260＋200＝460万元

土地剩余技术在土地难以采用其他估价方法估价时，是一种有效的方法。

（2）建筑物剩余技术

土地及其上的建筑物共同产生收益，但如果采用收益法以外的方法（如比较法）能求得其中的土地价值时，则可以利用收益法公式求得归属于土地的净收益，然后从土地及其上的建筑物共同产生的净收益中扣除归属于土地的净收益，得到归属于建筑物的净收益，再除以建筑物资本化率或选用建筑物报酬率予以资本化，即可求得建筑物的价值，这种剩余技术称为建筑物剩余技术。

直接资本化法的建筑物剩余技术的公式为：

$$V_B = \frac{A_O - V_L \times R_L}{R_B} \qquad （4-78）$$

在净收益每年不变，受益期限为有限年情况下的建筑物剩余技术的公式为：

$$V_B = \frac{A_O - \dfrac{V_L \times Y_L}{\left[1 - \dfrac{1}{(1+Y_L)^n}\right]}}{Y_B}\left[1 - \frac{1}{(1+Y_B)^n}\right] \qquad （4-79）$$

另外，将建筑物价值与土地价值相加，可以得到整体房地产的价值。

建筑物剩余技术对于检验建筑物相对于土地是否规模过大或过小很有用处。此外，它还可用来测算建筑物的折旧。将建筑物的重新购建价格减去运用建筑物剩余技术求取的建筑物价值即为建筑物的折旧。

（3）自有资金剩余技术

自有资金剩余技术是在已知房地产抵押贷款金额的情况下，求取自有资金权益价值的剩余技术。它是先根据从市场上得到的抵押贷款条件（包括贷款金额、贷款利率、贷款期限等）计算出年还本付息额，再把它从净收益中扣除，得到税前现金流量，然后除以自有资金资本化率就可以得到自有资金权益价值。直接资本化法的自有资金剩余技术的公式为：

$$V_E = \frac{A_O - V_M \times R_M}{R_E} \qquad (4\text{--}80)$$

式中　　V_E——自有资金权益价值；

　　　　A_O——房地产净收益；

　　　　V_M——抵押贷款金额；

　　　　R_M——抵押贷款常数；

　　　　R_E——自有资金资本化率。

自有资金剩余技术对测算抵押房地产的自有资金权益价值特别有用。如果将抵押贷款金额加上自有资金权益价值，还可以得到整体房地产的价值。

（4）抵押贷款剩余技术

抵押贷款剩余技术是在已知自有资金数量的情况下，求取抵押贷款金额或价值的剩余技术。它是从净收益中减去在自有资金资本化率下能满足自有资金的收益，得到属于抵押贷款部分的收益，然后除以抵押贷款常数得到抵押贷款金额或价值。

直接资本化法的抵押贷款剩余技术的公式为：

$$V_M = \frac{A_O - V_E \times R_E}{R_M} \qquad (4\text{--}81)$$

抵押贷款剩余技术假设投资者愿意投在房地产上的自有资金数量已确定，并假设投资者需要从房地产中得到特定的自有资金资本化率也已确定，则贷款金额取决于可作为抵押贷款偿还额的剩余现金流量和抵押贷款常数。

在正常情况下，抵押贷款剩余技术不适用于对已设立其他抵押的房地产进行估价，因为这时剩余的现金流量不完全归自有资金投资者所有，它还必须先偿还原有抵押贷款的债务。期末转售收益可以是减去抵押贷款余额前的收益，也可以是减去抵押贷款余额后的收益。在估价中，未减去抵押贷款余额的期末转售收益与净收益匹配使用；如果需要利用税前现金流来评估房地产自有资金权益的价值，则应从净收益中减去抵押贷款还本付息额，并从期末转售收益中减去抵押贷款余额。

4.2.7　收益法运用举例

【例4-38】某旅馆共有300张床位，平均每张床位每天向容人实收50元，年平均空房率为30%，平均每月运营费用14万元。据调查，当地同档次旅馆一般床价为每床每天45元，年平均空房率为20%，正常营业每月总费用平均占每月总收入的30%；该类房地产的资本化率为10%。请选用所给资料测算该旅馆的价值。

【解】该题主要是注意区分实际收益与客观收益及在何种情况下应当采用何种收益进行估价的问题：在估价中，一般除了有租约限制的以外，都应采用客观收益。在弄清了此问题的基础上，该旅馆的价值测算如下：

年有效毛收入＝300×45×365×（1－20%）＝394.20万元

年运营费用＝394.2×30%＝118.26万元

年净收益＝394.2－118.26＝275.94万元

旅馆价值＝275.94÷10%＝2759.4万元

【例4-39】某宗房地产建成于2003年8月15日，此后收益期限为48年；2004年8月15日至2007年8月15日分别获得净收益83万元、85万元、90万元、94万元；预计2008年8月15日至2010年8月15日可分别获得净收益94万元、93万元、96万元，从2011年8月15日起每年可获得的净收益将稳定在95万元；该类房地产的报酬率为9%。请利用上述资料测算该宗房地产2007年8月15日的收益价格。

【解】该题主要是注意区分过去收益与未来收益的问题：价格是站在价值时点来看的未来净收益的现值之和。在弄清了此问题的基础上，该宗房地产在2007年8月15日的收益价格测算如下：

选用的计算公式为：

$$V = \sum_{i=1}^{t} \frac{A_i}{(1+Y)^i} + \frac{A}{Y(1+Y)^t}\left[1 - \frac{1}{(1+Y)^{n-t}}\right]$$

根据题意已知：A_1＝94万元；A_2＝93万元；A_3＝96万元；A＝95万元；

$$n=48-4=44年；\quad t=3年$$

将上述数字代入公式计算如下：

$$V = \frac{94}{1+9\%} + \frac{93}{(1+9\%)^2} + \frac{96}{(1+9\%)^3} + \frac{95}{9\%(1+9\%)^3}\left[1 - \frac{1}{(1+9\%)^{44-3}}\right] = 1029.92万元$$

【例4-40】6年前，甲提供一宗面积为1000m²、使用期限为50年的土地，乙出资300万元人民币，合作建设一幢建筑面积为3000m²的钢筋混凝土结构办公楼。房屋建设期为2年，建成后，其中1000m²建筑面积归甲所有，2000m²建筑面积由乙使用20年，期满后无偿归甲所有。现今，乙有意将其现在使用的房地产使用期满后的剩余年限购买下来，甲也乐意出售。但双方对价格把握不准并有争议，协商请一家房地产估价机构进行估价。

【解】本题的估价对象是未来16年后（乙的整个使用期限为20年，扣除已使用4年，剩余使用期限为16年）的28年土地使用权（土地使用期限50年，扣除乙的使用期限20年和建设期2年，剩余28年）和房屋所有权在今天的价值。估价思路之一是采用比较法，寻找市场上类似房地产44年的价值和16年的价值，然后求其差额即是。估价思路之二是采用收益法（未来净收益的现值之和），其中亦有两种求法：一是先求取未来44年的净收益的现值之和及未来16年的净收益的现值之和，然后两者相减即是；二是直接求取未来16年后的28年的净收益的现值之和。

以下采用收益法的第一种求法。

据调查得知，现时与该办公楼相类似的写字楼每平方米建筑面积的月租金平均为80元，据估价人员分析预测，其未来月租金稳定在80元，出租率为85%，年运营费用约占年租赁有效毛收入的35%，报酬率为10%。由于建筑物经济寿命为60年，价值时点以后的建筑物剩余经济寿命为60−4＝56（年），建筑物经济寿命晚于土地使用期限结束，收益期限根据土地使用权剩余年限确定。价值时点以后的土地使用权剩余年限为50–6＝44年。

（1）求取未来44年的净收益的现值之和：

年净收益＝80×2000×85%×（1−35%）×12＝106.08万元

$$V_{44} = \frac{A}{Y}\left[1 - \frac{1}{(1+Y)^n}\right] = \frac{106.8}{10\%}\left[1 - \frac{1}{(1+10\%)^{44}}\right] = 1044.79 \text{万元}$$

（2）求取未来16年的净收益的现值之和：

$$V_{16} = \frac{A}{Y}\left[1 - \frac{1}{(1+Y)^n}\right] = \frac{106.8}{10\%}\left[1 - \frac{1}{(1+10\%)^6}\right] = 829.94 \text{万元}$$

（3）求取未来16年后的28年土地使用权和房屋所有权在今天的价值：

$$V_{28} = V_{44} - V_{16} = 1044.79 - 829.94 = 214.85 \text{万元}$$

【例4–41】估价对象概况：本估价对象是一幢出租的写字楼；土地总面积12000m²，总建筑面积52000m²；建筑层数为地上22层、地下2层，建筑结构为钢筋混凝土结构；A土地使用期限为50年，从2002年5月15日起计。估价要求：需要评估该写字按2007年5月15日的购买价格。

估价过程：

（1）选择估价方法。该宗房地产是出租的写字楼，为收益性房地产，适用收益法估价，故选用收益法。具体是选用收益法中的报酬资本化法，公式为：

$$V = \sum \frac{Ai}{(1+Y)^i}$$

（2）搜集有关资料。通过调查了解，并与类似写字楼的正常租金、出租率、经常费进行比较分析，得出了估价对象的有关情况和正常客观的数据如下：

1）租金按照净使用面积计。可供出租的净使用面积总计为31200m²，占总建筑面积的60%，其余部分为大厅、公共过道、楼梯、电梯、公共卫生间、大楼管理人员用房、设备用房等占用的面积。

2）月租金平均为35元/m²（净使用面积）。

3）出租率年平均为90%。

4）经常费平均每月10万元，包括人员工资、水、电、空调、维修、清洁、保安等费用。

5）房产税以房产租金收入为计税依据，税率为12%。

6）其他税费（包括城镇土地使用税、营业税等）为租金收入的6%。

（3）测算年有效毛收入：年有效毛收入＝31200×35×12×90%＝1179.36万元

（4）测算年运营费用：

1）经常费：年经常费＝10×12＝120万元

2）房产税：年房产税＝1179.36×12%＝141.52万元

3）其他税费：年其他税费＝1179.36×6%＝70.76万元

4）年运营费用：

年运营费用＝1）＋2）＋3）＝120.00＋141.52＋70.76＝332.28万元

（5）计算年净收益：

年净收益＝年有效毛收入－年运营费用＝1179.63－332.28＝847.08万元

（6）确定报酬率：在调查市场上相似风险的投资所要求的报酬率的基础上，确定报酬率为10%。

（7）计算房地产价格：根据过去的收益变动情况，判断未来的净收益基本上每年不变，且因收益期限为有限年，故选用的具体计算公式为：$V = \dfrac{A}{Y}\left[1 - \dfrac{1}{(1＋Y)^n}\right]$

上述公式中的收益期限 n 等于45年（建筑物经济寿命为60年，长于土地使用期限。土地使用期限从2002年5月15日起计为50年，2002年5月15日到2007年5月15日为5年，此后的收益期限为45年），因此，$V = \dfrac{847.08}{10\%}\left[1 - \dfrac{1}{(1＋10\%)^{45}}\right] = 8354.59$ 万元

估价结果：根据计算结果，并参考房地产估价人员的估价经验，确定本估价对象于2007年5月15日的购买总价为8355万元，约合每平方米建筑面积1606.73元。

🎓 案例分析

估价对象位于某市水磨沟区新民东街55号4号楼2单元501室。房屋建筑总层数为6层，估价对象为第5层。该楼内为一梯3户，房屋为南北朝向。

收益法估价测算过程：

1. 年有效毛收入的确定

（1）租金水平测算

1）估价对象规划用途为住宅用房，估价人员调查了估价对象周边类似房地产租

赁市场情况，目前与估价对象处在同一供求圈内，并在用途、建筑面积、档次等方面类似物业的市场租金水平大体在0.6～0.90元/m²/天（建筑面积、不含物业管理费、采暖费、水电费、维修费等，市场租金调查资料来源：www.wlmqf.com、wulumuqi.edeng.cn及实地调查），从中选择了三个近期租赁案例作为可比实例，建立估价对象与可比实例的比较因素条件说明表（表4-13）。

可比因素对照表　　　　　　　　　　　　　　表4-13

可比实例及估价对象 / 比较因素		实例A	实例B	实例C	估价对象
房屋坐落		新民东街	新民东街	新民东街	新民东街
		荣昌小区	七一阳光超市附近	绿景花苑二期	蔬菜公司家属院
房屋类型		住宅	住宅	住宅	住宅
租金（元/m²/天）		0.74	0.8	0.67	待估
交易情况		正常	正常	正常	—
交易日期		2016.2	2016.3	2016.2	2016.6
区域状况	公共设施	较好	较好	较好	较好
	交通便捷度	临新民东街交通较便利	临新民东街交通较便利	临新民东街交通较便利	临新民东街交通较便利
实物状况	新旧程度	2001	1999	1997	1999
	所在楼层	第4层	第2层	第5层	第5层
	内部装修	中装修	中装修	中装修	中装修
	面积	59m²	70m²	65m²	69.01m²

2）编制比较因素调整系数表及计算比准价格

选取了对租金水平有明显影响的因素进行对比分析，将估价对象与可比实例进行比较，得到比较因素条件指数，并计算得出可比实例经过因素调整后达到估价对象或接近估价对象条件的比较租金，对三个比较租金采用简单算术平均法计算得出估价对象比准租金（表4-14）。

比较因素条件指数及比准租金计算表　　　　　　　　　　表4-14

可比实例 / 比较因素		实例A	实例B	实例C
租金（元/m²/天）		0.74	0.8	0.67
	集聚程度	100	100	100
	交通便捷度	100	100	100

比较因素 \ 可比实例		实例A	实例B	实例C
	所在楼层	102	106	100
	新旧程度	104	100	96
	内部装修	100	100	100
	面积	100	100	100
调整后比准租金（元/m²）		0.70	0.75	0.70
确定的评估租金（元/m²）		（0.70+0.75+0.70）/3＝0.72		

（2）租约限制

价值时点估价对象被法院查封空置，故本次评估不考虑租约限制，对估价对象价值影响不大，以市场客观租金为基础测算估价对象年有效毛收入。

（3）租赁面积确定

估价人员通过市场调查，估价对象同类型房屋出租面积计算均按照建筑面积确定，故本次评估租赁面积确定为拟租赁房建筑面积69.01m²，可出租面积比率为总建筑面积的100%。

（4）空置和租金损失确定

空置和租金损失是指因空置、拖欠租金（延迟支付租金、少付租金或不付租金）以及其他原因造成的收入损失。估价对象临中山路药材公司家属院，根据市场调查该区域房屋租赁需求较好，房屋空置期一般为20～30天/年；近年来随着房地产开发及城市房屋权属登记制度的日趋完善，房地产产权主体明晰，管理相对到位，房屋租赁期间租金损失偏低，本次确定房屋空置率及租金损失合计为取10%。

年有效毛收入＝日租金×（1－空置率及租金损失）×租赁面积×可出租面积比率

×365

＝0.72×（1－10%）×1×100%×365

＝236.52元/m²

（5）其他收入的确定：

包括租赁人保证金或者押金的利息收入等。估价人员调查了解到，在房屋租赁市场上，通常承租人不缴纳保证金及押金，或缴纳的保证金及押金仅为一个月的房屋租金，年利息收入金额较小，对年总收入影响不大，因此本次评估未予考虑其他收入。

2．年运营费用的测算

年运营费用是指为取得总收益而必须支付的有关费用。包括投入成本之外的管理费、维修费用、建筑物折旧费、保险费、税费等其他费用。

（1）房地产出租年经营管理费

对出租房屋进行的必要管理和服务所需的费用，分为两部分：一部分是出租经营过程中消耗品价值的货币支出（包括物业费、水电暖费等日常开支）；另一部分是管理人员工资的支出。按行业惯例取年租金的3%～5%。估价对象其日常管理费用属正常水平，本次评估确定本次评估管理费取年毛收入的3%。

年出租经营管理费＝年有效毛收入×管理费费率＝236.52×3%＝7.10（元/m²）

（2）年维修费：指对建筑物的修缮以保障建筑物的正常使用功能及承租方正常使用发生相关费用，按行业惯例取建筑物重置价格的1.5%。参照某市工程造价协会公布的《工程基本情况汇总分析及工程结算造价经济指标分析》，与估价对象类似建筑结构的建筑，平均重置单价为1500元/m²。

年维修费＝建筑物重置价格×1.5%＝1500×2%＝22.50元/m²

（3）年保险费：指对防止估价对象发生意外造成财产损失而向保险公司投保发生的财产保险费用，一般取房屋重置价格的2‰。

年保险费＝建筑物重置价格×0.2%＝1500×0.2%＝3.0元/m²

（4）年税金：是指房地产所有人按规定向税务机关缴纳的税种，具体见表4-15。

按规定向税务机关缴纳的税种 表4-15

序号	税目	计算基数	税率		计税依据
1	房产税	租金收入	4%	9.46	某市地税局《关于住房租赁有关税收政策问题的通知》（乌地税函[2011]108号）规定
2	增值税	租金收入（不含税）	租金收入/（1+5%）×1.5%	3.38	《营业税改征增值税试点实施办法》，财税2016年36号（附件2；自2016年5月1日起实施）
3	城市维护建设税	增值税	7%	0.24	在增值税的基础上征收城市维护建设税
4	城镇教育费附加	增值税	3%	0.10	在增值税的基础上征收城市维护建设税
5	地方教育费附加	增值税	2%	0.07	在增值税的基础上征收城市维护建设税
	合计			13.25	

年税金＝年有效毛收入×税率＝13.25元/m²

年运营费用为（1）～（4）项之和，共计45.85元/m²。

3．房地产年净收益的确定

房地产年净收益＝年有效毛收入+其他收入－年运营费用

$$＝236.52+0－45.85＝190.67元/m^2$$

4．净收益变化趋势分析

分析近年某市房地产租赁市场的发展趋势，类似物业租金水平有一定的增长空间，但房地产市场的变化有较大的不确定性，结合估价目，本次评估不考虑净收益的增长对估价结果的影响。

5．房地产资本化率（报酬率）的确定

资本化率的确定方法有市场提取法、安全利率加风险调整值法、复合投资收益率法、投资收益率排序插入法等方法。本次评估采用安全利率加风险调整值法进行测算。

资本化率采用安全利率加上风险调整值的方法求取。所谓安全利率，是指无风险的资本投资收益率，以银行一年期定期存款利率作为安全利率，考虑估价对象的用途、利润、风险，结合近期某市房地产市场供求现状以及同类物业的投资风险和行业报酬率，确定资本化率。价值时点现行一年期银行定期存款利率为1.50%（中国人民银行2015年10月24日公布），风险调整值根据某市的经济现状及预期，结合估价对象物业类型等特点，确定风险调整值为5.50%，还原利率按安全利率加风险调整利率确定取7.0%。

6．房地产收益期限的确定

按建筑物经济使用年限和土地法定使用年限孰短法确定房地产收益期限。估价对象为砖混结构建筑，经济耐用年限参考值一般为50年，建筑物于1999年竣工，至价值时点已使用16.39年，尚可使用33.61年；估价委托人未提供估价对象国有土地使用证，无法确定土地取得日期，根据《中华人民共和国土地管理法》，住宅用途国有建设用地使用权法定最高使用期限为70年；另根据《中华人民共和国物权法》（2007年10月1日起施行），住宅建设用地使用权期间届满的，自动续期。本次估价确定估价对象收益期为33.61年。

7．收益价值的确定

附注资料：一般情况下市场上获取的类似房产的交易案例，通过交易情况修正及市场状况和房地产状况的调整后接近估价对象在价值时点的客观合理价格，评估结果容易为交易双方接受；我们虽搜集了与估价对象类似房产的出租案例，但房屋租金的上涨幅度远低于房价的上涨，租售比在高位运行，房地产市场房屋租、售比明显失衡，收益法的评估结果与实际交易价格水平存在较大偏差。

要求：（1）计算收益价值？

（2）考虑附注资料情况下，该估价对象价值采用何种方法更好？为什么？

技能训练

一、单项选择题（每题的备选答案中只有一个最符合题意）

1. 收益法中所指的收益是（   ）。

   A. 价值时点前一年的收益　　　　　　　B. 价值时点前若干年的平均收益

   C. 价值时点以后的未来预期正常收益　　D. 价值时点前最高盈利年份的收益

2. 收益乘数法是将估价对象一年的某种收益，乘以相应的（   ）来计算其价值的方法。

   A. 资本化率　　　　　B. 收益率　　　　　C. 收益乘数　　　　　D. 利息率

3. 收益法适用的条件是房地产的（   ）。

   A. 收益能够量化　　　　　　　　　　　B. 风险能够量化

   C. 收益或风险其一可以量化　　　　　　D. 收益和风险均能量化

4. 某宗房地产的收益期限为30年，判定其未来每年的净收益基本上固定不变，通过预测得知其未来3年的净收益分别为22万元、25万元、26万元，报酬率为10%。则该房地产的收益价格为（   ）万元。

   A. 228.23　　　　　B. 229.36　　　　　C. 224.74　　　　　D. 223.63

5. 某商铺建筑面积为500m²，建筑物的剩余经济寿命和剩余土地使用年限为35年，市场上类似商铺按建筑面积计的月租金为120元/m²，运营费用率为租金收入的25%，该类房地产的报酬率为10%。则该商铺的价值为（   ）万元。

   A. 521　　　　　　B. 533　　　　　　C. 695　　　　　　D. 711

6. 某房地产在正常情况下，每年可获得有效毛收入30万元，运营费用需要10万元，该房地产的报酬率为10%，该房地产所在的土地是通过有偿出让获得使用权的，在价值时点建设用地使用权剩余年限为40年，建筑物剩余经济寿命晚于建设用地使用权剩余年限结束，且出让合同约定建设用地使用权期间届满需要无偿收回建设用地使用权时，建筑物也无偿收回，则该宗房地产的收益价格为（   ）万元。

   A. 180　　　　　　B. 196　　　　　　C. 200　　　　　　D. 300

7. 某商铺的收益年限为30年，同土地使用权年限相同。年有效毛收入为6000元/m²。假设净收益率为75%，报酬率为10%，则该商铺目前的价值为（   ）元/m²。

   A. 14140　　　　　B. 42421　　　　　C. 56561　　　　　D. 60000

8. 某宗房地产的土地使用年限为40年，包括土地开发和房屋建造过程，至今已有8年，建筑物剩余经济寿命晚于建设用地使用权剩余年限结束，且出让合同约定建设用地使用权期间届满需要无偿收回建设用地使用权时，建筑物也无偿收回，预计该宗房地产正常情况下的年有效毛收入为100万元，运营费用率为40%，该类房地产的报酬率为8%，该宗房地产的收益价格为（   ）万元。

   A. 457.40　　　　　B. 476.98　　　　　C. 686.10　　　　　D. 715.48

9. 某写字楼由于市场不景气和周边新增居住房地产较多，造成需求减少，估计未来期限内每年平均空置率由现在的15%上升为25%，每月可出租面积租金为70元/m²，又知该写字楼可出租面积为10000m²，运营费用率为40%。假若该写字楼可出租剩余年限为30年，投资报酬率为8%，其他条件保持不变，则该写字楼将发生（   ）万元的贬值。

A. 548.19　　　　　B. 558.15　　　　　C. 567.39　　　　　D. 675.40

10. 某宗房地产预计未来每年的净收益为8万元，收益期限可视为无限年，该类房地产的报酬率为10%，则该宗房地产的收益价格为（   ）万元。

A. 78　　　　　B. 79　　　　　C. 80　　　　　D. 81

11. 某商店的建筑面积为1000m²，其经济寿命为40年，土地使用年限为50年，从2006年10月1日起计。2008年10月1日某公司与该商店所有权人签订了租赁合同，租期20年，月租金为150元/m²，租金支付方式为每2年一次性支付，支付时间为第2年末，市场上类似商店目前正常的月租金为200元/m²，支付方式为每年年末一次性支付，预计类似商店正常月租金每年递增5%，一般租赁经营的运营费用率为租金收入的30%，房地产的报酬率为8%。则该公司2012年10月1日承租人的权益价值为（   ）万元。

A. 198.65　　　　　B. 583.75　　　　　C. 678.36　　　　　D. 959.52

12. 某宗房地产，建筑面积500m²，重置价格为7000元/m²，预计年净收益为8万元。房地产收益年限为30年，房地产的报酬率为10%，则该房地产的收益价格为（   ）万元。

A. 375.41　　　　　B. 350　　　　　C. 342　　　　　D. 75.41

13. 某宗房地产正常情况下年总收益为140万元，年总费用40万元，报酬率为12%，现已使用了5年，该宗房地产的经济寿命为50年，土地使用期限为40年，出让合同约定建设用地使用权期间届满需要无偿收回建设用地使用权时，建筑物也无偿收回。则该宗房地产的现实总价为（   ）万元。

A. 830.45　　　　　B. 828.25　　　　　C. 824.38　　　　　D. 817.55

14. 某公司购买一宗房地产，土地使用期限为40年，不可续期，至今已使用了8年。该宗房地产当时在正常情况下第一年获得净收益6万元，以后每年净收益增长2%，从第8年开始，净收益保持稳定，该宗房地产的报酬率为7%。则该宗房地产的现时收益价格为（   ）万元。

A. 85.45　　　　　B. 87.16　　　　　C. 88.50　　　　　D. 88.90

15. 某宗房地产收益期限为50年的价格为5000元/m²，报酬率为8.5%，该宗房地产30年的价格为（   ）元/m²。

A. 4915.38　　　　　B. 4646.04　　　　　C. 4567.41　　　　　D. 4021.92

16. 某宗土地50年使用权的价格为1000万元，现探测其地下有铜矿资源，该铜矿资源的价值为500万元。若土地报酬率为7%，则该宗土地30年使用权的价格为（　　　）万元。

  A．899   B．1000   C．1349   D．1500

17．某宗收益性房地产60年土地使用权，报酬率为10%的价格为5000元/m^2，则该宗房地产40年土地使用权，报酬率为12%的价格为（　　　）元/m^2。

  A．4135.47   B．4889.32   C．4917.79   D．4946.27

18．已知某收益性房地产的收益期限为50年，报酬率为8%的价格为4000元/m^2。若该房地产的收益期限为40年，报酬率为6%，则其价格最接近于（　　　）元/m^2。

  A．3816   B．3899   C．4087   D．4920

19．甲房地产尚可使用年限为40年，单价为1050元/m^2，乙房地产尚可使用年限为50年，单价为1100元/m^2，甲、乙的报酬率均为8%，则实际上甲房地产的价格（　　　）乙房地产的价格。

  A．高于   B．低于   C．等于   D．无法确定

20．某宗房地产的收益期限为35年，通过预测得到其未来3年的净收益分别为18万元、19万元、23万元，从未来第4年起，每年净收益为25万元直到收益期限结束。如果该类房地产的报酬率为8%，则该房地产的收益价格最接近（　　　）万元。

  A．276   B．283   C．284   D．291

21．某宗房地产，通过预测得到其未来5年的净收益分别为20万元、19万元、25万元、22万元、28万元，从未来第6年到无穷远，每年净收益均为25万元。如果该类房地产的报酬率为6%，则该房地产的收益价格为（　　　）万元。

  A．406.48   B．416.67   C．425.16   D．686.17

22．某宗房地产的收益年限为40年，预测未来3年的净收益分别为17万元、18万元、19万元，从第4年起，每年的净收益将稳定在20万元左右。如果房地产的报酬率为9%，则该房地产的收益价格为（　　　）万元。

  A．195   B．210   C．213   D．217

23．某宗房地产的收益期限为40年，通过预测未来3年的年净收益分别为15万元、18万元、23万元，以后稳定在每年25万元直到收益期限结束。如果该类房地产的报酬率为8%，则该宗房地产的收益价格最接近于（　　　）万元。

  A．280   B．285   C．290   D．295

24．采用收益法测算房地产价格时，公式 $V = \dfrac{A}{Y} + \dfrac{b}{Y^2}$ 表示（　　　）。

  A．房地产净收益按一固定数额逐年递增 B．房地产净收益按一固定数额逐年递减

  C．房地产净收益按一固定比率逐年递增 D．房地产净收益按一固定比率逐年递减

25．有一房地产，未来第一年净收益为20万元，预计此后各年的净收益会在上一年的基础上增加2万元，收益期为无限年。如果该类房地产资本化率为10%。则该房地产的收益价格为（　　　）万元。

  A．400   B．450   C．500   D．540

26. 预计某宗房地产未来第一年的净收益为18万元，此后每年的净收益会在上年的基础上增加1万元，收益期限可视为无限年。如果该类房地产的报酬率为10%，则该房地产的收益价格为（　　）万元。

    A. 370　　　　　　B. 280　　　　　　C. 210　　　　　　D. 200

27. 预计某宗房地产未来第一年的净收益为30万元，此后每年的净收益会在上一年的基础上减少2万元，则该宗房地产的合理经营期限为（　　）年。

    A. 13　　　　　　　B. 15　　　　　　　C. 16　　　　　　　D. 17

28. 预计某宗房地产未来第一年的净收益为38万元，此后每年的净收益会在上一年的基础上减少2万元。如果该类房地产的报酬率为6%，则该宗房地产的收益价格为（　　）万元。

    A. 86.86　　　　　B. 80.47　　　　　C. 65.50　　　　　D. 261.40

29. 用收益法计算房地产价格，若第t年净收益为$a(1+g)^{t-1}$，年限为n，净收益增长率g与报酬率y相等，则房地产价格$V=$（　　）。

    A. 0　　　　　　　B. $an/(1+Y)$　　　C. an　　　　　　D. ∞

30. 某宗房地产预计未来第一年的总收益和总费用分别为12万元和7万元，此后分别逐年递增2%和1%。如果该类房地产的报酬率为8%，则该房地产的价格为（　　）万元。

    A. 100　　　　　　B. 77　　　　　　　C. 63　　　　　　　D. 42

31. 某宗房地产是在政府有偿出让的土地上建造的，土地使用权剩余年限为40年，不可续期。预计房地产未来第一年的净收益为20万元，此后每年的净收益会在上一年的基础上增长2%。如果该类房地产的报酬率为9%，则该宗房地产的收益价格为（　　）万元。

    A. 164.38　　　　B. 265.63　　　　C. 285.71　　　　D. 290.62

32. 某宗房地产收益年限为30年，通过预测未来第一年的净收益为16万元，此后每年的净收益在上一年基础上的增长率等于房地产的报酬率。如果该房地产的报酬率为6%，则该宗房地产的收益价格为（　　）万元。

    A. 452.83　　　　B. 365.82　　　　C. 220.24　　　　D. 129.71

33. 预计某宗房地产未来第一年的有效毛收入为18万元，运营费用为10万元，此后每年的有效毛收入会在上一年的基础上增长5%，运营费用增长2%，收益期限可视为无限年。如果该类房地产的报酬率为8%，则该宗房地产的收益价格为（　　）万元。

    A. 566.67　　　　B. 633.33　　　　C. 667.67　　　　D. 433.33

34. 预计某宗房地产未来每年的有效毛收入不变为18万元，运营费用第一年为9万元，此后每年会在上一年的基础上增长2%，则该类房地产的合理经营期限应为（　　）年。

    A. 34　　　　　　　B. 35　　　　　　　C. 36　　　　　　　D. 37

35. 有一房地产，未来第一年的净收益为20万元，预计此后各年的净收益会在上一年的基础上增加2%，该类房地产的报酬率为10%，则其无限年期的价格为（   ）万元。

    A. 250　　　　　　B. 270　　　　　　C. 285.71　　　　　D. 292

36. 某宗收益性房地产，预测未来3年的净收益均为100万元／年，3年后的出售价格会上涨12%，届时转让税费为售价的6%，房地产的报酬率为9%。则该房地产目前的价值为（   ）万元。

    A. 923　　　　　　B. 1111　　　　　C. 1353　　　　　　D. 1872

37. 某宗房地产2012年6月的净收益为300万元，预测未来3年的年净收益仍然保持在这一水平，3年后转售时的价格比2012年6月上涨10%，转售时卖方应缴纳的税费为售价的6%。如果该类房地产的报酬率为9%，则该宗房地产目前的收益价格为（   ）万元。

    A. 5730.14　　　　B. 3767.51　　　　C. 3676.51　　　　D. 3548.02

38. 某宗房地产现行的价格为4000元/m²，年净收益为200元/m²，报酬率为6%。现获知该地区将兴建一座大型的现代化火车站，该火车站将在5年后建成投入使用，到那时该地区将达到城市现有火车站地区的繁荣程度，在该城市现有火车站地区，同类房地产的价格为6000元/m²。预计新火车站建成投入使用后，新火车站地区该房地产的价格将达到6000元/m²。则在获知兴建火车站后的该宗房地产的价格为（   ）元／时。

    A. 5730　　　　　B. 5326　　　　　C. 5000　　　　　　D. 6000

39. 某出租旧办公楼的租约尚有3年到期，在此后3年的租期中，每年可获得净收益180万元，到期后要拆除作为商业用地。预计作为商业用地的价值为2000万元，拆除费用为150万元，该类房地产的报酬率为6%。则该旧办公楼的价值为（   ）万元。

    A. 1553　　　　　B. 1679　　　　　C. 1850　　　　　　D. 2034

40. 采用安全利率加风险调整值法确定报酬率的基本公式为（   ）。

    A. 报酬率＝无风险报酬率+投资风险补偿率－投资带来的优惠

    B. 报酬率＝无风险报酬率+投资风险补偿率+管理负担补偿率+投资带来的优惠

    C. 报酬率＝无风险报酬率+投资风险补偿率+管理负担补偿率+通货膨胀补偿－投资带来的优惠

    D. 报酬率＝无风险报酬率+投资风险补偿率+管理负担补偿率+缺乏流动性补偿率－投资带来的优惠

41. 在建筑物剩余经济寿命晚于土地使用权剩余期限结束的情况下，且不可续期。房地产的价值等于（   ）为收益期限计算的房地产价值。

    A. 建筑物经济寿命　　　　　　　　　B. 土地使用权年限

    C. 建筑物剩余经济寿命　　　　　　　D. 土地使用权剩余期限

42. 报酬率的表达式为（   ）。

    A．投资回报／所投入的资本

    B．投资回收／所投入的资本

    C．（投资回报＋投资回收）／所投入的资本

    D．（投资回收－投资回报）／所投入的资本

43. 某商场建成于2007年10月，收益期限从2007年10月到2047年10月，预计未来正常运行年潜在毛收入为120万元，年平均空置率20%，年运营费用50万元。目前该类物业无风险报酬率为5%，风险报酬率为安全利率的60%，则该商场在2012年10月的价值最接近于（   ）万元。

    A．536   B．549   C．557   D．816

44. 某宗房地产的收益期限和土地使用权都为40年，至今都已使用5年，预计该宗房地产未来正常运行年有效毛收入为100万元，运营费用为20万元，无风险报酬率为5%，风险补偿率为安全利率的60%，该房地产的收益价格为（   ）万元。

    A．1372.73   B．1309.94   C．953.97   D．932.37

45. 直接资本化法通常是采用（   ）的预期收益。

    A．价值时点   B．未来第一年

    C．收益期内的算术平均数   D．收益期内的中位数

46. 有效毛收入乘数是估价对象房地产的（   ）除以其有效毛收入所得的倍数。

    A．价格   B．租金   C．潜在毛收入   D．净收益

47. 资本化率是（   ）的倒数。

    A．毛租金乘数   B．潜在毛租金乘数

    C．有效毛收入乘数   D．净收益乘数

48. 忽略了房地产租金以外的收入和不同房地产空置率和运营费用的差异，是（   ）的缺点。

    A．毛租金乘数法   B．潜在毛租金乘数法

    C．有效毛收入乘数法   D．净收益乘数法

49. （   ）不但考虑房地产租金以外的收入，还考虑了房地产的空置率。

    A．毛租金乘数法   B．潜在毛收入乘数法

    C．有效毛收入乘数法   D．净收益乘数法

50. 某宗房地产已使用5年，现土地价值为50万元，建筑物重置价格为80万元，房地产每年的净收益为11万元，土地资本化率为8%，建筑物资本化率为10%，则该宗房地产的价值为（   ）万元。

    A．130.0   B．119.2   C．117.5   D．120.0

51. 某宗房地产净收益每年50万元，建筑物价值200万元，建筑物资本化率为12%，土地资本化率为10%，则该宗房地产的土地价值为（   ）万元。

A. 260　　　　　B. 450　　　　　C. 460　　　　　D. 500

52. 某商品住宅总价为98万元，首付款为30%，其余为抵押贷款，贷款期限为15年，按月等额还本利息，贷款年利率为7.5%，自有资金资本化率为8%。则其综合资本化率为（　　　）。

A. 7.65%　　　　B. 8.75%　　　　C. 9.42%　　　　D. 10.19%

53. 某宗房地产的用地通过有偿出让方式获得，建设用地使用权年限为50年，已使用10年，建筑物剩余经济寿命为55年。出让合同约定建设用地使用权期间届满需要无偿收回建设用地使用权时，建筑物也无偿收回。预计该宗房地产正常情况下每年可获得净收益8万元，报酬率为8%，则该房地产的收益价格为（　　　）万元。

A. 95.40　　　　B. 97.87　　　　C. 98.55　　　　D. 99.33

54. 有一房地产，未来第一年净收益为20万元，预计此后各年的净收益会在上一年的基础上增加2万元，收益期为无限年，该类房地产报酬率为10%，则该房地产的收益价格为（　　　）万元。

A. 400　　　　　B. 450　　　　　C. 500　　　　　D. 540

55. 某商铺的租赁期为15年，租金按每年5%的比例递增，第1年的租金为1万元，租金于每年的年初收取，报酬率为8%，则该商铺15年租金收入的现值为（　　　）万元。

A. 11.41　　　　R.11.49　　　　C. 12.41　　　　D. 12.49

二、多项选择题（每题的备选答案中有两个或两个以上答案符合题意）

1. 在英国，根据净收益求取方式的不同，收益法可分为（　　　）。

A. 直接资本化法　　B. 投资法　　C. 收益乘数法　　D. 利润法

E. 动态分析法

2. 预期原理是（　　　）等估价方法的理论依据。

A. 比较法　　　B. 收益法　　　C. 成本法　　　D. 假设开发法

E. 路线价法

3. 收益性房地产的价值高低主要取决于（　　　）。

A. 已经获得净收益的大小　　　　B. 未来获得净收益的风险

C. 未来获得净收益的大小　　　　D. 目前总收益的大小

E. 未来获得净收益期限的长短

4. 收益性房地产包括（　　　）。

A. 未出租的餐馆　　B. 旅店　　C. 加油站　　D. 农地

E. 未开发的土地

5. 收益性房地产估价需要具备的条件是房地产的（　　　）都能够较准确的量化。

A. 收益　　　B. 经营方式　　　C. 收益年限　　　D. 市场状况

E. 风险

6. 甲、乙两块土地，其区位及实物状况都基本一样。甲地块土地单价为506元/m²，容积率为1.5，土地使用年限为50年；乙地块土地单价为820元/m²，容积率为2.4，土地使用年限为70年。在用楼面地价来判断甲、乙两地块的投资价值时，若土地报酬率为8%，则下列表述中正确的有（　　）。

A. 乙地块比甲地块贵

B. 甲地块的70年使用权楼面地价低于341.67元/m²

C. 甲地块与乙地块的楼面地价相等

D. 甲地块比乙地块贵

E. 乙地块的70年使用权楼面价高于340元/m²

7. 未来净收益流的类型有（　　）。

A. 每年基本上固定不变

B. 每年基本上按某一个固定的数额递增或递减

C. 每年基本上按某一个固定的比率递增或递减

D. 其他有规则的变化情形

E. 每年根据市场价格变化而变化

8. 从估价角度出发，收益性房地产的运营费用不包含（　　）等。

A. 房地产改扩建费用　　　　B. 抵押贷款还本付息额

C. 房屋设备折旧费　　　　　D. 所得税

E. 房屋装修折旧费

9. 净收益的测算途径可分为（　　）。

A. 基于租赁收入测算净收益　　B. 基于营业收入测算净收益

C. 基于销售收入测算净收益　　D. 基于期末转售收益

E. 基于商业经营收入测算净收益

10. 净收益是从潜在毛租金收入和其他收入中扣除（　　）以后得到的归因于房地产的收入。

A. 有效毛收入　　　　　　　B. 空置和收租损失

C. 运营费用　　　　　　　　D. 抵押贷款还本付息

E. 所得税

11. 可用于报酬资本化法中转换为价值的收入或收益有（　　）。

A. 潜在毛租金收入　　　　　B. 有效毛收入

C. 净运营收益　　　　　　　D. 税前现金流量

E. 税后现金流量

12. 在运用收益法计算净收益时，要考虑房地产的（　　）。

A. 客观收益　　　　　　　　B. 实际收益

C. 有形收益　　　　　　　　D. 无形收益

E. 潜在收益

13. 某写字楼因有一大型跨国公司入住，致使其声誉提高，收益有较大增加，由此带来的新增收益属于（　　　）。

    A. 有形收益　　　　　　　　　　B. 无形收益

    C. 正常收益　　　　　　　　　　D. 实际收益

    E. 广告收益

14. 收益期限是估价对象自价值时点起至预期未来可以获取收益的时间。它应根据建筑物的（　　）来确定。

    A. 自然寿命　　　B. 经济寿命　　　C. 剩余经济寿命　　　D. 土地使用权期限

    E. 土地使用权剩余期限

15. 收益法中确定报酬率的基本方法有（　　　）。

    A. 市场提取法　　　　　　　　　B. 累加法

    C. 指数调整法　　　　　　　　　D. 投资报酬率排序插入法

    E. 收益乘数法

16. 在 $V = (a/r)\left[1 - 1/(1+r)^n\right]$ 的情况下，采用市场提取法求取资本化率，要用到（　　　）。

    A. 试错法　　　B. 移动平均法　　　C. 曲线拟合法　　　D. 线性内插法

    E. 指数修匀法

17. 收益乘数是房地产的价格除以其某种年收益所得的倍数，包括（　　　）。

    A. 毛租金乘数　　　B. 利润乘数　　　C. 净收益乘数　　　D. 销售收入乘数

    E. 总收益乘数

18. 毛租金乘数法的优点是（　　　）。

    A. 方便易行，在市场上较容易获得房地产的售价和租金资料

    B. 由于在同一市场、同一房地产的租金和售价同时受相同的市场力的影响，因此毛租金乘数是一个比较客观的数值

    C. 忽略了房地产租金以外的收入

    D. 避免了由于多层次估算可能产生的各种误差的累计

    E. 忽略了不同房地产空置率和运营费用

19. 直接资本化法的优点是（　　　）。

    A. 指明了房地产的价值是其未来各期净收益的现值之和

    B. 通常只需要测算未来第一年的收益

    C. 每期的净收益或现金流量都是明确的，直观且容易理解

    D. 资本化率或收益乘数直接来源于市场所显示的收益与价值的关系

    E. 计算过程较为简单

20. 剩余技术有（　　　）。

    A. 建筑物剩余技术　　　　　　　B. 土地剩余技术

    C. 市场剩余技术　　　　　　　　　　D. 房地产剩余技术

    E. 抵押贷款剩余技术

三、判断题

1. 收益法以预期原理为基础。预期原理说明，决定房地产当前价值的，重要的不是过去的因素而是现在的因素。（　　　）

2. 利率是指单位时间内的利息与本金的比率。（　　　）

3. 报酬资本化法是房地产的价值等于其未来各期净收益之和，具体是预测估价对象未来各期的净收益（净现金流量），然后累加，以此计算估价对象的客观合理价格或价值的方法。（　　　）

4. 对于投资者来说，将资金购买房地产获取收益，与将资金存入银行获取利息所起的作用是等同的。（　　　）

5. 资金的时间价值又称货币的时间价值，是指现在的资金与将来同样多的资金相比，资金的价值是相同的，只是时间上的不一致。（　　　）

6. 获得净收益期限的时间越长，房地产的价值就越高，反之就越低。（　　　）

7. 收益法适用的对象是具有收益或潜在收益的房地产，如住宅、写字楼、标准厂房、仓库、农地、办公楼等。（　　　）

8. 收益法估价需要具备的条件是房地产的收益和报酬率（折现率）都能够准确的量化。（　　　）

9. 在计算整体房地产的价值时，期末转售收益是指在房地产持有期末转售房地产并扣减抵押贷款余额之后的收益。（　　　）

10. 甲、乙是两块条件相同的相邻地块，甲土地单价为1400元/m²，容积率为4，土地使用年限为40年；乙土地单价为900元/m²，容积率为2.5，土地使用年限为50年。则以楼面地价来判断，投资甲地块较乙地块更经济（土地报酬率为6%）。（　　　）

11. 预计某宗房地产的年净收益为2万元，且该房地产尚可使用15年，房地产的报酬率为8%，则房地产的收益价格为17万元。（　　　）

12. 某宗房地产的收益期限为无限年，预计每年的有效毛收入稳定为16万元，运营费用未来第一年为8万元，此后每年的净收益会在上一年的基础上递增2%。该类房地产的报酬率为10%，则该宗房地产的收益价格为60万元。（　　　）

13. 某写字楼预计持有两年后出售，持有期的净收益每年216万元，出售时的价格为5616万元，资本化率为8%，则该写字楼目前的收益价格为5200万元。（　　　）

14. 某宗房地产的收益年限为无限年，预计其未来第一年的总收益和总费用分别为30万元和8万元，此后每年的总收益和总费用会在上一年的基础上增加2%，该类房地产的报酬率为r_o%，则该宗房地产的收益价格为275万元。（　　　）

15. 预计某宗房地产未来第一年的净收益为38万元，此后每年的净收益将在上一年的基础上减少3万元，则该宗房地产的合理经营期限为12年。（　　　）

16. 收益法的雏形是用若干年的年地租来表示土地价值的早期购买年法，即地价＝年地租×购买年。（　　　）

17. 运营费用是从估价角度出发的，与会计上的成本费用有所不同，不包含房地产抵押贷款还本付息额、房地产折旧额、房地产改扩建费用和所得税。（　　　）

18. 应用收益法评估出租型房地产价格时，净收益的确定必须从租赁收入中扣除维修费、管理费、保险费、房地产税、租赁代理费等。（　　　）

19. 用收益法估算某大型商场的价值时，其净收益为商场销售收入扣除商品销售成本、经营费用、销售税金及附加、管理费用、财务费用后的余额。（　　　）

20. 商业经营的房地产的净收益为商品销售收入扣除商品销售成本、经营费用、商品销售税金及附加、管理费用、财务费用和商业利润。（　　　）

21. 工业生产的房地产的净收益为产品销售收入扣除生产成本、产品销售费用、产品销售税金及附加、管理费用、财务费用和厂商利润。（　　　）

22. 对于相同的房地产，有租约限制下的价值、无租约限制下的价值和承租人权益的价值三者之间的关系为：有租约限制下的价值＝无租约限制下的价值－承租人权益的价值。（　　　）

23. 房地产的净收益可分为有形收益和无形收益。在计算净收益时不仅要包括有形收益，而且要考虑各种无形收益。如果无形收益已通过有形收益得到体现，则不应再单独考虑，以免重复计算。（　　　）

24. 在建筑物剩余经济寿命早于土地使用权剩余期限结束的情况下，房地产的价值等于以建筑物剩余经济寿命为收益期限计算的房地产价值，加上建筑物剩余经济寿命结束后的剩余期限土地使用权在价值时点的价值。（　　　）

25. 在建筑物剩余经济寿命晚于土地使用权剩余期限结束的情况下，出让合同已约定不可续期的，应以建筑物剩余经济寿命为收益期限。（　　　）

26. 投资回报是指所投入资本的回收，即保本。（　　　）

27. 两宗房地产的净收益相等，但其中一宗房地产获取净收益的风险小，从而要求的报酬率高，另一宗房地产获取净收益的风险大，从而要求的报酬率低。（　　　）

28. 报酬率与投资风险正相关，风险大的投资，其报酬率也高，反之则低。（　　　）

29. 由于在现实中不存在完全无风险的投资，所以一般选用同一时期相对无风险的报酬率去代替无风险报酬率，如选用同一时期的国债利率或银行贷款利率去代替无风险的报酬率。（　　　）

30. 市场提取法计算出的报酬率反映的是人们头脑中过去而非未来的风险判断，它可能不是估价对象未来各期收益风险的可靠指标。（　　　）

31. 不同地区、不同时期、不同性质、不同用途的房地产，同一类型房地产的不同权益、不同收益类型，由于投资的风险不同，报酬率是不尽相同的。因此，在估价中并不存在一个统一不变的报酬率数值。（　　　）

32. 为帮助房地产开发商进行投资决策，应用收益法对拟开发的项目进行投资价值评估时，应采用与该项目风险程度相对应的社会一般收益率作为折现率的选取标准。（　　　）

33. 报酬率是典型投资者在房地产投资中所要求的报酬率，因为具有同等风险的任何投资的报酬率应该是相近的。（　　　）

34. 潜在毛收入是假定房地产在充分利用、无空置（即100%出租）情况下，所获得的房地产的总收入。（　　　）

35. 净收益乘数是房地产的价格除以其年净收益所得的倍数。（　　　）

36. 资本化率与报酬率都是将房地产的净收益转换为价值的比率，但两者有很大的区别。（　　　）

37. 毛租金乘数法一般适用于估价对象资料不充分或精度要求不高的估价。（　　　）

38. 净收益乘数法能提供更可靠的价值测算，因而通常直接采用净收益乘数法形式，转换为价值的形式。（　　　）

39. 资本化率和报酬率都是将房地产的未来预期收益转换为价值的比率，前者是某种年收益与其价格的比率，后者是用来除一连串的未来各期净收益，以求得未来各期净收益现值的比率。（　　　）

40. 对于同一地区、同一时期的房地产，其资本化率相同。（　　　）

41. 土地剩余技术对于检验建筑物相对于土地是否规模过大或过小很有用处。（　　　）

42. 抵押贷款剩余技术对测算抵押房地产的自有资金权益价值特别有用。（　　　）

43. 抵押贷款剩余技术是已知抵押贷款金额情况下计算自有资金的剩余技术。（　　　）

4.3　成本法

4.3.1　成本法的含义

成本法，是根据估价对象的重新购建价格来求取估价对象价值的方法；是求取估价对象在价值时点的更新购建价格和建筑物折旧，然后将重新购建价格减去建筑物折旧来求取估价对象价值的方法。所谓重新购建价格，是指假设在价值时点重新取得全新状况的估价对象的必要支出，或者重新开发建设全新状况的估价对象的必要支出和应得利润。所谓建筑物折旧，是指各种原因造成的建筑物价值损失，其金额为建筑物在价值时点的市场价值与在价值时点的重新购建价格之差。重点是以房地产价格各个构成部分的累加为基础来求取房地产价值的方法，即先把房地产价格分解为各个构成部分，然后分别求取各个构成部分，再将各个构成部分相加。

成本法的本质是以房地产的重新开发建设成本为导向来求取房地产的价值。通常把成本法求得的价值称为积算价格。成本法优点是房地产价值能让人们"看得见"。

4.3.2 成本法的理论依据

成本法的理论依据是生产费用价值论。

从买方的角度看，房地产价格是基于其社会上的"生产费用"，类似于"替代原理"，是买方愿意支付的最高价格不能高于他预计更新开发建设该房地产的必要支出，如果高于该支出，买方还不如自己开发建设（或者委托别人开发建设）。

4.3.3 成本法适用的估价对象和条件

1．成本法适用的估价对象

成本法适用于新近开发建设完成的房地产（简称新开发的房地产）、可以假设重新开发建设的现有房地产（简称旧的房地产）、正在开发建设的房地产（即在建工程）、计划开发建设的房地产，都可以采用成本法估价。在房地产保险（包括投保和理赔）及其他房地产损害赔偿中，采用成本法估价。因为在保险事故发生后或其他损失中，房地产的损毁通常是建筑物的局部，需要将其恢复到原状，对于发生建筑物全部损毁的，有时也需要采取重新建造的办法来解决。成本法一般适用于评估那些可独立开发建设的整体房地产的价值。当采用成本法评估局部房地产的价值时，例如评估某幢住宅楼中的某套住宅的价值，通常是先评估该住宅楼平均每单位面积的价值，然后在此基础上进行楼层、朝向、装饰装修等因素调整后才可得到该套住宅的价值。成本法主要适用于评估建筑物是新的或者比较新的房地产的价值，不适用于评估建筑物过于老旧的房地产的价值。

2．成本法估价需要具备的条件

现实中的房地产价格特别是具体一宗房地产的价格，直接取决于其效用而非花费的成本，成本的增加一定要对效用的增大有所作用才能构成价格。

利用成本法时注意以下3个问题：一是应采用客观成本而不是实际成本。可以将房地产成本区分为实际成本和客观成本。实际成本也称为个别成本，是指某个具体的房地产开发商的实际花费。客观成本也称为正常成本，是指假设重新开发建设时大多数房地产开发商的一般花费。二是应在客观成本的基础上结合市场供求分析进行调整。当房地产市场供大于求时，应在客观成本的基础上调低评估价值；供小于求时，应在客观成本的基础上调高评估价值。三是应在客观成本的基础上结合选址、规划设计等的分析进行调整。在运用成本法评估这类房地产（选址过偏）价值时还应进行适当的减价调整。折旧中之所以有功能折旧、经济折旧，就是出于上述二、三两个方面的考虑。即在这些情况下，评估价值等于客观成本减去功能折旧、经济折旧。

成本法估价还要求房地产估价人员具有的建筑一定的工程、建筑材料、设备、装饰装修、工程造价等方面的专业知识。成本法评估出的价值一般是房地产所有权的价值，在中国可视为房屋所有权和在价值时点剩余使用期限的土地使用权的价值。

3．成本法估价的操作步骤

运用成本法估价一般分为以下4个步骤进行：①弄清估价对象房地产的价格构成，搜集相关资料；②测算重新购建价格；③测算建筑物折旧；④求取积算价格。

4.3.4　房地产价格的构成

以房地产开发商取得房地产开发用地进行房屋建设，然后销售所建成的商品房这种典型的房地产开发经营方式为例。

1．土地取得成本

土地取得成本的构成因取得房地产开发用地的途径不同而不同。取得房地产开发用地的途径可归纳为以下3类情况：①通过市场购买取得；②通过征收集体土地取得；③通过城市房屋征收取得。

（1）市场购买下的土地取得成本

在完善、成熟的土地市场下，土地取得成本一般是由购买土地的价款和应当由买方（在此为房地产开发商）缴纳的税费构成。土地取得成本主要由下列几项组成：

1）土地使用权购买价格，一般是采用比较法求取，也可以采用基准地价修正法、成本法求取。

2）买方应当缴纳的税费，包括契税、印花税、交易手续费等，通常是根据税法及中央和地方政府的有关规定，按照土地使用权购买价格的一定比例来测算。

例如，某宗面积为5000m^2的房地产开发用地，市场价格（楼面地价）为800元/m^2，容积率为2，受让人需按照受让价格的3%缴纳契税等税费，则土地取得成本为：

$800 \times 5000 \times 2 \times （1+3\%）=824$万元

（2）征收集体土地下的土地取得成本

1）征地补偿安置费用，也称为征地补偿费用，一般由以下4项费用组成：①土地补偿费；②安置补助费；③地上附着物和青苗的补偿费；④安排被征地农民的社会保障费用。这些费用一般是根据有关规定的标准或者采用比较法求取。

2）相关税费，一般包括以下4项税费：①征地管理费；②耕地占用税；③耕地开垦费；④新菜地开发建设基金。这些税费一般是依照有关规定的标准求取。

3）土地使用权出让金等土地有偿使用费，一般是依照有关规定的标准或采用比较法求取。

（3）城市房屋征收下的土地取得成本

1）房屋征收补偿安置费用，一般由以下5项费用组成：①被征收房屋的房地产市场价格；②被征收房屋室内自行装饰装修的补偿金额；③搬迁补助费；④安置补助费；⑤征收非住宅房屋造成停产停业的补偿费。这些费用一般是采用比较法或根据有关规定的标准求取。

2）相关费用，一般包括以下4项费用：①房屋征收管理费；②房屋征收服务费；③房屋征收估价费；④房屋拆除和渣土清运费。

这些费用一般是依照有关规定的标准或采用比较法求取。

2．开发成本

开发成本是指在取得的房地产开发用地上进行基础设施建设、房屋建设所必要的直接费用、税金等，主要包括下列几项：

（1）勘察设计和前期工程费，例如市场调查，可行性研究、工程勘察、环境影响评价、规划及建筑设计、建设工程招投标、施工的通水、通电、通路、场地平整及临时用房等开发项目前期工作所必要的费用。要注意场地平整等费用与前面的土地取得成本的衔接，如果土地取得成本中包含了房屋拆除费（拆除房屋和清运渣土等费用）或者取得的房地产开发用地是"七通一平"等场地平整的熟地，则在此就没有或者只有部分场地平整等费用。

（2）建筑安装工程费，包括建造商品房及附属工程时发生的土建工程费用、安装工程费用、装饰装修工程费用等。附属工程是指房屋周围的围墙、水池、建筑小品、绿化等。要注意避免与下面的基础设施建设费、公共配套设施建设费重复。

（3）基础设施建设费，包括城市规划要求配套的道路、给水排水（给水、雨水、污水、中水）、电力、燃气、热力、电信、有线电视等设施的建设费用。如果取得的房地产开发用地是熟地，则基础设施建设费已部分或全部包含在土地取得成本中，在此就只有部分基础设施建设费或者没有基础设施建设费。

（4）公共配套设施建设费，包括城市规划要求配套的教育、医疗卫生、文化体育（如文化活动中心）、社区服务、市政公用（如公共厕所）等非营业性设施的建设费用。

（5）其他工程费，包括工程监理费、竣工验收费等。

（6）开发期间税费，包括有关税收和地方政府或其有关部门收取的费用，如绿化建设费、人防工程费等。

可以将上述开发成本划分为土地开发成本和建筑物建设成本。其中，开发成本中本质上应归属于土地价值的基础设施建设费等费用，属于土地开发成本；开发成本减去土地开发成本后的余额，属于建筑物建设成本。

3．管理费用

管理费用是指房地产开发商为组织和管理房地产开发经营活动所必要的费用，包括房地产开发商的人员工资及福利费、办公费、差旅费等。

4．销售费用

销售费用也称为销售成本，是指预售未来开发完成的房地产或者销售已经开发完成的房地产所必要的费用，包括广告费、销售资料制作费、样板房或样板间建设费、售楼处建设费、销售人员费用或者销售代理费等。

5．投资利息

（1）投资利息的含义

投资利息是指在房地产开发完成或实现销售之前发生的所有必要费用应计算的利息，而不仅是借款的利息和手续费。因此，土地取得成本、开发成本、管理费用和销售费用，无论它们是来自借贷资金还是自有资金，均要计算利息。资金是一种稀缺的资源，根据机会成本的概念，资金被占用之后就失去了获得其他收益的机会。此外，从估价的角度看，为了使评估出的价值客观合理，也要把房地产开发商的自有资金应获得的利息与其应获得的利润分开，不能算作开发利润。

（2）投资利息的计算

计算投资利息具体需要把握下列6个方面：

1）应计息的项目

应计息的项目包括土地取得成本、开发成本、管理费用和销售费用。销售税费一般不计算利息。

2）计息周期

计息周期是计算利息的单位时间。计息周期可以是年、半年、季、月等，通常为年。

3）计息期的长短

计算投资利息的一项基础工作是要估算开发期。在成本法中，开发期的起点一般是取得房地产开发用地的日期，终点是估价对象开发完成的日期，并由于一般是假设估价对象在价值时点时开发完成，所以开发期的终点一般是价值时点。当估价对象为现房的，一般是假设估价对象在价值时点时竣工验收完成。例如，采用成本法评估某幢旧写字楼现在的价值，根据现在开发建设类似写字楼从取得土地到竣工验收完成正常需要24个月，则估算该写字楼的开发期应为24个月。虽然该写字楼早已建成，但成本法估价要假设该写字楼是在价值时点时建成，这就相当于在24个月前就开始取得土地。

估算开发期可以采用类似于比较法的方法，即通过类似房地产已发生的开发期的比较、修正和调整来求取。有了开发期之后，便可以估计土地取得成本、开发成本、管理费用、销售费用在该开发期间发生的时间及发生的金额。土地取得成本、开发成本、管理费用、销售费用等的金额，均应按照它们在价值时点（在此假设为现在）的正常水平来估算，而不是按照它们在过去发生时的实际或正常水平来估算。

需要说明的是，有些费用不是集中在一个时点发生，而是分散在一个时期内发生（如在一段时间内持续发生），但计息时通常将其假设为在所发生的时间段内均匀发生，并具体视为集中发生在该时间段的期中。

4）计息方式

计息方式有单利和复利两种。在单利计息下，每期的利息是常数。如果用P表示本金，i表示利率，n表示计息周期数，I表示总利息，F表示计息期末的本利和，则有：

$I = P \times i \times n$

$F = P (1 + i \times n)$

复利是指以上一期的利息加上本金为基数计算当期利息的方法。在复利计息下，不仅本金要计算利息，利息也要计算利息，即通常所说的利滚利。

复利的本利和计算公式为：$F = P (1 + i)^n$

假设i_1为单利利率，i_2为复利利率，并令n期末单利计息与复利计息的本利和相等，即：

$$P \times (1 + i_1 \times n) = P \times (1 + i_2)^n$$

可以得出单利计息与复利计息两不吃亏的利率关系如下：

$$i_1 = \frac{(1 + i_2)^n - 1}{n} \tag{4-82}$$

5）名义利率和实际利率

在复利计息下，当利率的时间单位与计息周期不一致时，例如，利率的时间单位为一年，而计息周期为半年、季、月、周或天等，出现了名义利率和实际利率（也称为有效利率）的概念。假设名义年利率为r，一年中计息m次，则每次计息的利率为r/m，至n年末时，在名义利率下的本利和为：$F = P(1 + r/m)^{n \times m}$ (4-83)

如果每半年计息1次，则$m=2$；每季度计息1次，则$m=4$；每月计息1次，则$m=12$。

要找出名义利率与实际利率的关系，可以通过令一年末名义利率和实际利率的本利和相等来解决。在名义利率下的一年末本利和为：$F = P(1 + r/m)^m$ (4-84)

令一年末名义利率与实际利率的本利和相等，即：$P(1 + i) = P(1 + r/m)^m$

由上述等式可以得出名义利率与实际利率的关系如下：$i = (1 + r/m)^m - 1$ (4-85)

例如，年利率为6%，存款额为1000元，存款期限为1年，如果按一年6%的利率计息1次，按半年3%（6%÷2）的利率计息2次，按季1.5%（6%÷4）的利率计息4次，按月0.5%（6%÷12）的利率计息12次，则在这4种情况下的本例和分别如下：

一年计息1次：$F = 1000 \times (1 + 6\%) = 1060.00$元

一年计息2次：$F = 1000 \times (1 + 3\%)^2 = 1060.90$元

一年计息4次：$F = 1000 \times (1 + 1.5\%)^4 = 1061.36$元

一年计息12次：$F = 1000 \times (1 + 0.5\%)^{12} = 1061.68$元

6. 销售税费

销售税费是指预售未来开发完成的房地产或者销售已经开发完成的房地产应由卖方（在此为房地产开发商）缴纳的税费，可分为下列两类：

（1）销售税金及附加，包括增值税、城市维护建设税和教育费附加。

（2）其他销售税费，包括印花税、交易手续费等。销售税费一般是按照售价的一定比例收取。

这里的销售税费不包括应由买方缴纳的契税等税费，因为评估价值是建立在买卖双方各自缴纳自己应缴纳的交易税费下的价值。为便于实际估价中正常开发利润率的调查、估计，销售税费一般也不包括应由卖方缴纳的土地增值税、企业所得税。

7. 开发利润

开发利润是指房地产开发商（业主）的利润。现实中的开发利润是一种结果，是由销售收入（售价），减去各项成本、费用、税金后的余额。"售价"是未知的，是需要求取的，成本法中开发利润则是典型的房地产开发商进行特定的房地产开发所期望获得的利润，是需要事先估算的，因此，运用成本法估价需要先估算出开发利润。

（1）为了与销售税费中不包括土地增值税、企业所得税的口径一致，并得到相对客观合理的开发利润，开发利润是土地增值税、企业所得税前的，简称税前利润，即：

开发利润＝开发完成后的房地产价值－土地取得成本－开发成本－管理费用

$$－销售费用－投资利息－销售税费 \qquad (4-86)$$

（2）开发利润是该类房地产开发项目在正常条件下房地产开发商所能获得的平均利润。

（3）开发利润通常按照一定基数乘以相应的利润率来估算。

1）计算基数＝土地取得成本＋开发成本，相应的利润率称为直接成本利润率，即：

$$直接成本利润率＝\frac{开发利润}{土地取得成本＋开发成本} \qquad (4-87)$$

2）计算基数＝土地取得成本＋开发成本＋管理费用＋销售费用，相应的利润率称为投资利润率，即：

$$投资利润率＝\frac{开发利润}{土地取得成本＋开发成本＋管理费用＋销售费用} \qquad (4-88)$$

3）计算基数＝土地取得成本＋开发成本＋管理费用＋销售费用＋投资利息，相应的利润率称为成本利润率，即：

$$成本利润率＝\frac{开发利润}{土地取得成本＋开发成本＋管理费用＋销售费用＋投资利息} \qquad (4-89)$$

4）计算基数＝土地取得成本＋开发成本＋管理费用＋销售费用＋投资利息＋销售税费＋开发利润＝开发完成后的房地产价值（售价），相应的利润率称为销售利润率，即：

$$销售利润率＝\frac{开发利润}{开发完成后的房地产价值} \qquad (4-90)$$

在销售利润率的情况下，因为：

开发利润＝房地产价值×销售利润率＝（土地取得成本＋开发成本＋管理费用＋销售费用＋投资利息＋销售税费＋开发利润）×销售利润率

所以：

$$开发利润＝\frac{\left(\begin{array}{c}土地\\取得成本\end{array}＋\begin{array}{c}开发\\成本\end{array}＋\begin{array}{c}管理\\费用\end{array}＋\begin{array}{c}销售\\费用\end{array}＋\begin{array}{c}投资\\利息\end{array}＋\begin{array}{c}销售\\税费\end{array}\right)×销售利润率}{1－销售利润率} \qquad (4-91)$$

（4）利润率是通过大量调查、了解同一市场上类似房地产开发项目的利润率得到的。

将上述房地产价格各个构成部分累加得到的一般是房地产的总价。求取房地产的单价还需要将该总价除以商品房总面积（建筑面积或套内建筑面积等），而不是除以房地产开发项目所有建筑物总面积。另外，利用上述房地产价格构成并在销售利润率的情况下求取房地产价值时，因为：

房地产价值＝土地取得成本＋开发成本＋管理费用＋销售费用＋投资利息＋

销售税费＋开发利润

销售税费＝房地产价值×销售税费率

开发利润＝房地产价值×销售利润率

所以：

房地产价值＝土地取得成本＋开发成本＋管理费用＋销售费用＋投资利息＋

房地产价值×（销售税费率＋销售利润率）

$$房地产价值=\frac{土地取得成本+开发成本+管理费用+销售费用+投资利息}{1-(销售税费率+销售利润率)} \qquad (4-92)$$

4.3.5 成本法的基本公式

1. 成本法最基本的公式

成本法最基本的公式为：房地产价值＝重新购建价格－建筑物折旧 　　　　（4-93）

上述公式可以根据以下两类估价对象而具体化：①新开发的房地产；②旧的房地产。

2. 适用于新开发的房地产的基本公式

新开发的房地产可以分为新开发的房地、新建成的建筑物和新开发的土地三种情况。

（1）适用于新开发的房地的基本公式

在新开发的房地的情况下，成本法的基本公式为：

新开发的房地价值＝土地取得成本＋开发成本＋管理费用＋销售费用

＋投资利息＋销售税费＋开发利润 　　　　（4-94）

（2）适用于新建成的建筑物的基本公式

新建成的建筑物价值为建筑物建设成本及与该建设成本相应的管理费用、销售费用、投资利息、销售税费和开发利润，不应包含土地取得成本、土地开发成本以及与土地取得成本、土地开发成本相应的管理费用、销售费用、投资利息、销售税费和开发利润。因此，测算新建成的建筑物的基本公式为：

新建成的建筑物价值＝建筑物建设成本＋管理费用＋销售费用＋投资利息

＋销售税费＋开发利润 　　　　（4-95）

（3）适用于新开发的土地的基本公式

新开发的土地包括填海造地，开山造地，征收集体土地并进行"三通一平"等基础设施建设和场地平整后的土地，城市房屋征收并进行基础设施改造和场地平整后的土地等。在这些情况下，成本法的基本公式为：

新开发的土地价值＝取得待开发土地的成本＋土地开发成本＋管理费用

＋销售费用＋投资利息＋销售税费＋开发利润 　　　　（4-96）

上述公式中的管理费用、销售费用、投资利息、销售税费和开发利润是与取得待开发土地的成本、土地开发成本相应的部分。此公式又可用图4-5来形象表示。

在实际运用成本法评估新开发的房地产价值时，一般是模拟房地产开发商的房地产开发过程。例如，上述适用于新开发的土地的基本公式，在具体情况下还会有具体形式，其中成片开发完成后的某宗熟地，例如新开发区中某宗土地的估价公式如下：

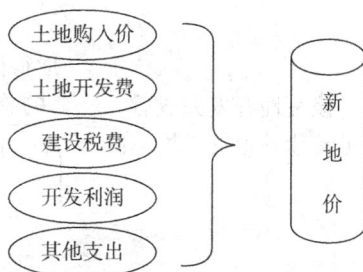

图4-5　成本法评估新开发的土地价值示意图

$$新开发区某宗土地的单价=\frac{取得开发区用地的总成本+土地开发总成本+总管理费用额+销售费用+投资利息+销售税费+开发利润}{开发区用地总面积\times 开发完成后可转让土地面积的比率\times 用途、区位等因素的调整系数}\qquad(4-97)$$

式中

$$开发完成后可转让土地面积的比率=\frac{开发完成后可转让土地总面积}{开发区用地总面积}\times 100\%$$

实际测算分3个步骤：①计算开发区全部部土地的平均价格。②计算开发区可转让土地的平均价格。这是用第一步计算出的平均价格除以可转让土地面积的比率。③计算开发区某宗土地的价格。这是将第二步计算出的平均价格，根据宗地的规划用途、具体位置、使用期限、容积率等作适当的增减价调整。新开发区土地的分宗估价，成本法是一种有效的方法。

【例4-42】某成片荒地面积2km^2，取得该荒地的代价为1.2亿元，将其开发成"五通一平"熟地的开发成本和管理费用为2.5亿元，开发期为3年，贷款年利率为8%，销售费用、销售税费和开发利润分别为可转让熟地价格的2%、5.5%和10%，开发完成后可转让土地面积的比率为60%。请求取该荒地开发完成后可转让熟地的平均单价（假设开发成本和管理费用在开发期内均匀投入，开发完成即开始销售，销售费用在开发完成时投入）。

【解】求取该荒地开发完成后可转让熟地平均单价的过程如下：

$$该荒地开发完成后可转让熟地的总价=取得该荒地的总代价+土地开发总成本+总管理费用+总投资利息+总销售税费+总开发利润$$

$$=取得该荒地的总代价+土地开发总成本+总管理费用+总投资利息+可转让熟地的总价\times 销售费用、销售税费和开发利润的比率$$

得出：

$$该荒地开发完成后可转让熟地的总价=\frac{取得该荒地的总代价+土地开发总成本+总管理费用+总投资利息}{1-销售费用、销售税费和开发利润的比率}$$

$$\frac{\text{该荒地开发完成后}}{\text{可转让熟地的平均单价}} = \frac{\text{取得该荒地}}{\text{的总代价}} + \frac{\text{土地开发}}{\text{总成本}} + \frac{\text{总管理}}{\text{费用}} + \frac{\text{总投资}}{\text{利息}}}{\left(1 - \frac{\text{销售费用、销售税费}}{\text{和开发利润的比率}}\right) \times \frac{\text{可转让熟地}}{\text{总面积}}}$$

$$= \frac{\text{取得该荒地}}{\text{的总代价}} + \frac{\text{土地开发}}{\text{总成本}} + \frac{\text{总管理}}{\text{费用}} + \frac{\text{总投资}}{\text{利息}}}{\left(1 - \frac{\text{销售费用、销售税费}}{\text{和开发利润的比率}}\right) \times \frac{\text{该荒地}}{\text{总面积}} \times \frac{\text{可转让土地}}{\text{面积的比率}}}$$

$$= \frac{120000000 \times (1 + 8\%)^3 + 250000000(1 + 8\%)^{1.5}}{[1 - (2\% + 5.5\% + 10\%) \times 2000000 \times 60\%]}$$

$$= 436 \, \text{元}/\text{m}^2$$

3. 适用于旧的房地产的基本公式

成本法的典型估价对象是旧的房地产。

（1）适用于旧的房地的基本公式

在旧的房地的情况下，成本法的基本公式为：

$$\text{旧的房地价值} = \text{房地重新购建价格} - \text{建筑物折旧} \qquad (4-98)$$

或者

$$\text{旧的房地价值} = \text{土地重新购建价格} + \text{建筑物重新购建价格} - \text{建筑物折旧}$$

（2）适用于旧的建筑物的基本公式

在旧的建筑物的情况下，成本法的基本公式为：

$$\text{旧的建筑物价值} = \text{建筑物重新购建价格} - \text{建筑物折旧} \qquad (4-99)$$

4.3.6 重新购建价格的求取

1. 重新购建价格的含义

重新购建价格也称为重新购建成本，是指假设在价值时点重新取得全新状况的估价对象的必要支出，或者重新开发建设全新状况的估价对象的必要支出和应得利润。应特别注意下列三点：

（1）重新购建价格应是价值时点时的价格。例如，在重新开发建设的情况下，重新购建价格是在价值时点的国家财税制度和市场价格体系下，按照价值时点的房地产价格构成来测算的价格。但应注意的是，价值时点并非总是"现在"，也可能为"过去"或"未来"。

（2）重新购建价格应是客观的价格。重新取得的支出或者重新开发建设的支出和利润，不是个别单位或个人实际的支出和利润，而是所必须付出的成本、费用、税金和应当获得的利润，并且为同类或类似房地产开发建设活动的平均水平，亦即客观成本而不是实际成本。

（3）建筑物的重新购建价格应是在全新状况下的价格，土地的重新购建价格应是在价值时点状况下的价格。因此，建筑物的重新购建价格中未扣除建筑物折旧，而土地的增价、减价因素一般已考虑在土地的重新购建价格中。例如，估价对象中的土地是10年前取得的商业用途法定最高年限40年的土地使用权，求取其重新购建价格时，不是求取其40年土地使用权的价格，而是求取其剩余30年土地使用权的价格。再如，如果该土地目前的交通状况比其10年前有了很大改善，求取该土地的重新购建价格时不是求取其10年前交通状况下的价格，而是求取其目前交通状况下的价格。

2．重新购建价格的求取思路

（1）房地重新购建价格的求取思路

求取房地的重新购建价格有两大路径：一是不将该房地分为土地和建筑物两个相对独立的部分，而是模拟房地产开发商的房地产开发过程，采用成本法来求取；二是将该房地分为土地和建筑物两个相对独立的部分，先求取土地的重新购建价格，再求取建筑物的重新购建价格，然后将两者相加来求取。

（2）土地重新购建价格的求取思路

求取土地的重新购建价格，通常是假设该土地上没有建筑物，除此之外的状况均维持不变，然后采用比较法、基准地价修正法等求取该土地的重新购置价格。这种求取思路特别适用于城市建成区内难以求取重新开发成本的土地。求取土地的重新购建价格，也可以采用成本法求取其重新开发成本。因此，土地的重新购建价格进一步分为重新购置价格和重新开发成本。在求取旧的房地特别是其中建筑物破旧的土地重新购建价格时应注意，有时需要考虑土地上已有的旧建筑物导致的土地价值减损，即此时空地的价值大于已有旧的建筑物的土地价值，甚至大于已有旧的建筑物的房地价值。

（3）建筑物重新购建价格的求取思路

求取建筑物的重新购建价格，是假设该建筑物所占用的土地已经取得，并且该土地为没有该建筑物的空地，但除了没有该建筑物之外，其他状况均维持不变，然后在该土地上建造与该建筑物相同或者具有同等效用的全新建筑物的必要支出和应得利润；也可以设想将该全新建筑物发包给建筑承包商（建筑施工企业）建造，由建筑承包商将能直接使用的全新建筑物移交给发包人，这种情况下发包人应支付给建筑承包商的全部费用（即建设工程价款或工程承发包价格），再加上发包人的其他必要支出（如管理费用、销售费用、投资利息、销售税费等）及发包人的应得利润。

3．建筑物重新购建价格的求取方式

按照建筑物重新建造方式的不同，建筑物的重新购建价格可进一步分为重建价格和重置价格。

重建价格也称为重建成本，是指采用与估价对象建筑物相同的建筑材料、建筑构配件、建筑设备和建筑技术及工艺等，在价值时点时的国家财税制度和市场价格体系下，重新建造与估价对象建筑物相同的全新建筑物的必要支出和应得利润。

重置价格也称为重置成本，是指采用价值时点时的建筑材料、建筑构配件，建筑设备和建筑技术及工艺等，在价值时点时的国家财税制度和市场价格体系下，重新建造与估价对象建筑物具有同等效用的全新建筑物的必要支出和应得利润。

一般的建筑物适用重置价格，有历史或美学价值的建筑物适用重建价格。重置价格通常比重建价格低。

4. 建筑物重新购建价格的求取方法

建筑物的重新购建价格可以采用比较法、成本法求取，也可以通过政府或者其授权的部门、机构公布的房屋重置价格或者房地产市场价格扣除其中可能包含的土地价格来求取。

建筑物的重新购建价格相当于在价值时点新建成的建筑物价值，公式为：

$$\text{建筑物重新购建价格} = \text{建筑安装工程费} + \text{专业费用} + \text{管理费用} + \text{销售费用} + \text{投资利息} + \text{销售税费} + \text{开发利润} \quad (4-100)$$

根据求取其中的建筑安装工程费的方法，有单位比较法、分部分项法和工料测量法。

（1）单位比较法

单位比较法是以估价对象建筑物为整体，选取某种与该类建筑物的建筑安装工程费密切相关的计量单位（如单位建筑面积、单位体积、延长米等）作为比较单位，然后调查、了解在价值时点的近期建成的类似建筑物的这种单位建筑安装工程费，并对其进行适当的修正、调整，再加上相应的专业费用、管理费用、销售费用、投资利息、销售税费和开发利润，来求取估价对象建筑物重新购建价格的方法。单位比较法实质上是一种比较法。其中的修正、调整包括：①将实际的可能是不正常的单位建筑安装工程费，修正为正常的单位建筑安装工程费；②将建造日期时的建筑安装工程费，调整为价值时点时的建筑安装工程费；③根据可比实例建筑物与估价对象建筑物对单位建筑安装工程费有影响的建筑规模、设备、装饰装修等方面的差异，对单位建筑安装工程费进行调整，即可得到估价对象建筑物的单位建筑安装工程费。单位比较法较为简单、实用，因此被广泛使用，但这种方法比较粗略。单位比较法主要有单位面积法和单位体积法。

【例4-43】某幢房屋的建筑面积为300m²，该类用途、建筑结构和档次的房屋的单位建筑面积建筑安装工程费为1200元/m²，专业费用为建筑安装工程费的8%，管理费用为建筑安装工程费与专业费用之和的3%，销售费用为重新购建价格的4%，建设期为6个月，所有费用可视为在建设期内均匀投入，年利率为6%，开发商成本利润率为15%，销售税费为重新购建价格的6%。请计算该房屋的重新购建价格。

【解】设该房屋单位建筑面积的重新购建价格为V_b，计算如下：

（1）建筑安装工程费$= 1200$元/m²

（2）专业费用$= 1200 \times 8\% = 96$元/m²

（3）管理费用$= (1200 + 96) \times 3\% = 38.88$元/m²

（4）销售费用$= V_b \times 4\% = 0.04V_b$元/m²

（5）投资利息$= (1200 + 96 + 38.88 + 0.04V_b) \times [(1 + 6\%)^{0.25} - 1]$

$$= 19.59 + 0.0006V_b \text{元/m}^2$$

（6）销售税费＝V_b×6%＝0.06V_b元/m²

（7）开发利润＝（1200＋96＋38.88＋0.04V_b＋19.59＋0.0006V_b）×15%

　　　　　＝203.17＋0.0061V_b元/m²

（8）V_b＝（1200＋96＋38.88＋0.04V_b＋19.59＋0.0006V_b＋0.06V_b＋203.17＋0.0061V_b）

　　　　＝1743.69元/m²

重新购建总价＝1743.69×300＝52.31万元

单位体积法与单位面积法相似，是调查、了解在价值时点的近期建成的类似建筑物的单位体积建筑安装工程费，然后对其进行适当的修正、调整，再加上相应的专业费用、管理费用、销售费用、投资利息、销售税费和开发利润，来求取建筑物重新购建价格的方法，如储油罐、地下油库等。

（2）分部分项法

分部分项法是先假设将估价对象建筑物分解为各个独立的构件或分部分项工程，并测算每个独立构件或分部分项工程的数量，然后调查、了解价值时点时的各个独立构件或分部分项工程的单位价格或成本，最后将各个独立构件或分部分项工程的数量乘以相应的单位价格或成本后相加，再加上相应的专业费用、管理费用、销售费用、投资利息、销售税费和开发利润，来求取建筑物重新购建价格的方法。

需要注意两点：①应结合各个构件或分部分项工程的特点使用计量单位，有的要用面积，有的要用体积，有的要用长度，有的要用容量（如千瓦、千伏安）。例如，基础工程的计量单位通常为体积，墙面抹灰工程的计量单位通常为面积，楼梯栏杆工程的计量单位通常为延长米。②既不要漏项也不要重复计算，以免造成测算不准。

【例4-44】估算某旧办公楼2007年6月30日的建筑物重置价格。房地产估价人员经实地查看、查阅有关图纸等资料，得知该办公楼共10层，总建筑面积为8247m²，建筑结构为钢筋混凝土框架结构，并调查、了解到估算该重置价格所需保有关数据如下：

（1）建筑安装工程费

1）土建工程直接费

①基础工程：54元/m²

②墙体工程：80.11元/m²

③梁板柱工程：282.37元/m²

④墙混凝土（电梯井壁、混凝土剪力墙）工程：73.65元/m²

⑤楼梯混凝土工程：31.82元/m²

⑥零星混凝土工程：25.32元/m²

⑦屋面工程：20.42元/m²

⑧脚手架工程：25.54元/m²

⑨室外配套工程：142.67元/m²

小计：735.9元/m²

2）安装工程直接费

①电梯工程：130.00元/m²（其中：人工费9.00元/m²）

②给水排水工程：85.22元/m²（其中：人工费12.32元/m²）

③采暖通风工程：70.34元/m²（其中：人工费9.83元/m²）

④电气工程：112.65元/m²（其中：人工费7.59元/m²）

⑤消防工程：16.62元/m²（其中：人工费2.58元/m²）

⑥综合布线工程：30.45元/m²（其中：人工费4.85元/m²）

小计：445.28元/m²（其中：人工费46.17元/m²）

3）装饰装修工程直接费

①门窗工程：135.00元/m²（一次性包死承包价）

②内部装饰工程：455.50元/m²（其中：人工费45.16元/m²）

③外墙玻璃幕等工程：311.00元/m²（一次性包死承包价）

小计：901.50元/m²（其中：人工费45.16元/m²）

4）土建部分的综合费率为土建工程直接费的14.25%，安装部分的综合费率为安装工程人工费的79.08%，装饰装修部分的综合费率为装饰装修工程人工费的75.90%，税金为3.445%。

（2）专业费用：建筑安装工程费的6%。

（3）管理费用：建筑安装工程费与专业费用之和的3%。

（4）销售费用：售价的3%。

（5）投资利息：开发经营期为2年，费用第一年投入60%，第二年投入40%；年利率为5.76%。

（6）销售税费：售价的5.53%。

（7）开发利润：投资利润率为20%。

【解】设该旧办公楼的建筑物重置总价为V_B，估算如下：

（1）建筑安装工程费

1）土建工程费 = ［735.9×（1+14.25%）］×（1+3.445%）= 869.73元/m²

2）安装工程费 = （445.28+46.17×79.08%）×（1+3.445%）= 498.39元/m²

3）装饰装修工程费 = （901.50+45.16×75.90%）×（1+3.445%）= 968.01元/m²

4）单位建筑安装工程费 = 869.73+498.39+968.01 = 2389.9元/m²

建筑安装工程费总额 = 2336.1×8247 = 1926.58万元

（2）专业费用 = 1926.58×6% = 115.59万元

（3）管理费用 = （1926.58+115.59）×3% = 61.26万元

（4）销售费用 = V_B×3% = 0.03V_B万元

以上（1）~（4）项费用之和 = （2103.43+0.03V_B）万元

（5）投资利息 = （2103.43+0.03V_B）×［60%（1+5.76%）$^{1.5}$+40%（1+5.76%）$^{0.5}$-1］

= （134.2+0.0021V_B）万元

（6）销售税费$=V_B\times5.53\%=0.0553V_B$万元

（7）开发利润$=（2103.43+0.03V_B）\times20\%=（430.39+0.006V_B）$万元

（8）$V_B=2103.43+0.03V_B+137.59+0.0019V_B+0.0553V_B+430.39+0.006V_B$

$\qquad=2932.17$万元

建筑物重置单价$=2932.17\div0.8247=3555.4$元/m^2

（3）工料测量法

工料测量法是先假设将估价对象建筑物还原为建筑材料、建筑构配件和设备，并测算重新建造该建筑物所需要的建筑材料、建筑构配件、设备的种类、数量和人工时数，然后调查、了解价值时点时相应的建筑材料、建筑构配件、设备的单价和人工费标准，最后将各种建筑材料、建筑构配件、设备的数量和人工时数乘以相应的单价和人工费标准后相加，再加上相应的专业费用、管理费用、销售费用、投资利息、销售税费和开发利润，来求取建筑物重新购建价格的方法。

工料测量法的优点是详细、准确；缺点是比较费时、费力并需要其他专家（如建筑师、造价工程师）的参与，它主要用于求取具有历史价值的建筑物的重新购建价格。采用工料测量法测算建筑物重新购建价格的一个简化例子见表4-16。

工料测量法　　　　　　　　　　表4-16

项目	数量	单价	成本（元）
现场准备			3000
水泥			6500
沙石			5000
砖块			12000
木材			7000
瓦面			3000
铁钉			200
人工			15000
税费			1000
其他			1500
利润			3500
重新购建价格			57700

4.3.7　建筑物折旧的求取

1．建筑物折旧的含义和原因

（1）建筑物折旧的含义

估价上的建筑物折旧是指各种原因造成的建筑物价值损失，其金额为建筑物在价值时点的市场价值与在价值时点的重新购建价格之差。

建筑物折旧＝建筑物重新购建价格－建筑物市场价值

（2）建筑物折旧的原因

根据引起建筑物折旧的原因，建筑物折旧分为物质折旧、功能折旧和经济折旧三大类。

1）物质折旧

物质折旧也称为有形损耗，是指建筑物在实体上的老化、磨损、损坏所造成的建筑物价值损失。可以从以下4个方面来进一步认识和把握物质折旧：

①自然经过的老化，主要是随着时间的流逝由自然力作用引起的。

②正常使用的磨损，主要是由人工使用引起的。

③意外破坏的损毁，主要是由突发性的天灾人祸引起的，包括自然方面的，例如地震、水灾、风灾、雷击；人为方面的，例如失火、碰撞等。

④延迟维修的损坏残存，主要是由于没有适时地采取预防、养护措施或者修理不够及时所引起的，它造成建筑物不应有的损坏或提前损坏，或者已有的损坏仍然存在，例如门窗有破损，墙体或地面有裂缝、洞等。

2）功能折旧

功能折旧也称为无形损耗，是指建筑物在功能上的缺乏、落后或过剩所造成的建筑物价值损失。导致建筑物功能缺乏、落后或过剩的原因，可能是建筑设计上的缺陷，过去的建筑标准过低，人们的消费观念改变，建筑技术进步，出现了更好的建筑物等。

①功能缺乏是指建筑物没有其应该有的某些部件、设备、设施或系统等。

②功能落后是指建筑物已有的部件、设备、设施或系统等的标准低于正常标准或有缺陷而阻碍其他部件、设备、设施或系统等的正常运营。

③功能过剩是指建筑物已有的部件、设备、设施或系统等的标准超过市场要求的标准而对房地产价值的贡献小于其成本。

3）经济折旧

经济折旧也称为外部性折旧，是指建筑物以外的各种不利因素所造成的建筑物价值损失。不利因素可能是经济因素（如市场供给过量或需求不足）、区位因素（如环境改变，包括景观被破坏、自然环境恶化、环境污染、交通拥挤、城市规划改变等），也可能是其他因素（如政府政策变化、采取宏观调控措施等）。将经济折旧区分为永久性的和暂时性的。例如，一个高级居住区附近兴建了一座工厂，该居住区的房地产价值下降，这就是一种经济折旧。这种经济折旧一般是永久性的。再如，在经济不景气时期房地产的价值下降，这也是一种经济折旧。但这种现象不会永久下去，当经济复苏之后，这种经济折旧也就消失了。

【例4-45】某套旧住宅，测算其重置价格为40万元，地面、门窗等破旧引起的物质折旧为1万元，因户型设计不好、没有独用厕所和共用电视天线等导致的功能折旧为6万元，由于位于城市衰落地区引起的经济折旧为3万元。请求取该套旧住宅的折旧总额和现值。

【解】该旧住宅的折旧总额求取如下：

该旧住宅的折旧总额＝物质折旧＋功能折旧＋经济折旧＝1＋6＋3＝10（万元）

该旧住宅的现值求取如下：该旧住宅的现值＝重置价格－折旧＝40－10＝30（万元）

2.建筑物折旧的求取方法

求取建筑物折旧的方法主要有三种，分别是年限法、市场提取法、分解法。

（1）年限法

1）年限法和有关年限的含义

年限法也称为年龄－寿命法，是根据建筑物的经济寿命、有效年龄或剩余经济寿命来求取建筑物折旧的方法。

建筑物的寿命可分为自然寿命和经济寿命。建筑物的自然寿命是指从建筑物竣工之日开始，到建筑物的主要结构构件和设备的自然老化或损坏而不能继续保证建筑物安全使用为止的时间。建筑物的经济寿命是指建筑物对房地产价值有贡献的时期；具体是从建筑物竣工之日开始，到建筑物对房地产价值不再有贡献为止的时间。对于收益性房地产来说，建筑物的经济寿命具体是从建筑物竣工之日开始，在正常市场和运营状态下，房地产产生的收入大于运营费用，即净收益大于零的持续时间。

建筑物的年龄分为实际年龄和有效年龄。建筑物的实际年龄是指从建筑物竣工之日开始到价值时点为止的日历年数。建筑物的有效年龄是指价值时点时的建筑物状况和效用所显示的年龄。

建筑物的有效年龄可能小于也可能等于或大于其实际年龄。实际年龄是估计有效年龄的基础，即有效年龄通常是在实际年龄的基础上进行适当的调整后得到：①当建筑物的维修养护为正常的，其有效年龄与实际年龄相当；②当建筑物的维修养护比正常维修养护好或者经过更新改造的，其有效年龄小于实际年龄；③当建筑物的维修养护比正常维修养护差的，其有效年龄大于实际年龄。

建筑物的剩余寿命是其寿命减去年龄后的寿命，分为剩余自然寿命和剩余经济寿命。建筑物的剩余自然寿命是其自然寿命减去实际年龄后的寿命。建筑物的剩余经济寿命是其经济寿命减去有效年龄后的寿命，即：剩余经济寿命＝经济寿命－有效年龄

利用年限法求取建筑物的折旧时，建筑物的寿命应为经济寿命，年龄应为有效年龄，剩余寿命应为剩余经济寿命。因为只有这样，求出的建筑物折旧以及求出的建筑物价值，才能符合实际。

2）直线法

年限法中最主要的是直线法。它假设在建筑物的经济寿命期间每年的折旧额相等。直线法的年折旧额计算公式为：

$$D_i = D = \frac{C-S}{N} = \frac{C(1-R)}{N} \tag{4-101}$$

式中　　D_i——第i年的折旧额，在直线法的情况下，每年的折旧额D_i是一个常数D；

　　　　C——建筑物的重新购建价格；

　　　　S——建筑物的净残值，是建筑物的残值减去清理费用后的余额。建筑物的残值是

预计建筑物达到经济寿命后，不宜继续使用时，经拆除后的旧料价值。清理费用是拆除建筑物和搬运废弃物所发生的费用；

N——建筑物的经济寿命；

R——建筑物的净残值率，简称残值率，是建筑物的净残值与其重新购建价格的比率，即：$R = (S/C) \times 100\%$。

另外，$(C-S)$ 称为折旧基数；年折旧额与重新购建价格的比率称为年折旧率，如果用 d 来表示，即：

$$d = \frac{D}{C} \times 100\% = \frac{C-S}{C \times N} \times 100\% = \frac{1-R}{N} \times 100\% \qquad (4-102)$$

有效年龄为 t 年的建筑物折旧总额的计算公式为：

$$E_t = D \times t = (C-S)\frac{t}{N} = C(1-R)\frac{t}{N} = C \times d \times t \qquad (4-103)$$

式中 E_t——建筑物的折旧总额。

采用直线法折旧的建筑物现值的计算公式为：

$$V = C - E_t = C - (C-S)\frac{t}{N} = C\left[1 - (1-R)\frac{t}{N}\right] = C(1 - d \times t) \qquad (4-104)$$

式中 E——建筑物的现值。

【例4-46】某幢平房的建筑面积100m²，单位建筑面积的重置价格为500元/m²，判定其有效年龄为10年，经济寿命为30年，残值率为5%。用直线法计算该房屋的年折旧额、折旧总额、现值。

【解】已知：$C = 500 \times 100 = 50000$（元）；$R = 5\%$；$N = 30$年；$t = 10$年。

则：　　该房屋的年折旧额 $D = \frac{C(1-R)}{N} = \frac{50000 \times (1-5\%)}{30} = 1583$元

该房屋的折旧总额 $E_t = D \times t = 1583 \times 10 = 15830$元

该房屋的现值 $V = C - E_t = 50000 - 15830 = 34170$元

3）成新折扣法

运用成本法求取建筑物的现值时，可根据建筑物的建成年代、新旧程度或完损程度等，判定出建筑物的成新率，或者用建筑物的寿命、年龄计算出建筑物的成新率，然后将建筑物的重新购建价格乘以该成新率来直接求取建筑物的现值，这种方法被称为成新折扣法，计算公式为：

$$V = C \times q \qquad (4-105)$$

式中 V——建筑物的现值；

C——建筑物的重新购建价格；

q——建筑物的成新率（%）。

这种成新折扣法比较粗略，主要用于初步估价，或者同时需要对大量建筑物进行估价的场合，尤其是大范围的建筑物现值摸底调查。

如果利用建筑物的经济寿命、有效年龄或剩余经济寿命来求取建筑物的成新率，则成新折扣法就成了年限法的另一种表现形式。用直线法计算成新率的公式为

$$q = \left[1 - (1 - R)\frac{t}{N}\right] \times 100\% = \left[1 - (1 - R)\frac{N - n}{N}\right] \times 100\% \left[1 - (1 - R)\frac{t}{t + n}\right] \times 100\%$$
$$= 100\% - d \times t$$

$$(4-106)$$

【例4-47】某幢10年前建成交付使用的房屋，在此10年间维修养护情况正常，房地产估价人员经实地查看判定其剩余经济寿命为30年，残值率为零。请用直线法计算该房屋的成新率。

【解】已知$t = 10$年，$n = 30$年，$R = 0$

则：该房屋的成新率$q = \dfrac{n}{t + n} \times 100\% = \dfrac{30}{10 + 30} \times 100\% = 75\%$

（2）市场提取法

市场提取法是利用含有与估价对象中的建筑物具有类似折旧状况的建筑物的可比实例，来求取估价对象中的建筑物折旧的方法。所谓类似折旧状况，是指可比实例中的建筑物的折旧类型（物质折旧、功能折旧、经济折旧）和折旧程度与估价对象中的建筑物的折旧类型和折旧程度相同或者相当。

市场提取法是基于先知道旧的房地价值，然后利用适用于旧的房地的成本法公式反求出建筑物折旧。适用于旧的房地的成本法公式为：

旧的房地价值＝土地重新购建价格＋建筑物重新购建价格－建筑物折旧　（4-107）

市场提取法求取建筑物折旧的步骤和主要内容如下：

1）从当地房地产市场上搜集大量的交易实例。

2）从所搜集的交易实例中选取三个以上的可比实例。要求所选取的可比实例中的建筑物与估价对象中的建筑物具有类似折旧状况。

3）对每个可比实例的成交价格进行付款方式等有关换算、交易情况修正、房地产状况调整（注意不对其中的折旧状况进行调整），但不进行市场状况调整。

4）求取每个可比实例在其成交日期时的土地重新购建价格，然后将前面换算、修正和调整后的可比实例成交价格减去土地重新购建价格得出建筑物折旧后价值。

5）求取每个可比实例在其成交日期时的建筑物重新购建价格，然后将每个可比实例的建筑物重新购建价格减去前面求出的建筑物折旧后价值得出建筑物折旧。

6）将每个可比实例的建筑物折旧除以建筑物重新购建价格转换为总折旧率。

7）将估价对象建筑物的重新购建价格乘以总折旧率，或者乘以年平均折旧率再乘以建筑物年龄，便可以得到估价对象建筑物折旧，即：

建筑物折旧＝建筑物重新购建价格×总折旧率

或者　　建筑物折旧＝建筑物重新购建价格×年平均折旧率×建筑物年龄　（4-108）

利用市场提取法求出的年平均折旧率，还可以求取年限法所需要的建筑物经济寿命。在假设建筑物的残值率为零的情况下：建筑物成新率＝1－总折旧率

$$建筑物经济寿命＝1/年平均折旧率 \qquad （4-109）$$

（3）分解法

分解法是对建筑物各种类型的折旧分别予以分析和估算，然后将它们加总来求取建筑物折旧的方法。它是求取建筑物折旧最详细、最复杂的一种方法。

分解法求取建筑物折旧的途径如下：

1）物质折旧的求取方法

①将物质折旧项目分为可修复项目和不可修复项目两类。修复是指恢复到新的或者相当于新的状况，有的是修理，有的是更换。预计修复所必要的费用小于或者等于修复所能带来的房地产价值增加额的，是可修复的，即：

修复所必要的费用≤修复后的房地产价值－修复前的房地产价值如果修复费用大于房地产价值增加额的，是不可修复的。

②对于可修复项目，估算在价值时点采用最优修复方案使其恢复到新的或者相当于新的状况下所必要的费用作为折旧额。

③对于不可修复项目，根据其在价值时点的剩余使用寿命是否短于整体建筑物的剩余经济寿命，将其分为短寿命项目和长寿命项目两类。短寿命项目是剩余使用寿命短于整体建筑物剩余经济寿命的部件、设备、设施等，它们在建筑物剩余经济寿命期间迟早需要更换，甚至需要更换多次。长寿命项目是剩余使用寿命等于或者长于整体建筑物剩余经济寿命的部件、设备、设施等，它们在建筑物剩余经济寿命期间是不需要更换的。在实际中，短寿命项目与长寿命项目的划分，一般是在其寿命是否短于建筑物经济寿命的基础上作出的，例如，基础、墙体、屋顶、门窗、管网、电梯、空调、卫生设备、装饰装修等的寿命是不同的。

短寿命项目分别根据各自的重新购建价格（通常为市场价格、运输费、安装费等之和）、寿命、年龄或剩余使用寿命，利用年限法计算折旧额。

长寿命项目是合在一起，根据建筑物重新购建价格减去可修复项目的修复费用和各短寿命项目的重新购建价格后的余额、建筑物的经济寿命、有效年龄或剩余经济寿命，利用年限法计算折旧额。

④将可修复项目的修复费用、短寿命项目的折旧额、长寿命项目的折旧额相加，即为物质折旧额。

【例4-48】某建筑物的重置价格为180万元，经济寿命为50年，有效年龄为10年。其中，门窗等损坏的修复费用为2万元；装饰装修的重置价格为30万元，平均寿命为5年，年龄为3年；设备的重置价格为60万元，平均寿命为15年，年龄为10年。残值率假设均为零。请计算该建筑物的物质折旧额。

【解】该建筑物的物质折旧额计算如下：

门窗等损坏的修复费用＝2万元

$$装饰装修的折旧额＝30×\frac{1}{5}×3＝18万元$$

$$设备折旧费＝60×\frac{10}{15}＝40万元$$

$$长寿命项目的折旧额＝（180－2－30－60）×\frac{10}{50}＝17.6万元$$

该建筑物的物质折旧额＝2＋18＋40＋17.6＝77.6万元

2）功能折旧的求取方法

功能折旧的求取过程和方法如下：

①将功能折旧分为功能缺乏、功能落后和功能过剩引起的三类，并进一步将它们分为可修复的和不可修复的。

②对于可修复的功能缺乏引起的折旧，在采用缺乏该功能的"重建价格"下的求取方法是：估算在价值时点估价对象建筑物上单独增加该功能所必要的费用；估算该功能假设在价值时点重置建造建筑物时就具有所必要的费用；将在价值时点在估价对象建筑物上单独增加该功能所必要的费用，减去该功能假设在价值时点重置建造建筑物时就具有所必要的费用，即增加该功能所超额的费用为折旧额。

【例4-49】某幢应有电梯而没有电梯的办公楼，重建价格为2000万元，现增设电梯需要120万元，假设现在建造办公楼时一同安装电梯只需要100万元。请计算该办公楼因没有电梯引起的折旧及扣除没有电梯引起的折旧后的价值。

【解】因没有电梯引起的折旧及扣除没有电梯引起的折旧后的价值计算如下：

该办公楼因没有电梯引起的折旧＝120－100＝20万元

该办公楼扣除没有电梯引起的折旧后的价值＝2000－20＝1980万元

如果是采用具有该功能的"重置价格"，则减去在估价对象建筑物上单独增加该功能所必要的费用，便直接得到了扣除该功能缺乏引起的折旧后的价值。

【例4-50】例4-49应有电梯而没有电梯的办公楼，现增设电梯需要120万元，类似有电梯的办公楼的重置价格为2100万元。请计算该办公楼扣除没有电梯引起的折旧后的价值。

【解】该办公楼扣除没有电梯引起的折旧后的价值计算如下：

该办公楼扣除没有电梯引起的折旧后的价值＝2100－120＝1980万元

对于不可修复的功能缺乏引起的折旧，可以采用下列方法来求取：利用"租金损失资本化法"求取缺乏该功能导致的未来每年损失租金的现值之和；估算该功能假设在价值时点重置建造建筑物时就具有所必要的费用；将未来每年损失租金的现值之和，减去该功能假设在价值时点重置建造建筑物时就具有所必要的费用，即得到折旧额。

③对于可修复的功能落后引起的折旧，以电梯落后为例，其折旧额为该功能落后电梯的重置价格，减去该功能落后电梯已提折旧，加上拆除该功能落后电梯所必要的费用，减去该功能落后电梯可回收的残值，加上安装新的功能先进电梯所必要的费用，减去该新的功能先

进电梯假设在价值时点重置建造建筑物时一同安装所必要的费用。

与可修复的功能缺乏引起的折旧额相比,可修复的功能落后引起的折旧额加上了功能落后电梯尚未折旧的价值(即功能落后电梯的重置价格减去已提折旧。该部分未发挥作用就报废了),减去了功能落后电梯拆除后的净残值(即拆除后可回收的残值减去拆除费用。可挽回的损失),即多了落后功能的服务期未满而提前报废的损失。

【例4-51】某幢旧办公楼的电梯已落后,如果将该电梯更换为功能先进的新电梯,估计需要拆除费用2万元,可回收残值3万元,安装新电梯需要120万元(包括购买价款、运输费、安装费等),要比在建造同类办公楼时一同安装多花费20万元。估计该旧办公楼的重建价格为2050万元,该旧电梯的重置价格为50万元,已提折旧40万元。请计算该办公楼因电梯落后引起的折旧及扣除电梯落后引起的折旧后的价值。

【解】该办公楼因电梯落后引起的折旧及扣除电梯落后引起的折旧后的价值:

该办公楼因电梯落后引起的折旧=(50-40)+(2-3)+20=29万元

该办公楼扣除电梯落后引起的折旧后的价值=2050-29=2021万元

对于不可修复的功能落后引起的折旧,仍以电梯落后为例,其折旧额是在上述可修复的功能落后引起的折旧额计算中,将安装新的功能先进电梯所必要的费用,替换为"利用租金损失资本化法"求取的功能落后电梯导致的未来每年损失租金的现值之和。

④功能过剩一般是不可修复的。功能过剩引起的折旧首先应包括功能过剩所造成的"无效成本"。该无效成本可以通过采用重置价格而自动得到消除,但如果采用重建价格则不能消除。以前面讲过的层高过高的厂房为例,因为重置价格将依据5m层高而不是6m层高来估算,而重建价格将依据6m层高来估算。其次,无论是采用重置价格还是采用重建价格,功能过剩引起的折旧还应包括功能过剩所造成的"超额持有成本"。超额持有成本可以利用"超额运营费用资本化法"——功能过剩导致的未来每年超额运营费用的现值之和来求取。这样,在采用重置价格的情况下:

扣除功能过剩引起的折旧后的价值=重置价格-超额持有成本

在采用重建价格的情况下:

扣除功能过剩引起的折旧后的价值=重建价格-(无效成本+超额持有成本)

⑤将功能缺乏引起的折旧额、功能落后引起的折旧额、功能过剩引起的折旧额相加,即为功能折旧额。

3)经济折旧的求取方法

可以根据收益损失的期限不同,利用"收益损失资本化法"求取未来每年因建筑物以外的各种不利因素所损失的收益的现值之和作为经济折旧额。

3.求取建筑物折旧应注意的问题

(1)估价上的折旧与会计上的折旧的区别

在求取建筑物折旧时,应注意估价上的折旧与会计上的折旧的本质区别:估价上的折旧注重的是市场价值的真实减损,而不是"减价调整";会计上的折旧注重的是原始价值的分摊、补偿或回收。

（2）土地使用期限对建筑物经济寿命的影响

在土地是有期限的使用权下，建筑物经济寿命与土地使用期限可能不是同时结束，因此，在求取建筑物折旧时应注意土地使用期限对建筑物经济寿命的影响。

计算建筑物折旧所采用的建筑物经济寿命遇到下列情况的处理为：

1）建筑物经济寿命早于土地使用期限结束的，应按照建筑物经济寿命计算建筑物折旧。

2）建筑物经济寿命晚于土地使用期限结束的，分为在土地使用权出让合同中未约定不可续期和已约定不可续期两种精况。对于在土地使用权出让合同中未约定不可续期的，应按照建筑物经济寿命计算建筑物折旧。2000年印发的《国有土地使用权出让合同》示范文本进一步根据土地出让期限届满受让人申请续期和不申请续期两种情况，明确了对地上建筑物、其他附着物的不同处理："土地出让期限届满，受让人提出续期申请而出让人根据本合同第二十五条之规定没有批准续期的，土地使用权由出让人代表国家无偿收回，但对于地上建筑物及其他附着物，出让人应当根据收回时地上建筑物、其他附着物的残余价值给予受让人相应补偿"；"土地出让期限届满，受让人未申请续期的，本合同项下土地使用权和地上建筑物及其他附着物由出让人代表国家无偿收回"。

4.3.8　成本法应用中涉及的有关规定

1．商品住宅价格构成的有关规定

商品住宅价格由下列项目构成：

（1）成本。包括：

1）征地费及征收安置补偿费：按国家有关规定执行。

2）勘察设计及前期工程费，依据批准的设计概算计算。

3）住宅建筑、安装工程费，依据施工图预算计算。

4）住宅小区基础设施建设费和住宅小区级非营业性配套公共建筑的建设费：依据批准的详细规划和施工图预算计算；住宅小区的基础设施和配套建设项目按照国家和省、自治区、直辖市人民政府颁发的城市规划定额指标执行。

5）管理费：以上述1）至4）项之和为基数的1%～3%计算。

6）贷款利息：计入成本的贷款利息，根据当地建设银行提供的本地区商品住宅建设占用贷款的平均周期、平均比例、平均利率和开发项目具体情况确定。

（2）利润。以上述成本中1）至4）项之和为基数核定。利润率由省、自治区、直辖市人民政府确定。

（3）税金。按国家税法规定缴纳。

（4）地段差价。其征收办法暂由省、自治区、直辖市人民政府根据国家有关规定制定。

下列费用不计入商品住宅价格：①非住宅小区级的公共建筑的建设费用；②住宅小区内的营业性用房和设施的建设费用。根据楼层、朝向确定的商品住宅差价，其代数和应趋近于零。

2．集体土地征收费用的有关规定

集体土地征收费用是指国家征收农民集体所有的土地所发生的必要支出。根据《中华人民共和国物权法》、《中华人民共和国土地管理法》、《关于完善征地补偿安置制度的指导意见》（国土资发〔2004〕238号）等的规定，集体土地征收费用主要有下列几项：

（1）征地补偿安置费用

1）土地补偿费。征收耕地的土地补偿费，为该耕地被征收前3年平均年产值的6～10倍。征收其他土地的土地补偿费标准，由省、自治区、直辖市参照征收耕地的土地补偿费的标准规定。土地补偿费的计算公式为：

土地补偿费＝被征土地前三年平均年产值×补偿倍数

2）安置补助费。征收耕地的安置补助费，按照需要安置的农业人口数计算。

需要安置的农业人口数，按照被征收的耕地数量除以征地前被征收单位平均每人占有耕地的数量计算。每一个需要安置的农业人口的安置补助费标准，为该耕地被征收前3年平均年产值的4～6倍。但是，每公顷被征收耕地的安置补助费，最高不得超过被征收前3年平均年产值的15倍。征收其他土地的安置补助费标准，由省、自治区、直辖市参照征收耕地的安置补助费的标准规定。安置补助费的计算公式为：

（被征土地需安置人数×补偿倍数）≤15时，

总安置补助费＝被征土地前3年平均年产值×补偿倍数×被征土地需安置人数（被征土地需安置人数×补偿倍数）

总安置补助费＝被征土地前3年平均年产值×15

依照规定支付土地补偿费和安置补助费，尚不能使需要安置的农民保持原有生活水平的，经省、自治区、直辖市人民政府批准，可以增加安置补助费。但是，土地补偿费和安置补助费的总和不得超过土地被征收前3年平均年产值的30倍。土地补偿费和安置补助费的统一年产值倍数，应按照保证被征地农民原有生活水平不降低的原则，土地补偿费和安置补助费合计按30倍计算，尚不足以使被征地农民保持原有生活水平的，由当地人民政府统筹安排，从国有土地有偿使用收益中划出一定比例给予补贴。经依法批准占用基本农田的，征地补偿按当地人民政府公布的最高补偿标准执行。

3）地上附着物和青苗的补偿费。地上附着物补偿费是对被征收土地上诸如房屋及其他建筑物（含构筑物）、树木、鱼塘、农田水利设施、蔬菜大棚等给予的补偿费。青苗补偿费是对被征收土地上尚未成熟、不能收获的诸如水稻、小麦、蔬菜、水果等给予的补偿费。可以移植的苗木、花草以及多年生经济林木等，一般是支付移植费；不能移植的，给予合理补偿或作价收购。地上附着物和青苗的补偿标准，由省、自治区、直辖市规定。

4）安排被征地农民的社会保障费用。

（2）征地管理费。该项费用是指县级以上人民政府土地管理部门受用地单位委托，采用包干方式统一负责、组织、办理各类建设项目征收土地的有关事宜，由用地单位按照征地费总额（征地补偿安置费用）的一定比例支付的管理费用。包干方式有全包方式、半包方式和单包方式三种。

（3）耕地占用税（占用耕地的）。根据《中华人民共和国耕地占用税暂行条例》的规定，占用耕地建房或者从事其他非农业建设的单位和个人，都是耕地占用税的纳税义务人，应当按照规定缴纳耕地占用税。耕地占用税以纳税义务人实际占用的耕地面积计税，按照规定税额一次性征收。各地耕地占用税的适用税额标准，由地方人民政府在《中华人民共和国耕地占用税暂行条例》规定的税额标准幅度以内，根据本地区的实际情况具体核定。

4.3.9　成本法总结和运用

如图4-6所示，成本法的典型估价对象是现有建筑物与土地综合体的房地产（即旧的房地），其价值等于房地重新购建价格减去建筑物折旧，或者土地重新购建价格加上建筑物重新购建价格减去建筑物折旧。

【例4-52】某宗房地产的土地面积为1000m²，建筑面积为2000m²。土地是10年前通过征收集体土地取得的，当时取得的费用为18万元/亩，现时重新取得该类土地需要的费用为620元/m²；

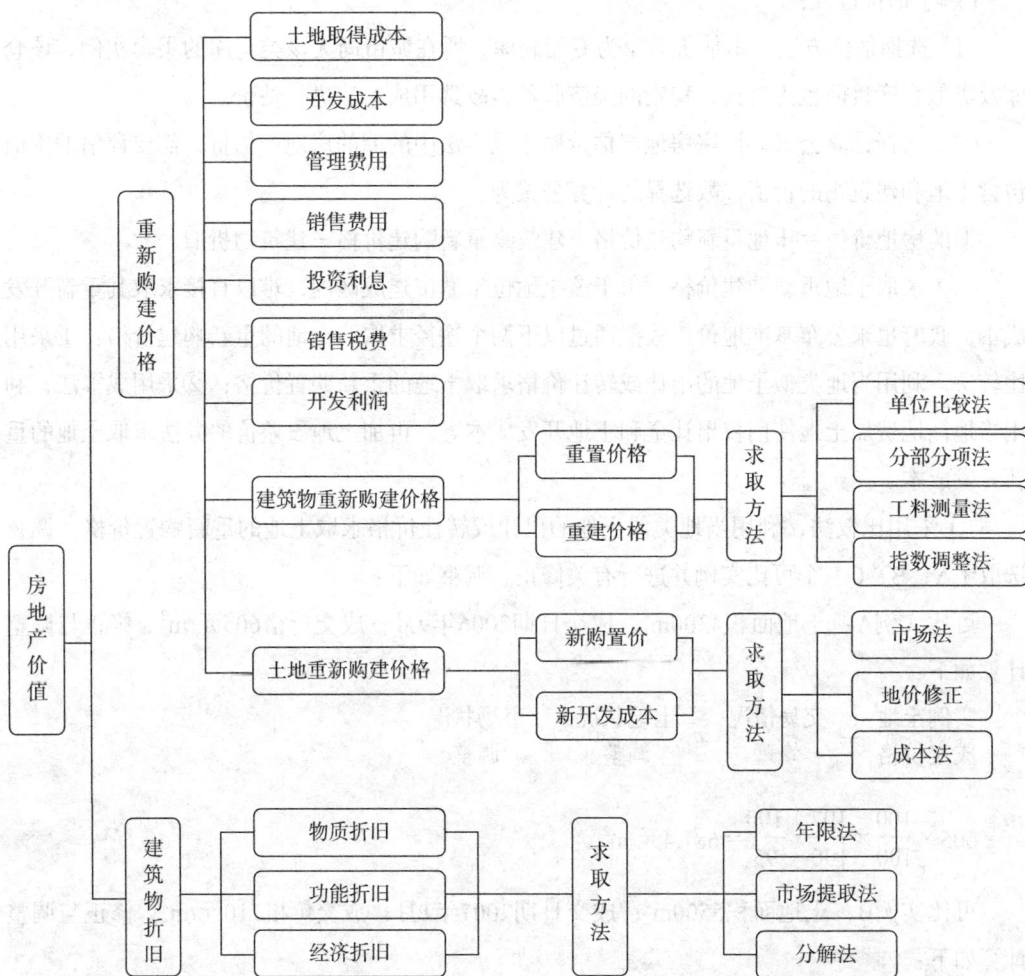

图4-6　成本法构成

建筑物是8年前建成交付使用的，当时的建筑造价为每平方米建筑面积700元，现时建造类似建筑物的建筑造价为每平方米建筑面积1200元，估计该建筑物有八成新。请选用所给资料测算该宗房地产的现时总价和单价。

【解】该题主要是注意重新购建价格应是价值时点的价格。在搞清楚了此问题的基础上，该宗房地产的价值测算如下：

该宗房地产的现时总价＝土地重新购建价格＋建筑物重新购建价格×成新率

$$＝620×1000＋1200×2000×80\%＝2540000元$$

该宗房地产的现时单价＝该宗房地产的现时总价÷建筑面积

$$＝2540000÷2000＝1270元/m^2$$

【例4-53】估价对象概况：本估价对象是一个专用仓库，位于某城市建成区内；土地面积5000m²，建筑面积8500m²；建筑物建成于1987年8月底，建筑结构为钢筋混凝土结构；土地原为划拨土地使用权，2006年6月15日补办出让手续，补交出让金等费用，取得了50年出让土地使用权。估价要求：需要评估该专用仓库2007年8月30日的价值。

【解】估价过程：

（1）选择估价方法。本估价对象为专用仓库，所在城市尚无该类仓库的买卖实例，该仓库及类似仓库目前也无直接、稳定的经济收益，故选用成本法进行估价。

（2）选择计算公式。该宗房地产估价属于成本法中的旧的房地产估价，需要评估的价值包含土地和建筑物的价值，故选择的计算公式为：

旧的房地价值＝土地重新购建价格＋建筑物重新购建价格－建筑物折旧

（3）求取土地重新购建价格。由于该土地位于城市建成区内，难以直接求取其重新开发成本，政府也未公布基准地价，故拟通过以下两个途径求取该土地的重新购建价格：①采用比较法，利用当地类似土地的出让或转让价格求取土地的重新购置价格；②采用成本法，利用当地征地费加土地使用权出让金和土地开发成本等，再加上地段差价的办法求取土地的重新开发成本。

1）采用比较法，利用当地类似土地的出让或转让价格求取土地的重新购置价格。调查选取了A、B、C三个可比实例并进行有关修正、调整如下：

可比实例A：土地面积4300m²；成交日期2006年9月；成交价格605元/m²。修正与调整计算如下：

实例土地　　　交易情况　　土地状况　　市场状况
成交价格　＝　　修理　　＋　调整　　＋　调整

$$605×\frac{100}{100}×\frac{107}{100}×\frac{100}{95}＝681.4元/m^2$$

可比实例B：土地面积5500m²；成交日期2007年1月；成交价格710元/m²。修正与调整计算如下：

$$710 \times \frac{100}{100} \times \frac{103}{100} \times \frac{100}{106} = 689.9元/m^2$$

可比实例C：土地面积4800m²；成交日期2007年6月；成交价格633元/m²。修正与调整计算如下：

$$633 \times \frac{100}{95} \times \frac{101}{100} \times \frac{100}{99} = 679.8元/m^2$$

故，估价对象土地的单价＝（681.4＋689.9＋679.8）÷3＝684元/m²

2）采用成本法，利用当地征地费加土地使用权出让金和土地开发成本等，再加上地段差价的办法求取土地的重新开发成本。在价值时点（2007年8月30日）征收郊区集体土地平均每亩需要支付土地补偿费。安置补助费、地上附着物和青苗的补偿费等费用共计10万元，约合150元/m²；向政府缴纳土地使用权出让金等土地有偿使用费30元/m²；将土地开发成能直接在其上进行房屋建设的土地，需要"五通一平"，为此，每平方米还需要110元（含开发土地的必要支出和应得利润）。以上合计为290元/m²，可视为城市边缘熟地的价格。

该城市土地分为10个级别，城市边缘熟地列为最差级，即处于第10级土地上，因此还需要进行土地级别对地价影响的调整。各级土地之间的地价差异见表4-17。

某城市各级土地之间的地价差异表　　　　表4-17

土地级别	I	II	III	IV	V	VI	VII	VIII	IX	X
地价是次级土地的倍数	1.30	1.30	1.30	1.30	1.30	1.30	1.30	1.30	1.30	1.00
地价是最差级土地的倍数	10.60	8.16	6.27	4.83	3.71	2.86	2.20	1.69	1.30	1.00

根据表4-17，估价对象土地的单价＝290×2.2＝638元/m²

通过以上两个途径求得估价对象土地的单价分别为684元/m²和638元/m²。该房地产估价主要是以前者为基础，但对于后者也加以充分考虑，并斟酌熟悉当地房地产市场行情者的意见，确定估价对象土地的单价680元/m²。故：

估价对象土地的总价＝680×5000＝340.0万元

（4）求取建筑物重新购建价格。现时（在价值时点2007年8月30日）与估价对象建筑物类似的不包括土地价格在内的建筑物的重置价格（含必要支出和应得利润）为1000元/m²×建筑面积。故：估价对象建筑物的重新购建总价＝1000×8500＝850.0万元

（5）求取建筑物折旧。采用直线法求取折旧额。参照有关规定并根据房地产估价人员到实地查看的判断，该专用仓库建筑物的经济寿命为60年，有效年龄为20年，残值率为零。由于土地使用权剩余期限近49年，建筑物剩余经济寿命40年，建筑物的经济寿命早于土地使用期限而结束，应按照建筑物的经济寿命60年计算建筑物折旧，故：

估价对象建筑物的折旧总额＝850×20/60＝283.3万元

房地产估价人员再次到实地查看，认为该专用仓库建筑物的折旧程度为三成，即将近七成新，与上述计算结果基本吻合。

（6）求取积算价格。

旧的房地价值＝土地重新购建价格＋建筑物重新购建价格－建筑物折旧

$$＝340＋850－283.3＝906.7万元$$

估价结果：根据上述计算结果并参考房地产估价人员的估价经验，将本估价对象专用仓库2007年8月30日的价值总额评估为906.7万元，折合每平方米建筑面积1067元。

案例分析

估价对象位于某市北京西路一区三片。该房地产总层数为一层，委托估价对象用途住宅，建筑结构为土木，修建于1996年，该委托对象门为普通木门，内墙粉刷涂料，木质天花板，客厅、卧室为复合木地板，厨房卫生间墙面、地面均铺设地砖、墙砖，外墙粉刷涂料。

估价测算过程：

1. 成本法定义

成本法是指是求取估价对象在价值时点的重新购建价格，然后扣除折旧，以此求取估价对象的客观合理价格或价值的方法。

该方法的基本公式如下：估价对象价值＝重置价格×成新率

2. 建筑物重置价格的确定

（1）建筑物的建筑安装工程费

包括建造房屋及附属工程所发生的土建工程费用和安装工程费用、装饰装修工程费等费用。估价人员对当地建筑市场进行了调查、了解，根据《全国统一建筑工程基础定额××省单位估价表》、《××市建设工程造价信息》等资料，对估价对象周边同类型、规模相当的类似工程建筑造价成本调查和向相关部门咨询调查的资料，参照建筑行业的相关标准和规定，结合评估标的物建筑安装工程完成情况，对各建筑物主体、附属、配套、室外工程建筑、结构、装修、设备安装等的建筑安装工程费进行测算，确定估价对象的建筑安装工程费（工程造价）按1200.00元/m²（土木结构）计取。建筑安装工程费即工程造价。

（2）专业费用

主要包括勘察设计费、项目可行性研究等费用。根据现行建筑行业平均水平以全部建安造价的6%计。则：

土木结构专业费用＝1200×6%＝72元/m²

（3）行业税费

包括市政设施配套费（8元/m²）、设计费（2.4%）、工程勘察费（3元/m²）、质量监督费（3‰）、消防审图费（8元/m²）、监理费（2%）、审图费（1%）等，折合87.4元/m²。

（4）管理费

主要指开办费和开发过程中管理人员工资等。根据某市修建类似档次的高层建筑的管理费平均水平，此次评估取建筑物建安造价的5%，则：

土木管理费＝1200×5%＝60元/m²

（5）投资利息

利率取目前国家银行一年期固定资产贷款利率7.29%。建设期按12个月计算，建安造价、专业费、管理费视为均匀投入，现行税费视为一次性投入。则：

$$土木投资利息＝（1200+72+60）×\left[（1+7.29\%）^{12÷12÷2}-1\right]$$
$$+87.4×\left[（1+7.29\%）-1\right]＝47.6+6.37＝53.97元/m²$$

（6）利润

根据某市开发同类房地产的社会平均利润水平，利润率取10%，以建安造价、专业费和管理费为基数。则：土木利润＝（1200+72+60）×10%＝133.2元/m²

（7）土木重置单价＝（1）+（2）+（3）+（4）+（5）+（6）＝1606元/m²

因为住宅进行过二次装修，根据住宅的装修规模和档次及所使用的材料结合市场调查确定装修费用为600元/m²，故办公用房的重置单价为2206元/m²

（8）住宅重置价格＝2206×155.25＝342482元

3．成新率的确定

建筑物折旧包括物质折旧、功能折旧和外部折旧。物质折旧是因自然力作用或使用导致建筑物老化、磨损或损害造成的建筑物价值减损；功能折旧是因建筑物功能不足或过剩造成的建筑物价值减损；外部折旧是建筑物以外的各种不利因素造成的建筑物价值减损。

（1）物质折旧的确定：房地产估价中物质折旧通过成新率反映，求取成新率的方法主要有两种：现场观察法及直线法。

1）现场观察法是将影响房屋成新率的主要因素按结构、装饰、设备分为三类，通过建筑造价中各项所占的比重确定标准分值，并通过现场勘查的实际情况评定分值，给予修正，计算成新率。

成新率＝结构部分合计得分×G+装饰部分合计得分×S+设备部分合计得分×B

式中　G——结构部分的评估修正系数；

        S——装饰部分的评估修正系数；

        B——设备部分的评估修正系数。

    建筑物经济寿命与其使用性质相关，建筑物在其寿命期间如果经过了翻建、改造、维护保养，自然寿命和经济寿命都有可能得到延长。通过实地查勘估价对象整体使用、维护、保养状况较好，各部分实地查勘评定分值见表4-18。

建筑物实地查勘评定分值一览表   表4-18

主要因素	结构部分				装饰部分					设备部分		
	基础	承重构件	非承重墙	屋面	门窗	外粉饰	内粉饰	顶棚	细木装修	水卫	电照	暖气
标准分	25	25	25	20	25	20	20	20	15	40	25	35
实地查勘评分	21	21	21	18	23	18	16	18	12	36	23	32

    建筑物现场观察法成新率评分修正系数见表4-19。

建筑物现场观察法成新率评分修正系数   表4-19

修正系数 楼别	结构部分（G）	装修部分（S）	设备部分（B）
单层土木结构	0.7	0.2	0.1

    根据以上观察法的实地查勘评分，确定房屋建筑物现场观察法成新率见表4-20。

建筑物现场观察法成新率测算表   表4-20

名称	结构部分		装饰部分		设备部分		成新率（%）
	评定分	修正系数	评定分	修正系数	评定分	修正系数	
住宅	81	0.7	87	0.2	91	0.1	83.2

    2）直线法是假设在建筑物的寿命期间每年折旧额相等。

    成新率＝1－（1－残值率）×建筑物有效经过年数/耐用年限

    估价对象分别为土木及其他结构建筑，修建年代在2010年，根据《房地产估价规范》GB/T 50291—2015中，建筑物经济耐用年限及残值率参考值，确定建筑物直线法成新率见表4-21。

建筑物直线法成新率测算表 表4-21

名称	建筑结构	修建年代	耐用年限 （年）	经过年数 （年）	残值率 （%）	成新率 （%）
工业用房	土木	1996	50	20	0%	60%

3）物质折旧的确定

根据估价对象目前维修、保养、使用情况，采用现场观察法（0.9）、直线法（0.1）的加权算术平均数确定估价对象的物质折旧见表4-22。

建筑物物质折旧率测算表 表4-22

名称	现场观察法成新率	直线法成新率	物质折旧率
住宅	83.2%	60%	80.88%

（2）功能折旧的确定：建筑物功能折旧包括功能不足折旧和功能过剩折旧：功能不足折旧是因建筑物中某些部件、设施设备、功能等缺乏或低于市场要求的标准造成的建筑物价值减损；功能过剩折旧是因建筑物中某些部件、设施设备、功能等超过市场要求的标准而对房地产价值的贡献小于其成本造成的建筑物价值减损。估价对象配套设施功能完善，服务功能满足基本的住宅需要，无明显功能不足及过剩。

（3）经济折旧的确定：建筑物经济折旧与建筑物本身无关，它是建筑物本身以外的各种不利因素带来的减价，其实质是环境对建筑物价值的影响，是房地产的不可移动性和其周围环境变化造成的结果，其下降和上升的实质是建筑物所属土地地价的变动，而不是建筑物价值的变动，本次评估不予考虑。

4. 确定估价对象房地产价值

住宅价值＝重置价格×成新率

$$＝342482×0.8088＝276999元。$$

要求：1. 列出该估价方案的技术路线、选用成本的理论依据。

2. 如果当地房地产价格近期内变化较大，采用何种方法进行价格调整？

3. 如采用收益法或比较法估算价格比成本法高还是低，为什么？

三 技能训练

一、单项选择题（每题的备选答案中只有一个最符合题意）

1. 成本法中的"成本"不是通常意义上的成本，而是（　　）。

　　A. 价格　　　　　　B. 利润　　　　　　C. 生产费用　　　　D. 劳动价值

2. 下列各类房地产中，特别适用于成本法估价的是（　　）。

　　A. 某标准厂房　　　B. 某酒厂厂房　　　C. 某待出让土地　　D. 某写字楼

3. 特殊工业厂房适宜采用的估价方法是（　　）。

　　A. 成本法　　　　　B. 假设开发法　　　C. 收益法　　　　　D. 比较法

4. 新开发的房地产、旧的房地产、在建工程、计划开发建设的房地产，都可运用（　　）进行估价。

　　A. 比较法　　　　　B. 收益法　　　　　C. 假设开发法　　　D. 成本法

5. 单纯的建筑物或其装饰装修部分，通常采用（　　）估价。

　　A. 比较法　　　　　B. 收益法　　　　　C. 假设开发法　　　D. 成本法

6. 现实中的房地产价格、特别是具体一宗房地产价格，直接取决于其（　　），成本的增加一定要对（　　）增大有所作用才能构成价格。

　　A. 花费的成本　　　B. 效用　　　　　　C. 市场价值　　　　D. 投资价值

7. 在活跃的土地交易市场下，土地取得成本一般是由购置土地的价款、（　　）和可直接归属于该土地的其他支出构成。

　　A. 应由房地产开发企业缴纳的税费

　　B. 土地出让方缴纳的税费

　　C. 政府管理部门缴纳的税费

　　D. 房地产开发企业和土地出让方共同缴纳的税费

8. 某宗面积为6000㎡的房地产开发用地，楼面地价为800元/㎡，容积率为3，受让人需按照受让价格的3%缴纳契税，则土地取得成本为（　　）万元。

　　A. 494.4　　　　　B. 1396.8　　　　　C. 1440　　　　　　D. 1483.2

9. 成本法中一般不计息的项目是（　　）。

　　A. 管理费用　　　　B. 销售费用　　　　C. 开发成本　　　　D. 销售税费

10. 已知年利率是6%，存款额是1000元，存款期限是一年，如果每半年计息一次，则实际利率是（　　）。

　　A. 6%　　　　　　B. 3%　　　　　　　C. 6.09%　　　　　D. 8%

11. 某银行存款利息方式采用单利，假设某一年期存款的年利率为6%，为吸引3年期的储户，则其3年期存款的单利年利率应大于（　　）。

　　A. 6.37%　　　　　B. 6.12%　　　　　C. 6.02%　　　　　D. 6%

12. 对于新开发区土地的估价，（　　）是一种有效的方法，因为新开发区在初期，房地产市场一般还未形成，土地收益也没有。

　　A. 比较法　　　　B. 成本法　　　　C. 收益法　　　　D. 假设开发法

13. 通常房地产开发投资利润率的计算基数为（　　　）。

　　A. 土地取得成本+建设成本

　　B. 土地取得成本+建设成本+管理费用

　　C. 土地取得成本+建设成本+管理费用+销售费用

　　D. 开发完成后的房地产价值

14. 某房地产的土地取得成本为1000万元，开发成本为3000万元，管理费用为200万元，销售费用为300万元，开发利润为500万元，则该房地产的投资利润率为（　　　）。

　　A. 10.0%　　　　B. 11.1%　　　　C. 11.9%　　　　D. 12.5%

15. 某宗土地取得成本为1000万元，开发成本为1500万元，管理费用为75万元，销售费用为35万元，投资利润率为12%，则开发利润为（　　　）万元。

　　A. 180.0　　　　B. 300.0　　　　C. 309.0　　　　D. 313.2

16. 某企业开发某土地，土地重新取得成本为1000元/m^2，正常开发成本为1500元/m^2，管理费用为前两项的5%，投资利息占直接成本的5%，销售费用为100元/m^2，直接成本利润率为6%，则开发后地价为（　　　）元/时。

　　A. 1840　　　　B. 2840　　　　C. 2966　　　　D. 3000

17. 重置价格的出现是技术进步的必然结果，也是"替代原理"的体现。因此，重置价格通常（　　　）重建价格。

　　A. 低于　　　　B. 等于　　　　C. 高于　　　　D. 高于或等于

18. 某房地产的土地面积为500m^2时，土地价格为2000元/m^2，建筑面积为1000m^2。成本法估算的建筑物重置价将为1800元/m^2；市场上同类房地产的正常房地产价格为2500元/m^2，则该房地产中建筑物的实际价值比重置价格低（　　　）元/m^2。

　　A. 200　　　　B. 300　　　　C. 700　　　　D. 1000

19. 在计算建筑物的重新购建价格的具体方法中，（　　　）最为详细、准确。

　　A. 单位比较法　　B. 分部分项法　　C. 工料测量法　　D. 指数调整法

20. 在计算建筑物的重新购建价格的具体方法中，（　　　）主要用于检验其他方法的测算结果。

　　A. 单位比较法　　B. 分部分项法　　C. 工料测量法　　D. 指数调整法

21. 某幢建筑物由于人为方面的原因发生了火灾，估算采用最优修复方案使其恢复到新的或相当于新的状况所必需的费用作为折旧额，这种折旧属于（　　　）。

　　A. 物质折旧　　　B. 功能折旧　　　C. 经济折旧　　　D. 设备折旧

22. 因技术革新、设计优化等导致建筑物变得落伍陈旧而引起的减价，属于（　　　）。

　　A. 自然折旧　　　B. 物质折旧　　　C. 功能折旧　　　D. 经济折旧

23. 某住宅小区附近兴建了一座化工厂，该居住小区的房地产价值下降，这种折旧属于

（　　　）。

  A．物质折旧 B．功能折旧 C．经济折旧 D．设备折旧

24．下列关于建筑物寿命和经过年数的说法中，正确的是（　　　）。

  A．建筑物的经济寿命短于自然寿命，有效经过年数也短于实际经过年数

  B．建筑物的经济寿命长于自然寿命，有效经过年数也可能长于实际经过年数

  C．建筑物的经济寿命与自然寿命相等，有效经过年数与实际经过年数也相等

  D．建筑物的经济寿命短于自然寿命，有效经过年数可能短于也可能长于实际经过
   年数

25．建筑物的经过年数有实际经过年数和有效经过年数，它们之间的关系为（　　　）。

  A．有效经过年数等于实际经过年数

  B．有效经过年数短于实际经过年数

  C．有效经过年数长于实际经过年数

  D．有效经过年数可能短于或长于实际经过年数

26．某经过年数为23年的零售中心，其内部进行了重新装修，而且该建筑物的维修养护
  较好，那么该建筑物的有效年龄（　　　）。

  A．等于23年   B．小于23年

  C．大于23年   D．可能等于也可能大于23年

27．假设某住宅重置价格为500万元，建筑物已使用10年，目前剩余经济寿命为30年，残
  值率为10%，土地剩余使用年限为25年。此时该住宅的每年折旧额是（　　　）万元。

  A．12.9   B．14.3   C．11.3   D．15

28．某商业建筑物的有效年龄为5年，年平均折旧率为2.5%，假设建筑物的残值率为
  零，建筑物的经济寿命为（　　　）年。

  A．30   B．40   C．50   D．60

29．某建筑物的建筑面积为200m^2，有效经过年数为12年，重置价格为800元/m^2，建筑
  物经济寿命为40年，残值率为2%，则运用直线法计算该建筑物的现值为（　　　）
  万元。

  A．10.2   B．11.0   C．11.3   D．11.5

30．某8年前建成交付使用的建筑物，建筑面积120m^2，单位建筑面积的重置价格为800
  元/m^2，建筑物残值率6%，年折旧率2.2%，计算该建筑物的现值是（　　　）元。

  A．76800   B．79104   C．77952   D．81562

31．成新折扣法习惯根据建筑物的建成年代、新旧程度或完损程度等，判定出建筑物的
  （　　　）。

  A．成新率   B．年折旧率   C．残值率   D．回收率

32．某办公楼经过更新改造后，其实际成新率通常（　　　）用直线折旧法计算出的成新率。

  A．等于   B．大于   C．小于   D．无法判断

33. 某8年前建成交付使用的建筑物,在此期间该建筑物的维修养护情况正常,估价人员实地观测判定其剩余经济寿命为30年,残值率为零。用直线法计算该建筑物的成新率为（　　）。

    A. 27%　　　　　　B. 21%　　　　　　C. 79%　　　　　　D. 85%

34. 某建筑物的建筑面积为120m²,该建筑物的有效年龄为8年,年折旧额为1800元,其重置价格为800元/m²,用直线法计算该建筑物的成新率为（　　）。

    A. 15%　　　　　　B. 44%　　　　　　C. 56%　　　　　　D. 85%

35. 某建筑物的实际经过年数为10年,预计可能再使用30年,残值率为4%,用直线法计算该建筑物的成新率为（　　）。

    A. 68%　　　　　　B. 75%　　　　　　C. 76%　　　　　　D. 80%

36. 某建筑物实际经过年数为10年,估价人员现场查勘后认为该建筑物建筑设计过时和维护保养差造成功能折旧和物质折旧高于正常建筑物,判断其有效经过年数为18年,剩余经济寿命为22年,残值率为4%,用直线法计算该建筑物的成新率为（　　）。

    A. 43.2%　　　　　B. 50%　　　　　　C. 56.8%　　　　　D. 70%

37. 某幢写字楼,建筑物重新购建价格为2000万元,经济寿命为50年,有效经过年数为10年。其中,门窗等损坏的修复费用为10万元;装修的重置价格为200万元,平均寿命为5年,有效经过年数为4年;设备的重置价格为250万元,平均寿命为15年,有效经过年数为9年。假设残值率均为零,则该幢写字楼的物质折旧额为（　　）万元。

    A. 400　　　　　　B. 628　　　　　　C. 656　　　　　　D. 700

38. 某幢应用中央空调而没有用中央空调的写字楼,重建价格3000万元,现增设中央空调的成本是280万元,假设现在建写字楼时一同安装中央空调只需200万元。则该写字楼因没有中央空调而引起的折旧后的价值为（　　）万元。

    A. 2720　　　　　B. 2800　　　　　C. 2920　　　　　D. 3000

39. 某幢空调已落后的办公楼,旧系统已计提折旧80万元,拆除该空调的费用为8万元,可回收残值40万元,重新购建价格（不含安装费）为150万元,安装新的空调系统的费用为6万元。则该办公楼因空调落后引起折旧额为（　　）万元。

    A. 32　　　　　　B. 44　　　　　　C. 96　　　　　　D. 108

40. 某幢电梯已落后的办公楼,重建价格为2500万元,该功能落后电梯的重置价格为40万元,已计提折旧36万元,拆除费用为2万元,可回收的残值为5万元,现安装新的功能先进的电梯需要120万元,该新的功能先进的电梯假设在重置建造办公楼时一同安装只需要100万元。则该办公楼扣除电梯落后引起的折旧后的价值为（　　）万元。

    A. 21　　　　　　B. 27　　　　　　C. 2473　　　　　D. 2479

41. 某房地产的重建价格为2000万元,已知在建造期间中央空调系统因功率大较正常情况多投入150万元，投入使用后每年多耗电费0.8万元。假定该空调系统使用寿命为15年，估价对象房地产的报酬率为12%，则该房地产扣除该项功能折旧后的价值为（　　）万元。

A. 1838.00　　　B. 1844.55　　　C. 1845.87　　　D. 1850.00

42. 某商业房地产，在取得40年土地使用权后当年开始建造，建造期3年，建筑物经济寿命60年，约定在土地使用权期限届满后无偿收回建筑物，土地使用权出让合同约定在土地使用权期限届满后无偿收回建筑物。则该商业房地产的折旧年限是（　　）年。

A. 37　　　B. 40　　　C. 60　　　D. 63

43. 某建筑物建成5年后补办了土地使用权出让手续，土地使用权出让年限为40年，约定在土地使用权期限届满后对收回的建筑物残余价值给予土地使用者相应的补偿，建筑物的经济寿命为60年，则建筑物的经济寿命应为（　　）年。

A. 40　　　B. 45　　　C. 50　　　D. 60

44. 某幢商品住宅土地出让年限为70年，建设期为2年，该商品住宅经济寿命为50年，该建筑物折旧的经济寿命应为（　　）年。

A. 50　　　B. 52　　　C. 68　　　D. 70

45. 某估价对象为一旧厂房改造的超级市场，建设期为2年，该厂房建成5年后补办了土地使用权出让手续，土地使用期限为40年，收回建筑物用地使用权时，对收回的建筑物不予补偿。建筑物经济寿命为50年。假设残值率为零，采用直线法计算建筑物折旧时年折旧率为（　　）。

A. 2.00%　　　B. 2.13%　　　C. 2.22%　　　D. 2.50%

46. 为估算某建筑物的重新购建价格，经测算其土建工程直接费为780元/m²，安装工程直接费为450元/m²（其中人工费为50元/m²），装饰装修工程直接费为900元/m²（其中人工费为45元/m²），又知该地区土建工程综合费率为土建工程直接费的15%，安装工程综合费率为安装工程人工费的75%，装饰装修工程综合费率为装饰装修工程人工费的72%，税金为3.5%，则该建筑物的建筑安装装饰工程费为（　　）元/m²。

A. 2204.55　　　B. 2397.99　　　C. 3237.60　　　D. 3345.64

47. A市B房地产开发公司征收C村的100亩基本农田。该项目涉及C村农业人口50户，180人。据查征收前，C村人均耕地面积为1亩。另外，已知C村耕地被征收前3年平均年产值约为1000元/亩。按照规定，B房地产开发公司应向C村支付的土地补偿费金额最低为（　　）万元。

A. 30　　　B. 60　　　C. 80　　　D. 100

48. A市B房地产开发公司征收C村的100亩基本农田。该项目涉及C村农业人口50户，180人。据查征收前，C村人均耕地面积为1亩。另外，已知C村耕地被征收前3年平均年产值约为1000元/亩。按照规定，B房地产开发公司应向C村支付的土地补偿费金额最高为（　　　）万元。

 A．30   B．60   C．80   D．100

49．A市B房地产开发公司征收C村的100亩基本农田。该项目涉及C村农业人口50户，180人。据查征收前，C村人均耕地面积为1亩。另外，已知C村耕地被征收前3年平均年产值约为1000元／亩。按照规定，B房地产开发公司应安置C村（　　　）个农民。

 A．30   B．60   C．100   D．180

50．A市B房地产开发公司征收C村的100亩基本农田。该项目涉及C村农业人口50户，180人。据查征收前，C村人均耕地面积为1亩。另外，已知C村耕地被征收前3年平均年产值约为1000元／亩。根据规定，如按最低标准，B房地产开发公司应每个农民支付（　　　）元的安置补助费。

 A．1000   B．2000   C．4000   D．6000

51．直线法求取建筑物折旧时，从粗到细来进行划分的是（　　　）。

 A．综合折旧法→分类折旧加总法→个别折旧加总法

 B．分类折旧加总法→个别折旧加总法→综合折旧法

 C．个别折旧加总法→分类折旧加总法→综合折旧法

 D．综合折旧法→个别折旧加总法→分类折旧加总法

52．房地产开发利润率由大到小的顺序是（　　　）。

 A．直接成本利润率、投资利润率、成本利润率、销售利润率

 B．直接成本利润率、成本利润率、投资利润率、销售利润率

 C．销售利润率、成本利润率、投资利润率、直接成本利润率

 D．成本利润率、直接成本利润率、投资利润率、销售利润率

二、多项选择题（每题的备选答案中有两个或两个以上符合题意）

1．成本法主要适用于评估（　　　）的房地产。

 A．新开发的 B．重新开发 C．正在开发建设 D．计划开发建设

 E．危险房

2．成本法适用于那些既无收益又很少发生交易的房地产估价，这类房地产主要包括（　　　）等。

 A．图书馆   B．钢铁厂   C．空置的写字楼 D．单纯的建筑物

 E．加油站

3．成本法主要适用于评估的建筑物是（　　　）等房地产的价值。

 A．新的   B．比较新的   C．过于老旧   D．在建工程

 E．危险房

4．价格等于"成本加平均利润率"是在长时期内平均来看的，并且需要具备（　　　）的条件。

A．房地产开发成本等于平均利润　　　B．房地产开发成本大于平均利润

C．房地产开发成本小于平均利润　　　D．自由竞争

E．该种商品本身可以大量重复生产

5．在运用成本法时最主要的有（　　　）。

A．区分计划成本和实际成本　　　　　B．区分实际成本和客观成本

C．结合实际成本来确定评估价值　　　D．结合实际开发利润来确定评估价值

E．结合市场供求分析来确定评估价值

6．成本法测算出的价值一般是房地产所有权的价值，在我国可视为（　　　）的价值。

A．房屋所有权

B．房屋使用权

C．在价值时点剩余使用期限的土地使用权

D．土地使用权

E．土地所有权

7．土地取得成本是指取得房地产开发用地的必要支出。取得开发用地的途径可归纳为（　　　）。

A．通过市场购置取得　　　　　　　　B．通过征收集体土地取得

C．通过征收国有土地上房屋取得　　　D．通过国家划拨得到

E．通过与别人合作经营取得

8．在活跃的土地交易市场下，土地取得成本一般是由购置土地的价款、应由买方缴纳的税费和可直接归属于该土地的其他支出的税费构成。其中，地价款主要是采用（　　　）求取。

A．比较法　　　　　B．收益法　　　　　C．成本法　　　　　D．假设开发法

E．基准地价修正法

9．征收集体土地下的土地取得成本中，征地补偿安置费用包括（　　　）。

A．土地补偿费

B．安置补助费

C．地上附着物和青苗的补偿费

D．土地使用权出让金等土地有偿使用费用

E．安排被征地农民的社会保障费用

10．征收国有土地上房屋的土地取得成本中一般包括（　　　）等。

A．房屋征收补偿费用　　　　　　　　B．相关费用

C．建设用地使用权出让金　　　　　　D．青苗补偿费

E．土地使用税

11．房地产价格构成中的建设成本包括（　　　）。

A．建设用地使用权出让金　　　　　　B．基础设施建设费

C. 公共配套设施建设费　　　　　　　D. 勘察设计和前期工程费

E. 管理费

12. 成本法中的投资利息的计算基数包括（　　　）。

A. 土地取得成本　B. 建设成本　　　C. 管理费用　　　D. 销售费用

E. 销售税费

13. 成本法中房地产价格构成中的销售税费不包括（　　　）。

A. 营业税

B. 应由买方缴纳的契税等税费　　C. 重新购建价格是客观的价格

C. 应由卖方缴纳的土地增值税、企业所得税

D. 城市维护建设税

E. 教育费附加

14. 成本法中的"开发利润"是指（　　　）。

A. 开发商所期望获得的利润　　　　B. 开发商所能获得的最终利润

C. 开发商所能获得的平均利润　　　D. 开发商所能获得的税后利润

E. 开发商所能获得的税前利润

15. 开发利润率通常按照一定基数乘以相应的利润率来估算的，相应的利润率包括
（　　　）。

A. 直接成本利润率　　　　　　　　B. 全部成本利润率

C. 成本利润率　　　　　　　　　　D. 投资利润率

E. 销售利润率

16. 在成本法中，直接成本利润率的计算基数包括（　　　）。

A. 土地取得成本　B. 建设成本　　　C. 管理费用　　　D. 销售费用

E. 销售税费

17. 投资利润率的计算基数包括（　　　）。

A. 土地取得成本　B. 建设成本　　　C. 管理费用　　　D. 销售费用

E. 销售税费

18. 下列关于重新购建价格的说法中，正确的有（　　　）。

A. 重新购建价格是指重新开发建设全新状况的估价对象所必需的支出

B. 重新购建价格是在价值时点的价格　　C. 重新购建价格是客观的价格

D. 建筑物的重新购建价格是全新状况下的价格

E. 土地的重新购建价格是法定最高出让年限状况下的价格

19. 在求取土地的重新购建价格时，通常是假设该土地上的建筑物不存在，除此之外的
状况均维持不变，再采用（　　　）等求取该土地的重新购置价格。

A. 比较法　　　B. 成本法　　　C. 假设开发法　　D. 基准地价修正法

E. 长期趋势法

197

20. 根据求取建筑物重新购建价格中的建筑安装工程费的方法来区分，求取建筑物重新购建价格的方法有（　　）。

    A. 单位比较法　　　B. 市场提取法　　　C. 分解法　　　D. 工料测量法

    E. 分部分项法

21. 在具体估算建筑物重新购建价格的方法中，单位比较法实质上是一种比较法，单位比较法主要有（　　）。

    A. 分部分项法　　　B. 工料测量法　　　C. 年限法　　　D. 单位面积法

    E. 单位体积法

22. 根据引起建筑物折旧的原因，可将建筑物折旧分为（　　）。

    A. 物质折旧　　　B. 功能折旧　　　C. 设备折旧　　　D. 经济折旧

    E. 资产折旧

23. 物质折旧可进一步从（　　）几个方面来认识和把握。

    A. 自然环境的恶化　　　　　　　　B. 自然经过的老化

    C. 正常使用的磨损　　　　　　　　D. 意外破坏的损毁

    E. 延迟维修的损坏残存

24. 导致建筑物功能折旧的原因可能是（　　）等。

    A. 功能缺乏　　　　　　　　　　　B. 功能落后

    C. 功能过剩　　　　　　　　　　　D. 市场供给的过量或需求不足

    E. 城市规划改变

25. 建筑物折旧分为物质折旧、功能折旧和经济折旧三大类。其中，属于经济折旧的有（　　）。

    A. 功能落后　　　B. 功能缺乏　　　C. 环境污染　　　D. 交通拥挤

    E. 正常使用的磨损

26. 求取建筑物折旧的方法主要有（　　）。

    A. 年限法　　　B. 市场提取法　　　C. 分部分项法　　　D. 分解法

    E. 指数调整法

27. 下列关于估价上的建筑物折旧的说法中，正确的有（　　）。

    A. 估价上的折旧与会计上的折旧有本质区别

    B. 建筑物的折旧就是建筑物的原始建造价格与账面价值的差额

    C. 建筑物的折旧就是各种原因所造成的价值损失

    D. 建筑物的折旧就是建筑物在价值时点时的重新购建价格与市场价值之间的差额

    E. 建筑物的折旧包括物质折旧、功能折旧和经济折旧

28. 经济适用住房基准价格由（　　）构成。

    A. 开发成本　　　B. 各种赔偿金、违约金、滞纳金和罚款

    C. 税金　　　D. 利润

E. 住宅小区内经营性设施的建设费用

29. 下列关于农地征收费用的表述中，正确的是（　　　）。

A. 地上附着物的补偿标准由省、自治区、直辖市规定

B. 青苗的补偿标准由省、自治区、直辖市规定

C. 征地管理费的标准由省、自治区、直辖市规定

D. 耕地占用税的适用税额标准由省、自治区、直辖市规定

E. 新菜地开发建设基金的缴纳标准由省、自治区、直辖市规定

30. 完好房的成新度可以是（　　　）。

A. 六成　　　　　B. 七成　　　　　C. 八成　　　　　D. 九成

E. 十成

三、判断题

1. 成本法是先分别求取估价对象在估价作业日期的重新购建价格和折旧，然后将重新购建价格减去折旧来求取估价对象价值的方法。（　　　）

2. 成本法是根据估价对象房地产在建造时的购建价格，然后扣除折旧，以此来估算估价对象客观合理的价格或价值的方法。（　　　）

3. 成本法不适宜评估具有开发或再开发潜力的房地产价格。（　　　）

4. 成本法中的"成本"不是通常意义上的成本，而是价格，但价格中不包含利润。（　　　）

5. 在成本法中，房地产成本采用的是实际成本。（　　　）

6. 成本法评估出的价值一般是房地产所有权的价值。（　　　）

7. 在完善的市场经济下，土地取得成本一般包括购买土地的价款和在购置时应由买卖双方共同缴纳的税费。（　　　）

8. 建筑安装工程费包括建造商品房及附属工程所发生的土建工程费用、安装工程费用、装饰装修工程费用等。（　　　）

9. 房地产开发成本扣除土地开发成本后的余额，属于建筑物建设成本。（　　　）

10. 为便于投资利息的测算，销售费用应当区分为销售之前发生的费用与销售之后发生的费用。（　　　）

11. 从估价角度来看，为了使评估价值合理，房地产开发商的自有资金应获得的利息也要与其应获得的利润分开，不能算作开发利润。（　　　）

12. 土地取得成本、建设成本、管理费用和销售费用，无论它们是来自借贷资金还是自有资金，都应计算利息。（　　　）

13. 成本法中的土地取得成本、建设成本、管理费用、销售费用等的金额，均按照它们在过去发生时的实际或正常水平来估算。（　　　）

14. 某银行存款利息方式采用单利，假设某一年期存款的年利率为5%，为吸引3年期的储户，则其3年期存款的单利年利率应大于5.25%。（　　　）

15. 销售税费是指销售已经开发完成的房地产或者预售未来开发完成的房地产应由卖方缴纳的税费。（　　　）

16. 成本法中房地产价格构成中的销售税费既包括由买方缴纳的契税等税费，也包括由卖方缴纳的土地增值税、企业所得税。（　　　）

17. 某宗土地取得成本为1000万元，建设成本为1500万元，管理费用为80万元，销售费用为30万元，销售税费为15万元，投资利息为25万元，开发利润为400万元。则其投资利润率为15%。（　　　）

18. 运用成本法评估某个在建工程的价值，即使该在建工程实际投入了较多费用，但在房地产市场不景气时也要予以减价调整。（　　　）

19. 在确定建筑物的重置价格或建筑安装工程费时，都应包含开发管理费用。（　　　）

20. 一般的建筑物适用于重建价格，有历史美学价值的建筑物适用于重置价格。（　　　）

21. 重建价格关键是"复制"估价对象所必需的支出和应获得的利润。（　　　）

22. 延迟维修的损坏残存主要是由人工使用引起的。（　　　）

23. 建筑物的经济折旧是建筑物因功能性落后所导致的价值贬损。（　　　）

24. 由于交通拥挤引起的折旧属于功能折旧。（　　　）

25. 建筑物的经济寿命短于自然寿命，它是由其经营收益决定的，与其他情况无关。（　　　）

26. 如果建筑物的有效年龄比实际年龄大，就会延长建筑物的剩余经济寿命；反之，就会缩短建筑物的剩余经济寿命。（　　　）

27. 某大型的商贸中心，实际年龄为20年，该建筑物的维修养护状况较差，也没有进行装修，那么该建筑物的有效年龄小于20年。（　　　）

28. 年限法是根据建筑物的经济寿命、有效年龄或剩余寿命求取折旧的方法。（　　　）

29. 某建筑物的建筑面积100m^2，单位建筑面积的重置价格为500元/m^2，判定其有效年龄为10年，年平均折旧率为2%，用直线法计算该房屋的现值为4万元。（　　　）

30. 成新折扣法比较粗略，主要用于初步估价，或者同时需要对大量建筑物进行估价的场合，尤其是大范围的建筑物现值摸底调查。（　　　）

31. 利用市场提取法求出的年平均折旧率，还可以求取年限法所需要的建筑物经济寿命。（　　　）

32. 一幢有效年龄为8年的建筑物，年折旧率是1.67%，经济寿命为60年，则该建筑物的剩余经济寿命为52年。（　　　）

33. 建筑物重置价格是指采用与估价对象建筑物相同的建筑材料、建筑构配件、建筑设备和建筑技术及工艺等，在价值时点的财税制度和市场价格体系下，重新建造与估价对象建筑物相同的全新建筑物的必要支出和应得利润。（　　　）

34. 建筑物的重新购建价格可以采用比较法、成本法求取，也可以通过政府或者其授权的部门公布的房屋重置价格、房地产市场价格扣除其中可能包含的土地价格来求

取。（　　　）

35. 某写字楼应有中央空调而没有中央空调。增设中央空调需要280万元，类似有中央空调的写楼的重置价格为3200万元。该写字楼扣除没有中央空调而引起的折旧后的价值为2920万元。（　　　）

36. 在建筑物折旧中，只有不可修复的功能落后，不存在可修复的功能落后。（　　　）

37. 估价上的折旧注重的是原始价值的真实减损。（　　　）

38. 建筑物的经济寿命早于或与土地使用期限一起结束时，应根据土地剩余使用期限确定收益期限。（　　　）

39. 某一幢旧厂房拟改为超级市场，在该旧厂房建成6年后补办了土地使用权出让手续，土地使用权出让年限为40年，约定在土地使用权期限届满后无偿收回建筑物。建筑物的经济寿命为50年，计算建筑物折旧的经济寿命应为44年。（　　　）

40. 房屋的完好程度越高，其价值就越接近于重新购建价格。（　　　）

41. 被征收房屋补偿费实际上是对被征收房屋价值的补偿。被征收房屋价值包括被征收房屋及其占用范围内的土地使用权的价值，不包括其他不动产的价值。（　　　）

42. 某宗房地产的土地总面积为1000元 m^2，8年前通过征用农地获得，当时取得的费用为18万元／亩，现时重新获得该类土地需要的费用为620元/m^2，地上建筑总面积为2000m^2，6年前建成交付使用，当时的建筑造价为每平方米建筑面积为600元，现时建造类似建筑的建筑造价为每平方米建筑面积1200元，估价该建筑物有八成新。则该房地产的现时单价为1270元/m^2。（　　　）

四、计算分析题

某公司于2015年3月1日在某城市水源地附近取得一宗土地使用权，建设休闲度假村。该项目总用地面积10000m^2，土地使用期限40年，建筑总面积20000m^2，并于2017年9月1日完成，该公司申请竣工验收。根据环保政策要求，环保管理部门在竣工验收时要求该公司必须对项目的排污系统进行改造。请根据下列资料采用成本法评估该项目于2017年9月1日的正常市场价格。

（1）假设在价值时点重新取得该项目建设用地，土地取得费用为1000元/m^2。新建一个与上述项目相同功能且符合环保要求的项目开发成本为2500元/m^2，销售费用为200万元，管理费用为开发成本的3%，开发建设期为2.5年，开发成本、管理费用、销售费用在第一年投入30%，第二年投入50%，最后半年投入20%，各年内均匀投入，贷款年利率为7.02%，销售税金及附加为售价的5.53%，投资利润率为12%。

（2）经分析，新建符合环保要求的排污系统设备购置费和安装工程费分别为400万元和60万元，而已建成项目中排污系统设备购置费和安装工程费分别为200万元和40万元。对原项目排污系统进行改造，发生拆除费用30万元，拆除后的排污系统设备可回收90万元。

（3）原项目预计于2018年1月1日正常营业，当年可获得净收益500万元。由于排污系统改造，项目营业开始时间将推迟到2019年1月1日，为获得与2018年1月1日开始营业时可获得的相同的年净收益，该公司当年需额外支付运营费用100万元，保持预计的盈利水平。

（4）该类度假村项目的报酬率为8%。

4.4 假设开发法

4.4.1 假设开发法概述

1. 假设开发法的含义

假设开发法，也称为剩余法、预期开发法、开发法，是预测估价对象开发完成后的价值和后续开发建设的必要支出及应得利润，然后将开发完成后的价值减去后续开发建设的必要支出和应得利润来求取估价对象价值的方法。假设开发法的本质与收益法相同，是以房地产的未来收益（具体为开发完成后的价值减去后续开发建设的必要支出和应得利润后的余额）为导向来求取房地产的价值。

2. 假设开发法的理论依据

假设开发法的理论依据是预期原理。一个房地产开发商有一块房地产开发用地，首先要仔细分析它的内外部状况和外部条件，例如位置、四至、面积、形状、地势、地质、基础设施完备程度和场地平整程度、城市规划设计条件、交通条件、周围环境景观等。判断这块土地在城市规划允许的范围内最适宜做何种用途、建筑规模多大、什么档次。在做了这些调研工作之后，预测这个建筑物假如建成后连同土地一起出售，将会卖到多高的价钱；为了建造这个建筑物将需要多少支出，包括开发成本、管理费用、销售费用，以及投资利息；此外，不能忘了在交易中要缴纳有关税费及要获得开发利润。预测了这些之后，便知道愿意为这块土地支付的最高价格是多少。它等于预测的开发完成后的价值，减去需要支出的各项成本、费用、税金以及应当获得的利润之后所剩的数额。

3. 假设开发法适用的估价对象和条件

（1）假设开发法适用的估价对象

假设开发法适用的估价对象不仅是上述房地产开发用地，凡是具有开发或再开发潜力并且其开发完成后的价值可以采用比较法、收益法等方法求取的房地产，都适用假设开发法估价，包括可供开发建设的土地（包括生地、毛地、熟地，典型的是房地产开发用地）、在建工程（包括房地产开发项目）、可重新装饰装修改造或改变用途的旧的房地产（包括重新装饰装修、改建、扩建，如果是重建就属于毛地的范畴）。以下我们将这类房地产统称为"待开发房地产"。

对于有城市规划设计条件要求，但城市规划设计条件尚未正式明确的待开发房地产，难以采用假设开发法估价。如果在这种情况下仍然需要估价的话，估价人员必须将该最可能的城市规划设计条件作为估价的假设和限制条件，并在估价报告中作出特别提示，说明它的性质及对估价结果的影响（包括它的变化对估价结果可能产生的影响），或者估价结果对它的依赖性。

（2）假设开发法估价需要具备的条件

在实际估价中，运用假设开发法估价结果的可靠程度，关键取决于以下两个预测：①是否根据房地产估价的合法原则和最高最佳使用原则，正确地判断了房地产的最佳开发利用方式（包括用途、规模、档次等）；②是否根据当地房地产市场行情或供求状况，正确地预测了开发完成后的房地产价值。当估价对象具有潜在的开发价值时，假设开发法几乎是最主要且实用的估价方法。

（3）假设开发法的其他用途

假设开发法除了适用于房地产估价，还适用于房地产开发项目投资分析，是房地产开发项目投资分析的常用方法之一。假设开发法具体可为房地产投资者提供下列3种数据：

1）测算待开发房地产的最高价格；

2）测算开发项目的预期利润；

3）测算开发中可能出现的最高费用。

4. 假设开发法估价的操作步骤

运用假设开发法估价一般分为以下6个步骤进行：①调查、了解待开发房地产的状况；②选择最佳的开发利用方式，确定开发完成后的房地产状况；③估算后续开发经营期；④预测开发完成后的房地产价值；⑤预测后续开发建设的必要支出和应得利润；⑥进行具体计算，求出待开发房地产的价值。

调查、了解该类房地产开发用地的状况主要包括下列4个方面：

（1）弄清土地的位置。包括3个层次：①土地所在城市的性质；②土地所在城市内的区域的性质；③具体的坐落状况。弄清这些，主要是为选择最佳的土地用途服务。

（2）弄清土地的面积大小、形状、地势、地质、基础设施完备程度、平整程度等。弄清这些，主要是为测算后续开发建设的必要支出服务。

（3）弄清城市规划设计条件。包括弄清规定的用途、容积率、建筑密度、建筑高度等。为确定最佳的开发利用方式服务。

（4）弄清将拥有的土地权利。包括弄清权利性质、使用期限、是否不得续期以及对转让、出租、抵押等的有关规定等。

4.4.2 假设开发法的基本公式

1. 假设开发法最基本的公式

待开发房地产价值＝开发完成后的房地产价值－后续开发成本－管理费用－
销售费用－投资利息－销售税费－开发利润－
取得待开发房地产应负担的税费　　　　　　（4-110）

在实际估价中，对于上述公式中具体应减去的项目及其金额，要牢记"后续"两字，掌握的基本原则是设想得到估价对象（待开发房地产）以后到把它开发建设完成，还需要开展的各项工作及相应的必要支出和应得利润。因此，如果是已经完成的工作及相应的支出和利润，则它们已被包含在估价对象的价值内，不应作为扣除项目。例如，评估毛地的价值，即该土地尚未完成征收补偿安置，这时减去的项目应包括征收补偿安置费。《城市房地产开发经营管理条例》第二十二条规定："房地产开发企业转让房地产开发项目时，尚未完成征收补偿安置的，原征收补偿安置合同中有关的权利、义务随之转移给受让人。"但是，如果评估的是已完成征收补偿安置的土地价值，则不应将征收补偿安置费作为扣除项目。

运用上述公式估价，一是要把握待开发房地产的状况和开发完成后的房地产状况，二是要把握开发完成后的房地产的经营方式。估价对象状况就是待开发房地产的状况，有土地（又可分为生地、毛地、熟地）、在建工程和旧的房地产等；开发完成后的房地产状况，有熟地和房屋（包含土地）等，房屋又可进一步为毛坯房、粗装修房、精装修房等。

2．按估价对象和开发完成后的房地产细化的公式

上述假设开发法最基本的公式，按照估价对象状况和开发完成后的房地产状况，可具体细化如下：

（1）求生地价值的公式

1）适用于往生地上进行房屋建设的公式

生地价值＝开发完成后的房地产价值－由生地建成房屋的开发成本－管理费用－销售费用－投资利息－销售税费－开发利润－取得土地的税费　　　（4-111）

2）适用于将生地开发成熟地的公式

生地价值＝开发完成后的熟地价值－生地开发成熟地的开发成本－管理费用－销售费用－投资利息－销售税费－土地开发利润－取得生地的税费　　　（4-112）

（2）求毛地价值的公式

1）适用于在毛地上进行房屋建设的公式

毛地价值＝开发完成后的房地产价值－由毛地建成房屋的开发成本－管理费用－销售费用－投资利息－销售税费－开发利润－取得毛地的税费　　　（4-113）

2）适用于将毛地开发成熟地的公式

毛地价值＝开发完成后熟地价值－由毛地开发成熟地的开发成本－管理费用－销售费用－投资利息－销售税费－土地开发利润－取得毛地的税费　　　（4-114）

（3）求熟地价值的公式

熟地价值＝开发完成后房地产价值－由熟地建成房屋的开发成本－管理费用－销售费用－投资利息－销售税费－开发利润－取得熟地的税费　　　（4-115）

（4）求在建工程价值的公式

在建工程价值＝续建完成后房地产价值－续建成本－管理费用－销售费用－投资利息－销售税费－续建投资利润－取得在建工程的税费　　　（4-116）

（5）求旧的房地产价值的公式

旧的房地产价值＝装饰装修改造或改变用途后的房地产价值－装饰装修改造或改变用途
　　　　　　的成本－管理费用－销售费用－投资利息－销售税费－装饰装修改造
　　　　　　投资利润－取得旧的房地产的税费　　　　　　　　　　　　　（4-117）

3．按开发完成后的房地产的经营方式细化的公式

开发完成后的房地产适宜出售的，其价值适用比较法评估；适宜出租或营业的，其价值
适用收益法评估。据此，将假设开发法最基本的公式细化如下：

（1）适用于开发完成后的房地产出售的公式

$$V=V_P-C \qquad (4-118)$$

式中　　V——待开发房地产的价值；

　　　　V_P——采用比较法测算的开发完成后的房地产价值；

　　　　C——后续开发建设的必要支出和应得利润。

（2）适用于开发完成后的房地产出租或营业的公式

$$V=V_R-C \qquad (4-119)$$

式中　　V_R——采用收益法测算的开发完成后的房地产价值。

4.4.3　现金流量折现法和传统方法

1．现金流量折现法和传统方法的定义

运用假设开发法估价必须考虑资金的时间价值。但考虑资金的时间价值有以下两种方
式：一是采取折现的方式，以下将这种方式下的假设开发法称为现金流量折现法；二是采取
计算投资利息的方式，以下将这种方式下的假设开发法称为传统方法。

现金流量是指一个项目（方案或企业）在其一特定的时期内收入和支出的资金数额。现
金流量分为现金流入量、现金流出量和净现金流量。资金的收入称为现金流入，相应的数额
称为现金流入量。资金的支出称为现金流出，相应的数额称为现金流出量。现金流入通常表
示为正现金流量，现金流出通常表示为负现金流量。净现金流最是指某一时点的正现金流量
与负现金流量的代数和，即：净现金流量＝现金流入量－现金流出量

2．现金流量折现法与传统方法的区别

现金流量折现法与传统方法主要有下列三大区别：

（1）对开发完成后的房地产价值、后续开发成本、管理费用、销售费用、销售税费等的
测算，在传统方法中主要是根据价值时点（通常为现在）的房地产市场状况作出的，即它们
基本上是静止在价值时点的金额。而在现金流量折现法中，是模拟房地产开发过程，预测它
们未来发生的时间以及在未来发生时的金额，即要进行现金流量预测。

（2）传统方法不考虑各项收入、支出发生的时间不同，即不是将它们折算到同一时间上
的价值，而是直接相加减，但要计算投资利息，计息期通常到开发完成时止，即既不考虑预
售，也不考虑延迟销售；而现金流量折现法要考虑各项收入、支出发生的时间不同，即首先

要将它们折算到同一时间上的价值（直接或最终折算到价值时点），然后再相加减。

（3）在传统方法中投资利息和开发利润都单独显现出来，在现金流量折现法中这两项都不独立显现出来，而是隐含在折现过程中。因此，现金流量折现法要求折现率既包含安全收益部分（通常的利率），又包含风险收益部分（利润率）。这样处理是为了与投资项目评估中的现金流量分析的口径一致，便于比较。

3．现金流量折现法和传统方法的优缺点

从理论上讲，现金流量折现法测算的结果比较精确，但测算过程较为复杂；传统方法测算的结果比较粗略，但测算过程相对简单一些。就它们的精确与粗略而言，在现实中可能不完全如此。这是因为现金流量折现法从某种意义上讲要求"先知先觉"，具体需要做到以下三点：①后续开发经营期究竟多长要估算准确；②各项支出、收入在何时发生要估算准确；③各项支出、收入在其发生时所发生的金额要估算准确。

4.4.4 假设开发法计算中各项的求取

1．后续开发经营期

开发经营期的起点是（假设）取得估价对象（待开发房地产）的日期（即价值时点），终点是开发完成后的房地产经营结束的日期。开发经营期可分为开发期和经营期。其中，开发期的起点与开发经营期的起点相同，终点是开发完成后的房地产竣工验收完成的日期。经营期可根据开发完成后的房地产的经营方式而具体化。由于开发完成后的房地产的经营方式有出售、出租和营业，因此经营期可具体化为销售期（针对出售这种情况）和运营期（针对出租和营业两种情况）。销售期是从开始销售开发完成后的房地产到将其全部销售完毕的日期。在有预售的情况下，销售期与开发期有重合。运营期的起点是开发完成后的房地产竣工验收完成的日期，终点是开发完成后的房地产经济寿命结束的日期。在有延迟销售的情况下，销售期与运营期有重合。开发经营期、开发期、经营期等之间的关系如图4-7所示。

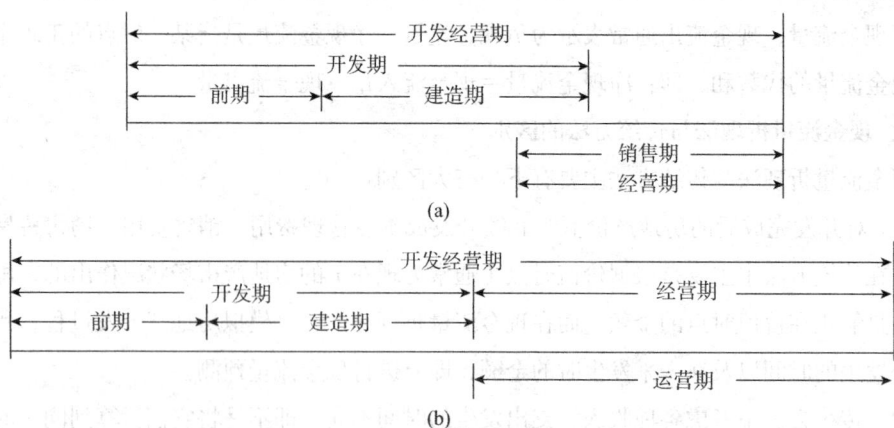

图4-7 开发经营期及构成

（a）销售（含预售）的情况；（b）出租或营业、自用的情况

估算开发期的核心是先抓住待开发房地产状况和开发完成后的房地产状况这两头，然后估计将待开发房地产状况开发建设成开发完成后的房地产状况所必要的时间。具体的估算方法，是根据往后需要做的各项工作所需要的正常时间来直接估算开发期。二是采用类似于比较法的方法，即通过类似房地产已发生的开发期的比较、修正和调整，先分别求取开发完成后的房地产的开发期和待开发房地产的开发期，然后将开发完成后的房地产的开发期减去待开发房地产的开发期，必要时再加上"重新接手"待开发房地产所必要的时间（如在估价对象为被强制拍卖、变卖的在建工程的情况下）。例如，估算估价对象为一商品房在建工程的后续开发期，通过比较法得到了类似商品房的开发期为3年，该在建工程的正常开发期为2年，则后续开发期为1年。如果设在建工程被强制拍卖、变卖的，则应再加上"重新接手"的合理期限，如需要办理有关变更等交接手续，相当于有一个新的"前期"。假如该合理期限为0.5年，则该在建工程的后续开发期为1.5年。

2．开发完成后的房地产价值

开发完成后的房地产价值，是指开发完成后的房地产状况所对应的价值。以商品房在建工程为例，如果预计开发完成后的商品房为毛坯房的，则对应的应是毛坯房的价值；如果预计开发完成后的商品房为粗装修房的，则对应的应是粗装修房的价值；如果预计开发完成后的商品房为精装修房的，则对应的应是精装修房的价值。

在实际估价中，对于出售的房地产，开发完成后的房地产价值一般是在其开发完成之时的房地产市场状况下的价值；但当房地产市场较好而适宜采取预售的，则是在其预售时的房地产市场状况下的价值；当房地产市场不好而需要延迟销售的，则是在其延迟销售时的房地产市场状况下的价值。

对于出租或营业的房地产，例如写字楼、商店、旅馆、餐馆等，预测其开发完成后的价值，可以先预测其租赁或经营收益，再采用收益法将该收益转换为价值。例如，根据当前的市场租金水平，预测未来建成的某写字楼的月租金为每平方米使用面积35美元，出租率为90%，运营费用占租金的30%，报酬率为10%，可供出租的使用面积为38000m²，运营期为47年，则未来建成的该写字楼在建成时的总价值可估计为：

$$\frac{35 \times 90\% \times (1 - 30\%) \times 12 \times 38000}{10\%}\left[1 - \frac{1}{(1 + 10\%)^{47}}\right] = 9940.80 \text{ 万美元}$$

3．后续开发建设的必要支出和应得利润

后续开发建设的必要支出和应得利润，具体包括后续开发成本、管理费用、销售费用、投资利息、销售税费、开发利润以及取得待开发房地产的税费，都是假设开发法计算中的扣除项，可以统称为"扣除项目"。它们的测算方法与成本法中的相同，注意是预测的未来发生时的值，而不是价值时点时的值。

投资利息和开发利润只有在传统方法中才需要测算。其中，测算投资利息要把握应计息的项目和计息期的长短。应计息的项目包括：①未知、需要求取的待开发房地产的价值；②取得待开发房地产和税费；③后续开发成本、管理费用、销售费用。销售税费和开发利润

一般不计息。一项费用的计息期的起点是该项费用发生的时点，终点通常是开发期结束的时点。另外，值得注意的是，未知、需要求取的待开发房地产的价值是假设在价值时点一次性付清，因此，其计息的起点是价值时点。后续开发成本、管理费用等通常不是集中在一个时点发生，而是在一段时间内（如开发期间或建造期间）连续发生，但计息时通常将其假设为在所发生的时间段内均匀发生，具体视为集中发生在该时间段的期中。发生的时间段通常按年来划分，精确的测算也可按半年、季、月来划分。

4．折现率

折现率是在采用现金流量折现法时需要确定的一个重要参数，与报酬资本化法中的报酬率的性质和求取方法相同，具体应等同于同一市场上类似房地产开发项目所要求的平均报酬率，它体现了资金的利率和开发利润率两部分。

4.4.5 假设开发法运用举例

【例4-54】某成片荒地的面积为2km²，适宜进行"五通一平"的土地开发后分块有偿转让；可转让土地面积的比率为60%；附近地区与之位置相当的"小块"、"五通一平"熟地的单价为800元/m²；开发期为3年；将该成片荒地开发成"五通一平"熟地的开发成本、管理费用等费用为2.5亿元/km²；贷款年利率为8%；土地开发的年利润率为10%；当地土地转让中卖方需要缴纳的营业税等税费为转让价格的6%，买方需要缴纳的契税等税费为转让价格的4%。请采用传统方法测算该成片荒地的总价和单价。

【解】设该成片荒地的总价为V：

开发完成后的熟地总价值＝800×2000000×60%＝9.6亿元

开发成本及管理费用等的总额＝2.5×2＝5亿元

投资利息总额＝$(V+V×4\%)×[(1+8\%)^3-1]+5×[(1+8\%)^{1.5}-1]$
$$=0.27V+0.612亿元$$

转让开发完成后的熟地的税费总额＝9.6×6%＝0.576亿元

土地开发利润总额＝$(V+V×4\%)×3×10\%+5×1.5×10\%=0.312V+0.75亿元$

购买该成片荒地的税费总额＝$V×4\%=0.04V亿元$

$V=9.6-5-(0.27V+0.612)-0.576-(0.312V+0.75)-0.04V$

$V=1.641亿元$

故：设该成片荒地总价＝1.641亿元

设该成片荒地单价＝164100000/2000000＝82.05元/m²

【例4-55】某宗"七通一平"熟地的面积为5000m²，容积率为2，适宜建造一幢乙级写字楼。预计取得该宗土地后将该写字楼建成需要2年的时间，建筑安装工程费为每平方米建筑面积1500元，勘察设计和前期工程费及其他工程费为建筑安装工程费的8%，管理费用为建筑安装工程费的6%；第一年需要投入60%的建筑安装工程费、勘察设计和前期工程费及其他工程费、管理费用，第二年需要投入40%的建筑安装工程费、勘察设计和前期工程费及其他工程费、管理费用。在该写字楼建成前半年需要开始投入广告宣传等销售费用，该费用预计为售价的2%。房地产交易中卖方应缴纳的营业税等税费为交易价格的6%，买方应缴纳的契税等税费为交易价格的3%。预计该写字楼在建成时可全部售出，售出时的平均价格为每平方米建筑面积3500元。请利用所给资料采用现金流量折现法测算该宗土地的总价、单价及楼面地价（拆现率为12%）。

【解】该写字楼的总建筑面积 $=5000 \times 2 = 10000 \text{m}^2$

$$开发完成的总价值 = \frac{3500 \times 10000}{(1+12\%)^2} = 2790.18 \text{万元}$$

$$\begin{matrix} 建筑安装工程 \\ 费等的总额 \end{matrix} = 1500 \times 10000 \times (1+8\%+6\%) \times \left[\frac{60\%}{(1+12\%)^{0.5}} + \frac{40\%}{(1+12\%)^{1.5}} \right]$$

$$= 1546.55 \text{万元}$$

建筑安装工程费、勘察设计和前期工程费及其他工程费、管理费用在各年的投入实际上是覆盖全年的，但为折现计算的方便起见，假设各年的投入集中在年中，这样，就有了上述计算中的折现年数分别是0.5和1.5的情况。

销售费用总额 $= 3500 \times 10000 \times 2\% / (1+12\%)^{1.75} = 57.41 \text{万元}$

销售费用假设在写字楼建成前半年内均匀投入，视同在该期间的中点一次性投入，这样，就有了上述计算中的折现年数是1.75的情况。

销售税费总额 $= 2790.18 \times 6\% = 167.41 \text{万元}$

设该宗土地的总价为 V，则：

购买该宗土地的税费总额 $= V \times 3\% = 0.03V \text{万元}$

$V = 2790.18 - 1546.55 - 57.41 - 167.4l - 0.03V$

$V = 989.14 \text{万元}$

故：

土地总价 $= 989.14 \text{万元}$

土地单价 $= 9891400/5000 = 1978.28 \text{元/m}^2$

楼面地价 $= 9891400/10000 = 989.14 \text{元/m}^2$

【例4-56】某在建工程为框架结构，开工于2006年3月1日，总用地面积3000m²，规划总建筑面积12400m²，用途为写字楼。土地使用期限为50年，从开工之日起计；当时取得土地的花费为楼面地价800元/m²。该项目的正常建设费用（包括勘察设计和前期工程费、建筑安装工程费、管理费用等）为每平方米建筑面积2300元。至2007年9月1日完成了主体结构，相当于投入了40%的建设费用。预计至建成尚需1.5年（18个月），还需要投入60%的建设费用。建成半年后可租出，可出租面积的月租金为60元/m²，可出租面积为建筑面积的70%，正常出租率为85%，出租的运营费用为有效毛收入的25%。当地购买在建工程买方需要缴纳的税费为购买价的3%，同类房地产开发项目的销售费用和销售税费分别为售价的3%和6%，在建成前半年开始投入广告宣传等销售费用。请利用上述资料采用现金流量折现法测算该在建工程2007年9月

1日的正常购买总价和按规划建筑面积折算的单价（报酬率为9%，折现率为13%）。

【解】设该在建工程的正常购买总价为V：

$$续建完成后的总价值=\frac{A}{Y}\left[1-\frac{1}{(1+Y)^n}\right]\times\frac{1}{(1+r_d)^t}$$

上式中，A为净收益，Y为报酬率，n为收益期限，r_d为折现率，t为需要折现的年数。根据题意，它们分别如下：

$A=60\times12\times12400\times70\%\times85\%\times（1-25\%）=398.41$万元

$Y=9\%$

n是根据土地使用权剩余期限来确定的，因为预计建筑物经济寿命晚于土地使用期限结束。由于土地使用期限为50年，从开工到建成为3年，建成半年后出租，所以

$n=50-3-0.5=46.5$（年）$r_d=13\%$

t是把收益法计算出的续建完成后的价值折算到价值时点时的价值。由于收益法计算出的续建完成后的价值是在价值时点之后2年，所以，$t=2$年

续建完成后的总价值计算如下：

$$续建完成后的总价值=\frac{398.41}{9\%}\left[1-\frac{1}{(1+9\%)^{46.5}}\right]\times\frac{1}{(1+13\%)^2}=3403.78万元$$

续建总费用$=2300\times12400\times60\%/（1+13\%）^{0.75}=1561.32$万元

$$销售费用总额=\frac{398.41}{9\%}\left[1-\frac{1}{(1+9\%)^{46.5}}\right]\times\frac{3\%}{(1+13\%)^2}=102.11万元$$

销售税费总额$=3403.78\times6\%=204.23$万元

购买在建工程的税费总额$=V\times3\%=0.03V$万元

$V=3403.78-1561.32-102.11-204.23-0.03V$

$V=1491.37$万元

故：该在建工程总价$=1491.37$万元

该在建工程单价$=1491.37/1.24=1202.72$万元

案例分析

估价对象共有64处房产，于2011年8月15日取得建设工程规划许可证，证号为：建字第652824201100061号；该建筑物为在建工程，主体已完工，目前装修正在进行。估价对象还未办理国有土地使用权证。

假设开发法估算过程：

调查目前同类地区、同类物业、用途相近、框架结构的建筑物的商业房地产的

市场销售情况并考虑待估宗地规划设计用途为限价商品房，则A至D段销售价取为5250.00元/m²，则：

（1）估价对象在续建完成后的市场价值为：

A至D段：5250.00元/m²×9003.09m²=4726.62万元

（2）应扣除开发费用测算

1）尚未完成的建安工程费及装饰装修工程费

根据委托方提供的资料，结合本公司现场勘查掌握的估价对象目前完成状况，至价值时点，估价对象主体工程已完工，室外装修尚未完工，室内尚未进行装修，设备部分已安装、部分处于待安装阶段，确定尚须投入的内外装修及水电暖安装、配套工程等A至D段一层为4726.62万元左右（按预售面积9003.09m²确定）具体续建成本估算及工程进度见表4-23。

A段至D段工程造价及完工进度估算表　　　　　表4-23

序号	项目	建筑面积（m²）	单方造价（元/m²）	总价（万元）	已完工程量（%）	剩余工程量%	续建投资额（万元）
1	土建工程	9003.09	1280	1152.40	100%	0%	0.00
2	内外装修及水电暖安装	9003.09	660	594.20	80%	20%	118.84
3	配套工程	9003.09	160	144.05	70%	30%	43.22
合计				1890.65			162.06

评估基准日（2015年1月10日），根据施工现状及推算，A段至D段建设期为六个月，并假设此项续建费用在建设期内均匀投入，则此项费用用于价值时点的现值为（考虑资金成本及开发利润后，折现率取10%）：

A段至D段：$A=162.06/(1+10\%)^{1/2}=154.52$万元

2）管理费

该项费用是指在建设施工过程中的发生管理费，包括人员工资、福利等，该项费用按续建成本的3%计，则A段至D段该项费用：$B=154.52×3\%=4.64$万元

3）销售税费

增值税及城市维护建设税、教育费附加为续建完成后房地产价值的5.55%，广告宣传等销售费用取续建完成后的房地产价值的2.45%，则此项费用为：

A段至D段：$C=4726.62×8\%=378.13$万元

4）卖方应负担的土地增值税

根据《国家税务总局关于加强土地增值税征管工作的通知》（国税发〔2010〕53号）"东部地区省份预征率不得低于2%，中部和东北地区省份不得低于1.5%，西部地区省份不得低于1%……"确定卖方应负担的土地增值税为续建完成后房地产价值的1%，即：

A段至D段：$D = 4726.62 \times 1\% = 47.27$ 万元

5）买方应负担的税费

确定买方购买时应负担的税费为购买价格的3%，即：$E = 0.03P$

6）总计

A段至D段：$A + B + C + D + E = 154.52 + 4.64 + 378.13 + 47.27 + 0.03P$

7）单位面积价值

A段至D段：4466.71 元/m²

要求：

1. 说明所选用数据和估算数据的可信性，列出依据或法规。

2. 在假设开发法估算中如何判定符合最高最佳使用原则。

三 技能训练

一、单项选择题（每题的备选答案中只有一个最符合题意）

1. 假设开发法的本质是以房地产的（   ）为导向计算估价对象的价值。

　A．预期未来收益　　　　　　　　　B．预期开发后的价值

　C．重新开发建设成本　　　　　　　D．市场交易价格

2. 假设开发法的理论依据是（   ）。

　A．替代原理　　　B．合法原理　　　C．预期原理　　　D．生产费用价值论

3. 假设开发法在形式上是适用于评估新开发房地产价值的（   ）的"倒算法"。

　A．比较法　　　　B．收益法　　　　C．成本法　　　　D．长期趋势法

4. 下列关于假设开发法的表述，不正确的是（   ）。

　A．假设开发法在形式上是评估新开发完成的房地产价格的成本法的倒算法

　B．运用假设开发法可测算开发房地产项目的土地最高价格、预期利润和最高费用

　C．假设开发法适用的对象包括待开发的土地、在建工程和不得改变现状的旧房

　D．假设开发法通常测算的是一次性的价格剩余

5. 某市区有一大型物资储备仓库，现根据城市规划和市场需求，拟改为超级市场。需评估该仓库的公开市场价值，最适宜采用（   ）进行估价。

　A．比较法　　　　B．成本法　　　　C．假设开发法　　　D．长期趋势法

6. 假设开发法用于房地产估价与用于房地产投资分析的不同之处在于：在选取有关参数和测算有关数值时，估价是站在（　　　　）的投资者的立场上，投资分析是站在（　　　）的投资者的立场上。

   A. 特定，典型　　　　B. 典型，特定　　　　C. 特殊，典型　　　　D. 典型，特殊

7. 现有一宗规划用途为商住综合的城市土地，采用假设开发法估价，假设按纯商业用途的估算结果为800万元，按纯居住用途的估算结果为1000万元，则该宗土地的评估价值应为（　　　）万元。

   A. 800　　　　　　　B. 1000　　　　　　C. 1800　　　　　　D. 800～1000

8. 假设开发法最基本的公式是（　　　）。

   A. 待开发房地产价值＝开发完成后的价值－后续必要支出及应得利润

   B. 待开发房地产价值＝开发完成后的价值－相应的支出及利润

   C. 待开发房地产价值＝开发完成后的价值－已完成工作的必要费用

   D. 待开发房地产价值＝开发完成后的价值－开发成本

9. 开发完成后的房地产适宜销售的，其价值适用（　　　）进行评估。

   A. 比较法　　　　　B. 收益法　　　　　C. 成本法　　　　　D. 推测法

10. 开发完成后的房地产适宜出租或营业的，其价值适用（　　　）进行评估。

   A. 比较法　　　　　B. 收益法　　　　　C. 成本法　　　　　D. 推测法

11. 运用假设开发法估价，对于资金的时间价值（　　　）。

   A. 不必考虑　　　　　　　　　　　B. 根据实际情况而定

   C. 必须考虑　　　　　　　　　　　D. 无法确定

12. 某在建工程土地使用权年限为40年，自取得土地使用权之日起开工，预计建成后的建筑面积为15000m²，年净收益为480万元，自开工到建成的建设期为3年，估计该项目至建成还需1.5年。已知报酬率为8%，折现率为12%，则该项目开发完成后的房地产现值为（　　　）万元。

   A. 4023.04　　　　B. 4074.10　　　　C. 4768.50　　　　D. 5652.09

13. 当较为精确地应用假设开发法时，应考虑（　　　）。

   A. 通货膨胀影响　　B. 投资利息因素　　C. 资金时间价值　　D. 投资风险补偿

14. 某估价对象为一块待开发的土地，该地块适宜为商业用途，目前该类物业无风险报酬率为5%，风险报酬率为安全利率的60%，则该物业的报酬率应为（　　　）。

   A. 2%　　　　　　　B. 3%　　　　　　　C. 5%　　　　　　　D. 8%

15. 运用假设开发法评估某待开发房地产的价值时，若采用动态分析法计算，则该待开发房地产开发经营期的起点应是（　　　）。

   A. 待开发房地产开发建设开始时的具体日期

   B. 待开发房地产建设发包日期

   C. 取得待开发房地产的日期

D. 房地产开发完成并投入使用的日期

16. 销售期是从开始销售已开发完成或未来开发完成的房地产之日起至（　　）的日期。

A. 房屋验收合格　　　　　　　　　B. 房屋可使用

C. 将其售出　　　　　　　　　　　D. 房地产经济寿命结束

17. 下列关于开发经营期、建设期、经营期等之间关系的说法错误的是（　　）。

A. 开发经营期可分为建设期和经营期

B. 建设期的起点与开发经营期的起点相同

C. 经营期可具体化为销售期和运营期

D. 经营期可以准确预测答案

18. 假设开发法静态分析法中，开发完成后的房地产价值所对应的时间通常是（　　）。

A. 开发结束时的时间　　　　　　　B. 购买待开发房地产时的时间

C. 建设期间的某个时间　　　　　　D. 全部租售出去时的时间

19. 对于出售的房地产，采用假设开发法估算开发完成后的房地产价值时，根据待估土地的最佳开发利用方式和当地房地产市场现状及未来变化趋势，可以采用（　　）和长期趋势法相结合进行估算。

A. 比较法　　　　B. 收益法　　　　C. 成本法　　　　D. 路线价法

20. 现有某待开发项目建筑面积为3850m²，从当前开始建设期为2年。根据市场调查分析，该项目建成时可出售50%，半年后和一年后分别售出其余的30%和20%，出售的平均单价为2850元/m²。若折现率为15%，则该项目开发完成后的总价值的当前现值为（　　）万元。

A. 766　　　　B. 791　　　　C. 913　　　　D. 1046

21. 评估一宗房地产开发用地2010年1月1日的价值，预测该宗土地2013年1月1日开发完成后的房价（含地价）为2000万元，折现率为10%，则该房地产的价值为（　　）万元。

A. 1562.89　　　B. 1652.89　　　C. 1502.63　　　D. 1520.63

22. 运用假设开发法估价，开发完成后的价值不能采用（　　）来求取。

A. 成本法　　　　B. 比较法　　　　C. 收益法　　　　D. 长期趋势法

23. 在运用假设开发法的时候，要考虑在购置土地时作为（　　）计算所需要缴纳的税费，在出售开发完成后的房地产时作为（　　）计算所需要缴纳的税费。

A. 买方，买方　　　B. 买方，卖方　　　C. 卖方，买方　　　D. 卖方，卖方

24. 在采用假设开发法中的静态分析法进行房地产估价时，一般不计息的项目是（　　）。

A. 未知、需要求取的待开发房地产的价值

B. 投资者购买待开发房地产应负担的税费

C. 销售税费

D. 开发成本、管理费用和销售费用

25. 后续的开发成本、管理费用、销售费用通常不是集中在一个时点发生，而是分散在一段时间内不断发生，但计息时通常将其假设为在所发生的时间段内的（　　）。

A. 期初　　　　　B. 期中　　　　　C. 期末　　　　　D. 任意阶段

26. 下列关于假设开发法估价前提的说法，正确的是（　　）。

A. 自己开发前提下评估出的价值，要大于自愿转让前提下评估出的价值

B. 自己开发前提下评估出的价值，要大于或等于自愿转让前提下评估出的价值

C. 自愿转让前提下评估出的价值，要小于或等于被迫转让前提下评估出的价值

D. 自愿转让前提下评估出的价值，要大于或等于被迫转让前提下评估出的价值

27. 某在建工程规划建筑面积为12400m²，土地使用期限为40年，从开工之日起计算。项目建设期为2年，建成后半年可全部出租，按可出租面积计算的月租金为60元/m²，可出租面积为建筑面积的65%，正常出租率为90%，运营费用为有效毛收入的25%。目前项目已建设1年，约完成了总投资的60%。假设报酬率为8%，折现率为14%，则该在建工程续建完成后的房地产价值现值为（　　）万元。

A. 2281.83　　　　B. 2474.60　　　　C. 3798.30　　　　D. 4119.18

28. 运用假设开发法中的动态分析法估价时，无需做的是（　　）。

A. 估算后续开发的经营期

B. 估算后续开发的各项支出、收入

C. 估算后续开发的各项支出、收入在何时发生

D. 估算建设期中的利息和利润

29. 参与房地产开发用地挂牌交易的各房地产开发企业报价相差悬殊，其根本原因是（　　）。

A. 各房地产开发企业采用不同的估价方法衡量开发用地价值

B. 各房地产开发企业掌握开发用地的信息不够对称

C. 各房地产开发企业选取开发用地利用方式的规划条件不一致

D. 各房地产开发企业均是以自身条件为依据衡量开发用地的投资价值

30. 在假设开发法的动态分析法中，估价对象开发完成后的价值对应的时间一般是（　　）。

A. 取得待开发房地产的时间　　　　B. 开发经营期间的某个时间

C. 开发完成后的时间　　　　　　　D. 开发完成之后的某个时间

31. 某框架结构在建工程土地使用权年限40年，自取得土地使用权之日起开工，预计建成后的建筑面积为15000m²，年净收益为480万元，自开工到建成的建设期为3年，估计该项目至建成还需1.5年，已知报酬率为8%，折现率为12%，在建设用地使用权期限届满时需要无偿收回建设用地使用权时，对收回的建筑物不予补偿，则该项目开发完成后的房地产现值为（　　）万元。

A. 4023.04   B. 4074.10   C. 4768.50   D. 5652.09

32. 在测算后续开发利润时，采用投资利润率的后续开发利润的计算基数为（   ）。

　　A. 后续建设成本+管理费用+销售费用

　　B. 待开发房地产价值及取得税费+后续建设成本+管理费用

　　C. 待开发房地产价值及取得税费+后续建设成本+管理费用+销售费用

　　D. 待开发房地产价值及取得税费+后续建设成本+管理费用+销售费用+投资利息

二、多项选择题（每题的备选答案中有两个或两个以上符合题意）

1. 在实际估价中，运用假设开发法估价结果的可靠性，关键取决于（   ）。

　　A. 房地产具有开发或再开发潜力　　　B. 将预期原理作为理论依据

　　C. 正确判断了房地产的最佳开发方式　　D. 正确量化了已经获得的收益和风险

　　E. 正确预测了未来开发完成后的房地产价值

2. 运用假设开发法估价的效果，还要求有一个良好的社会经济环境，包括（   ）。

　　A. 明朗、稳定及长远的房地产政策　　　B. 一套统一、严谨及健全的房地产法规

　　C. 一个公平交易的房地产信息资料库　　D. 一个公平竞争的市场环境

　　E. 一个全面、连续及开放的房地产信息、资料库

3. 假设开发法具体可为房地产投资者提供（   ）。

　　A. 待开发房地产的最高价格　　　　　B. 待开发房地产的平均价格

　　C. 房地产开发项目的预期利润　　　　D. 房地产开发项目的平均利润

　　E. 房地产开发中可能出现的最高费用

4. 地块的区位状况包括（   ）。

　　A. 地块所在城市的性质　　　　　　　B. 地块的地质情况

　　C. 地块所在城市内的区域的性质　　　D. 地块的水文情况

　　E. 具体的坐落状况

5. 在假设开发法中，选择最佳的开发利用方式最重要的是选择最佳用途，而最佳用途的选择要考虑土地位置的（   ）。

　　A. 可接受性　　　　　　　　　　　　B. 保值增值性

　　C. 现实社会需要程度　　　　　　　　D. 未来发展趋势

　　E. 固定性

6. 选择最佳的开发利用方式包括（   ）方面。

　　A. 最佳的用途　　B. 建筑规模　　C. 档次　　　　D. 大小

　　E. 区位

7. 下列关于动态分析法与静态分析法说法正确的是（   ）。

　　A. 在静态分析法中投资利息和开发利润都单独显现出来

　　B. 在动态分析法中投资利息和开发利润都不单独显现出来，而是隐含在折现过程中

　　C. 静态分析法不考虑各项支出、收入发生的不同时间，即不是将它们折算到同一

时间上的价值，而是直接相加减

D. 动态分析法要考虑各项支出、收入发生的不同时间，即首先要将它们折算到同一时点上的价值（最终是折算到价值时点上），然后再相加减

E. 对开发完成后的价值以及后续的开发成本、管理费用、销售费用、销售税费等的测算，在静态分析法中主要是根据未来发生时的房地产市场状况作出的

8. 与动态分析法不同的是，在静态分析法中（　　　）都单独显现出来。

   A. 销售费用　　　　　　　　　　B. 后续的开发成本

   C. 投资利息　　　　　　　　　　D. 开发利润

   E. 管理费用

9. 动态分析法具体需要做到下列（　　　），才能保证估价结果的准确性。

   A. 后续开发经营期究竟多长要预测准确

   B. 各项支出、收入在何时发生要预测准确

   C. 各项支出、收入在其发生时所发生的金额要预测准确

   D. 销售期多长要预测准确

   E. 运营期多长要预测准确

10. 假设开发法中求取在建工程价值应扣减的项目有（　　　）。

   A. 续建前已建成本　　　　　　　B. 续建管理费用

   C. 续建投资利息　　　　　　　　D. 续建完成后房地产销售费用

   E. 取得在建工程的税费

11. 假设开发法中开发完成后房地产出租或营业、自用的情况下，开发经营期为（　　　）。

   A. 建设期+经营期　　B. 建设期+运营期　　C. 建设期+经营期−前期−建造期

   D. 建设期+运营期−前期−建造期　　　　　E. 前期+建造期+经营期

12. 开发完成后用于出售的房地产通常采用（　　　）测算开发完成后的房地产价值。

   A. 比较法　　　　　B. 收益法　　　　　C. 成本法　　　　　D. 长期趋势法

   E. 推测法

13. 只有在静态分析法中才需要测算的项目是（　　　）。

   A. 销售费用　　　　B. 投资利息　　　　C. 开发利润　　　　D. 销售税费

   E. 后续的开发成本

14. 在假设开发中应计息的项目有（　　　）。

   A. 未知的需要求取的待开发房地产的价值

   B. 取得待开发房地产的税费

   C. 开发利润

   D. 销售税费

   E. 后续的开发成本、管理费用和销售费用

三、判断题

1. 假设开发法也称为剩余法、预期开发法。（　　　）

2. 成本法中的土地价值为已知，需要求取的是开发完成后的房地产价值；假设开发法中开发完成后的房地产价值已事先通过预测等方法得到，需要求取的是开发成本等扣除项目的价值。（　　　）

3. 凡是具有开发或再开发潜力，并且其开发完成后的价值可以采用比较法、收益法、成本法等方法求取的房地产，都适合用假设开发法进行估价。（　　　）

4. 假设开发法不仅适用于评估可供开发建设的土地价值，而且适用于评估所有具有开发或再开发潜力的房地产价值。（　　　）

5. 在该房地产的法定开发利用前提尚未确定的情况下，仍然需要估价的，房地产评估专业人员可以以该推测的最可能的规划条件进行估价，不用具体说明。（　　　）

6. 当估价对象具有潜在的开发价值时，假设开发法几乎是最主要且最实用的估价方法。（　　　）

7. 假设开发法用于投资分析与用于估价的不同之处是：在选取有关参数和测算有关数值时，投资分析是站在一般投资者的立场上，而估价是站在某个特定投资者的立场上。（　　　）

8. 在选取最佳的开发利用方式中，最重要的是选取最佳用途。选取最佳用途要考虑该地块位置的可接受性及这种用途的现实社会需要程度和未来发展趋势。（　　　）

9. 假设开发法最基本的公式为：待开发房地产价值＝开发完成后的价值＋后续必要支出及应得利润。（　　　）

10. 后续必要支出及应得利润＝后续开发成本＋后续管理费用＋后续销售费用＋后续投资利息+后续销售税费+后续开发利润。（　　　）

11. 评估尚未完成房屋征收补偿等工作的毛地价值时，扣减项目应包括地上物拆除费等费用，但不包括房屋征收补偿费。（　　　）

12. 假设开发法估价必须考虑资金的时间价值，一般采用计算利息的静态分析法和动态分析法，由于存在众多未知因素和偶然因素易使预测偏离实际，因此，在实际估价中应尽量采用计算利息的静态分析法。（　　　）

13. 在动态分析法中，对开发完成后的房地产价值、开发成本、管理费用、销售费用、销售税费等的测算，主要是根据估价时的房地产市场状况来预测的。（　　　）

14. 在静态分析法中对开发完成后的价值以及后续的开发成本、管理费用、销售费用、销售税费等的测算，主要是根据未来的房地产市场状况作出的。（　　　）

15. 在动态分析法中，要求折现率只包含安全收益部分，不包含风险收益部分。（　　　）

16. 从理论上讲，静态分析法测算的结果比较精确，而动态分析法由于预测十分困难，因此结果比较粗糙。（　　　）

17. 假设开发法中，开发经营期可分为建设期和经营期。（　　　）

18. 销售期是自开发完成后房地产开始销售之日起至将其售出之日止的时间。（　　　）

19. 开发经营期的起点通常是取得待开发房地产的日期，终点是开发完成后的房地产经济寿命结束的日期。（　　　）

20. 在任何情况下，房地产开发的销售期和建设期都不可能重合。（　　　）

21. 经营期特别是销售期通常难以准确预测，在预测时要考虑未来房地产市场的景气状况。（　　　）

四、计算题

某在建工程的土地使用权是2014年12月31日通过出让方式获得的，用途为商业，土地使用期限为40年，土地面积为700m²，容积率为1.5，土地取得费用为80万元，已付清。从获得土地使用权至正式动工。时间为1年。该工程正常施工期（不含装修）为2年，建安成本为每平方米建筑面积2300元，管理费用为建安成本的3%。至2017年6月30日已完成主体结构，且已投入总开发成本的55%，剩余费用在施工期内均匀投入，折现率为13%。该在建工程建成后的最佳用途为餐馆，建成时即投入40万元花一年时间装修（假定装修费用支出发生在该年末）。然后出租营业。预计第一年正常净收益为60万元，此后每年净收益以5%的比率增长，为保持这种正常收益增长，需要每隔4年在该年末进行一次大装修，正常大装修费用为40万元，当年净收益未扣除大装修费用。该类餐馆的报酬率为15%。按当地有关规定，房地产开发项目（包括在建工程）在转让交易过程中，买方按售价的3%缴纳有关税费，同类房地产开发项目的销售费用和销售税费分别为售价的2%和6%。

请利用上述资料用现金流量折现法测算该在建工程2017年6月30日的正常购买总价。

📖 **本章小结**

房地产估价的主要方法有：比较法、成本法、收益法、假设开发法。

比较法是选取一定数量的可比实例并将它们与估价对象进行比较，然后对这些可比实例的成交价格进行适当的处理来求取估价对象价值的方法。适用条件：在价值时点的近期有较多的类似房地产的交易。估价对象：同种类型的数量较多且经常发生交易的房地产。理论依据：房地产价格形成的替代原理。操作步骤：搜集交易实例、选取可比实例、对可比实例的成交价格进行适当处理、求取比准价格。

成本法是以房地产的重新开发建设成本为导向来求取房地产的价值。适用条件：房地产的开发建设相关成本及时间可以量化。适用对象：新近开发建设完成的房地产、可以假设重新开发建设的现有房地产、正在开发建设的房地产、计划开发建设的房地产。理论依据：生产费用价值论。操作步骤：弄清估价对象房地产的价格构成，搜集相关资料；测算重新购建价格；测算建筑物折旧；求取积算价格。

收益法根据估价对象的未来收益为导向来求取估价对象价值的方法。适用条件：房地产未来的收益和风险都能够较准确地量化。适用对象：有经济收益或有潜在经济收益的房地产。理论依据：预期原理。操作步骤：搜集并验证可用于预测估价对象未来收益的有关数据资料；预测估价对象的未来收益；求取报酬率或资本化率、收益乘数；选用适宜的收益法公式计算收益价格。

假设开发法是预测估价对象开发完成后的价值和后续开发建设的必要支出及应得利润，然后将开发完成后的价值减去后续开发建设的必要支出和应得利润来求取估价对象价值的方法。适用条件：利用合法原则和最高最佳使用原则正确预测开发完成后的房地产的价值。适用对象：具有开发潜力或再开发潜力并且开发完成后的价值可以采用比较法、收益法等方法求取的房地产。理论依据：预期原理。操作步骤：调查待开发房地产的状况；选择最佳的开发利用方式，确定开发完成后的房地产状况；估算后期开发经营期；预测开发完成后的房地产价值；预测后续开发建设的必要支出和应得利润；进行具体计算，求出待开发房地产的价值。

土地的估价 5

引例

2017年2月13日，国土资源部发布了2016年国土资源主要统计数据。数据显示，2016年，全国土地出让面积20.82万公顷，同比下降5.9%；合同成交价款3.56万亿元，同比增长19.3%。对此，有业内人士指出，在土地出让面积下降的情况下，土地出让合同价款却增加了近两成，显示出2016年的土地价格有了较大幅度上涨，也表明了开发商对于未来房价上涨仍有较大的预期。

值得注意的是，随着去年四季度全国主要城市陆续出台楼市调控措施，2017年1月份，全国土地市场相比2016年四季度继续降温。不过，部分二线城市土地市场仍十分火热，且集中出现了土地高溢价情况，尤其是在合肥和南昌两地。中原地产研究中心统计的数据也显示：2016年全国，包括苏州、南京、上海、杭州、天津、合肥、武汉、重庆、深圳在内的9个城市土地出让收入超过千亿元，另有11个城市土地出让金额同比上涨超过100%，纷纷刷新历史最高纪录。从全国土地出让最多的50个城市看，土地出让金合计达到了2.69万亿元，同比上涨了34%，而成交总面积还略微下滑。

问题：1. 谈谈土地价格为什么会上涨？

2. 你理解的土地价格是指什么价格？

本章知识结构图

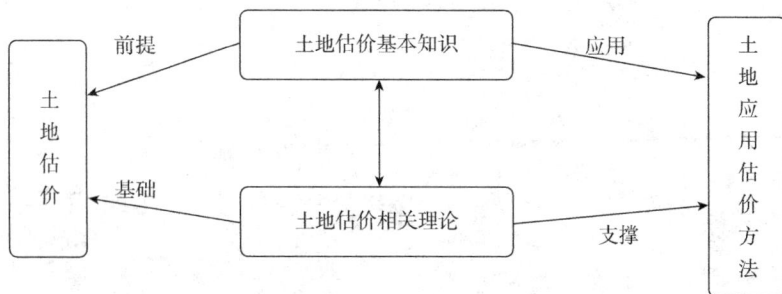

【学习摘要】

通过本章的学习和训练，了解地价、土地估价相关理论、地租的测算，城镇基准地价评估、基准地价修正法。熟悉路线价法中划分路线价区段、设定标准临街深度、选取标准临街宗地、高层建筑地价分摊的方法。掌握制作价格修正率表、计算临街土地的价值、补地价的测算，具备划分路线价区段能力，利用标准宗地进行地价测算的能力。

5.1 土地估价基本知识

土地估价就是在价值时点土地价值的评估。就是估价人员在充分掌握土地市场交易资料的基础上，依据土地估价的基本原则、相关理论和具体方法，根据土地的自然属性和经济属性，按所评估土地的质量、等级及其在现实经济活动中的客观收益状况，充分考虑社会经济发展、土地利用方式，土地预期收益和土地政策等因素对土地收益的影响；综合评定出某块土地或多块土地在价值时点的某一权利状态下的价格的过程。

5.1.1 地价的含义

土地价格也叫地价，是土地经济作用的反映，地价的本质是地租的资本化，是土地权利及其土地预期收益的购买价格。因此，土地价格是一宗土地或成片土地在一定权利状态下某一时点的价格。

我国土地价格的涵义不同于一般土地私有制国家，我国的地价是以土地使用权出让、转让为前提，一次性支付的多年地租的现值总和：其一，土地价格是取得土地使用权在一定年限内支付的代价，而不是土地所有权的价格。其二，土地使用权价格是一定年限的地租收入资本化，土地所有权价格是无限期的地租收入资本化。其三，由于土地使用年期较长，而且在使用期间内也有转让、出租、抵押等权利，这又类似于所有权。因此，地价评估原理、程序与方法上又类似于土地私有制国家。一般来说，土地使用权价格低于土地所有权价格。

5.1.2 地价的特点

土地具有区域性，不能移动，其价格具有自身的特殊性，因此，土地价格与一般物品的价格相比具有明显的特点：

（1）土地价格是权益价格：一般商品具有移动性，价格来源是商品本身的价值；土地不具移动性，土地价格是土地权利和收益的购买价格。

（2）形成时间不同：一般商品可以标准化，易于比较，且存在比较完整的市场，价格形成时间短且容易计量，而土地个别差异性大，又缺乏完整的市场，价格形成时间长且相对比较困难。

（3）土地价格的高低不由生产成本决定，主要由地产的有效需求决定，土地价格不是土地价值的货币表现。

（4）地价具有明显的地区性和地域性：由于土地位置的固定性，在不同的地区之间，很难形成统一的市场价格，具有明显的地区性特征。另外，在同一城市内，土地的位置差别决定了土地难以标准化，个别性明显。

（5）地价形成市场的不充分性：一般商品有比较完善的市场，而土地市场是不完全的市场。

（6）地价呈总体上升趋势，地价上升的速度高于一般商品价格的上升速度，而且总体上是上升的。

5.1.3 地价的分类

从不同目的出发，可以将地价分成不同种类，各地价种类之间会有所交叉，同一块土地之上可能会有多种价格。

（1）按土地权利分类。按土地权利分类，土地权利是多个权利的集合，地价可分为所有权价格、使用权价格、租赁价格、抵押价格等。土地所有权价格，是一种土地所有权转移价格，或说为卖断价格。土地使用权价格，是在一定期限中拥有土地的使用权、收益权所形成的一种价格。同样，租赁和抵押权会形成租赁权价格和抵押权价格。

（2）按形成的方式，地价可分为交易价格和评估价格。交易价格是通过市场交易形成的土地成交价格。评估价格是由专门的机构和人员，按照一定的程序和方法评定的土地价格，包括：①交易底价，在土地交易之前参与土地交易的各方，政府、购买者、租赁者、抵押者等都要对土地进行评估，形成各自底价。②基准地价，是政府为管理土地市场，由专业部门、专业人员评定的土地等级和区域的平均价格。③课税价格，是政府为征收有关土地税收而评定的土地价格。

（3）按政府管理手段，地价可分为申报地价和公告（示）地价：①申报地价，由土地所有人或使用人向有关机关申报的地价。②公告（示）地价，是政府定期公布的地价。它一般是征收土地增值税和征用土地补偿的依据。

（4）按土地价格表示方法，地价可分为：土地总价格、单位面积地价、楼面地价等。

5.1.4 影响地价的因素

影响土地价格的因素，按照因素与土地的关系和影响范围可分为一般因素、区域因素和个别因素。

（1）一般因素是指影响土地价格的一般、普遍、共同的因素，是在一般社会经济方面对土地价格总体水平产生影响，从而成为决定各土地具体价格的基础。一般因素包括：①行政因素，影响地价的行政制度、政策和行政隶属变更等；②人口因素，包括人口密度、人口素质、家庭人口构成等；③社会因素，包括政治安定状况、社会治安状况、房地产投机和城市化进程等；④经济因素，包括经济发展状况、储蓄和投资水平、居民收入和消费水平、物价变动和利率水平等；⑤国际因素，包括国际经济状况和国际政治因素。

（2）区域因素是指土地所在地区的自然条件与社会、经济条件。这些条件相互结合所产生的地区特性，对地区的地产价格水平有决定性的影响。区域因素包括：①位置，包括已确定的土地等级、距城市中心、商业中心或其他人们活动集聚中心的距离；②交通条件，主要有区域的交通类型、对外联系方式及方便程度、整体性交通结构、道路状况及等级、公共交通状况及路网密度等；③基础设施条件，指上下水、电力、电信、煤气、暖气以及幼儿园、学校、公园、医院等设施的等级、结构、保证率、齐备程度及距离等；④环境质量，包括地质、地势、坡度、风向、空气和噪声污染程度等各种自然环境条件以及居民职业类别、教育程度等人文环境条件；⑤城市规划限制，主要有区域土地利用性质、用地结构、用地限制条件、区域交通管制等。

（3）个别因素是指宗地本身的条件和特征，主要包括面积、宽度、深度、坡度、宗地市政设施条件、城市规划限制、宗地位置、土地使用年限。

5.1.5　土地估价原则和方法

1．土地估价遵循原则

（1）公平原则

遵循公平原则是指估价人员在土地估价中，应以公正的态度，在公开市场条件下求得一个公平合理的土地价格。

（2）最高最佳使用原则

遵循最高最佳使用原则也称最有效使用原则，是指在一般情况下，土地估价应以估价对象的最有效利用为前提估价。以土地的最大价值进行土地资源配置，有利于土地资源的最有效利用。

（3）替代原则

根据经济替代原理，在同一公开市场上同质的商品应有相同的价格，土地作为一种特殊商品也是如此。在同一供需圈、同一时期、同一或类似区域，同一用途土地彼此间形成竞争，价格互相影响最后趋于一致。这一原则是运用比较法的理论基础。

（4）预期收益原则

土地价格是土地未来收益的资本化，遵循预期收益原则是指土地估价应以估价对象在正常利用下的未来客观有效的预期收益为基准。预测的未来收益必须是客观的、合理的，是在正常的市场状况，经营管理水平下的土地纯收益。

（5）供需原则

土地的供给与需求不同于一般商品的供给与需求，由于土地的位置固定性和市场的地域性，它们也带有强烈的地域性特点。但是由于土地市场的不完全性，以及我国城镇土地一级市场由国家垄断，因此，土地价格不可能完全由市场的供给与需求决定；一般情况下，土地价格主要取决于需求方的竞争，同时，由于土地的经济供给在一定程度上是可变的，它对市场价格的影响也很大。因此，在运用此估价原则时，一定要结合预期收益原则，并充分考虑一些非市场因素对土地价格的影响。

（6）保证农民基本生活原则

中国农村集体土地实行集体经济组织所有，农民个人承包经营的两权分离模式。土地，对于农民来说，它不但是一种生产资料，更是一种最基本的生存保障财产，农地估价一定要考虑农地的双重功能。

2．土地估价方法

地价评估方法，按照其估价对象不同可分为基本估价法和应用估价法。基本估价方法是为评估单个宗地价格所采用的方法，属于此类方法的有：比较法、收益还原法、剩余法和成本逼近法。应用估价法又称大量估价法，是在应用基本估价方法基础上的大范围分析评估，该类方法的关键在于建立起一套大范围内宗地价格与宗地条件及影响因素间的相关关系，作为该范围内宗地的评估标准，从而在需要时可以迅速地评估出该区域内宗地价格。多适用于政府管理需要而进行的政策性大量估价。此类方法包括路线价估价法、标准宗地估价法、基准地价系数修正法等。

根据《城镇土地估价规程》GB/T 18508—2014的要求，对一宗土地进行估价时，通常要依据评估目的和宗地的用途，同时采用上述方法中的两种，并对两种方法评估的结果进行分析后取值。

5.2 土地估价相关理论

5.2.1 地租

地价评估离不开测算地租。地租是土地所有者凭借土地所有权从土地使用者那里获得报酬。有广义和狭义之分。广义上讲，经济地租是指人们使用任何生产要素所获得的超额利润。狭义上讲，经济地租是指人们利用土地所获的超额利润，即土地总收益扣除总成本的剩余部分。地价是地租的资本化，或者说是资本化的地租，是预买一定年数的地租，用公式表示为：

$$地价 = \frac{地租}{利息率}$$

或 $$地价 = 地租 \times 购买年 \tag{5-1}$$

5.2.2 马克思的地租地价理论

马克思主义认为，地租是直接生产者在生产中所创造的剩余生产物被土地所有者占有的部分。马克思按照地租产生的原因和条件的不同，将地租分为三类：级差地租、绝对地租和垄断地租。前两类地租是资本主义地租的普遍形式，后一类地租（垄断地租）仅是个别条件下产生的资本主义地租的特殊形式。地租产生的基础是存在着土地的所有权和使用权，且两者处于分离的状态。任何社会制度下，只要这一社会形态存在，就必然存在地租。关于地租的计算用现在的概念可表达为：

地租＝市场价格－生产成本－平均利润－资本利息

5.2.3 西方地租地价理论

西方地租地价理论跟本文相关的主要代表人物有萨缪尔森、马尔萨斯等，萨缪尔森认为地租是为使用土地所付出的代价，地租的量主要是由土地的供求尤其土地的需求决定的。他把地租看作一种经济盈余，也就是总产值或总收益减去总成本以后余下的那一部分。马尔萨斯关于地租的计算用现在的概念可表达为：

地租＝市场价格－生产成本－所使用的资本×一般农业资本利润率

这些地租、地价理论对土地估价有着重要的理论渊源和现实借鉴重要。

5.2.4 地租在土地估价中的作用

首先，地租范畴是社会主义条件下实行土地有偿使用的理论依据。其次，地租是加强土地管理的重要经济杠杆。第三，地租是制定产品价格的重要依据。最后，地租也是制定土地价格的基础。

5.3 土地应用估价方法

地价评估方法，按照其估价对象不同可分为基本估价法和应用估价法。基本估价方法在房地产估价的基本方法已经涉及，因此，这里重点介绍土地应用估价方法。应用估价法又称大量估价法，是在应用基本估价方法基础上的大范围分析评估，主要包括路线价估价法、标准宗地估价法、基准地价系数修正法等。

5.3.1 路线价法

1．路线价估价法的基本原理

（1）路线价法的定义

路线价法是对面临特定街道、使用价值相等的市街地，设定标准深度，求取在该深度上数宗土地的平均单价并附设于特定街道上，即得到该街道的路线价，然后据此路线价，再配合深度指数表和其他修正率表，算出临接同一街道的其他宗地地价的一种估价方法。这种方法能对大量土地迅速估价，是评估大量土地价格的一种常用方法。

（2）路线价法的理论依据

根据土地价格随着距街道距离的增大而递减的原理，即宗地越接近道路其利用价值越大，地价也越高；反之，则越小。因此，路线价法与比较法类似，只是路线价法取代了比较法中的可比实例，以深度等差异修正取代了区域因素和个别因素等的修正，其基本原理是替代原理和区位论的应用。

（3）路线价法的计算公式

路线价法基本计算公式为：

宗地地价＝路线价×深度指数×宗地面积±其他条件修正额

或：　　　宗地地价＝路线价×深度指数×宗地面积×其他条件修正率　　　（5-2）

（4）路线价法的适用的估价对象及条件

路线价法是一类大量宗地同时评估的土地估价方法，主要适用于城镇街道两侧商业用地的估价。特别适用于房地产税收、市地重划（城镇土地整理）、城市房屋征收补偿或者其他需要在大范围内同时对许多宗土地进行估价的情形。运用路线价法估价的前提条件是有可供使用的科学合理的深度指数表和其他修正系数，街道较规整，两侧临街土地的排列较整齐。

2．路线价估价法的估价步骤

运用路线价法估价分为以下6个步骤进行：①划分路线价区段；②设定标准临街深度；③选取标准临街宗地；④调查评估路线价；⑤制作价格指数修正表；⑥计算临街土地的价值。

（1）划分路线价区段

路线价区段是沿着街带状分布的。以街道为单位，将宗地接近性大致相等，土地使用价值基本一致的地段作为路线价评估区域，此区域称为路线价区段。一个路线价区段是指具有同一个路线价的地段。一般一条街道只设一个路线价，但较长的繁华街道，有时需要将两个路口之间的地段划分为两个以上的路线价区段，分别附设不同的路线价；而某些不很繁华的街道，同一个路线价区段可延长至数个路口。两个路线价区段的分界线，原则上是地价有显著差异的地点，一般是从十字路或丁字路中心处划分，两个路口之间的地段为一个路线价区段。另外，同一条街道两侧的繁华程度、地价水平有显著差异的，应以街道中心为分界线，将该街道两侧各自视为一个路线价区段，分别附设不同的路线价。

（2）设定标准临街深度

标准深度是地价变化的转折点：由此接近街道的方向，地价受街道的影响而逐渐升高；由此远离街道的方向，地价急剧下降。设定的标准临街深度，通常是路线价区段内各宗临街土地的临街深度的众数。如此可以简化以后各宗土地价值的计算。反之，需要制作的临街深度价格修正率将使以后多数土地价值的计算都要用临街深度价格修正率进行修正。这不仅会增加计算的工作量，而且会使所求得的路线价失去代表性。

（3）选取标准临街宗地

标准宗地是路线价区段内具有代表性的宗地。选取标准临街宗地的具体要求有以下8个方面：①一面临街；②土地形状为矩形；③临街深度为标准临街深度；④临街宽度为标准临街宽度（通常简称标准宽度，可为同一路线价区段内临街各宗土地的临街宽度的众数）；⑤临街宽度与临街深度的比例适当；⑥用途为所在路线价区段具有代表性的用途；⑦容积率为所在路线价区段具有代表性的容积率（可为同一路线价区段内临街各宗土地的容积率的众数）；⑧其他方面，如土地使用期限、土地生熟程度等也应具有代表性。

（4）调查评估路线价

路线价通常为土地单价，也可以为楼面地价，路线价是设定在街道上的若干标准临街宗地的平均单位地价。路线价的确定方法通常是先在同一路线价区段内选择一定数量以上的标准临街宗地，运用比较法、收益法等，分别求其单位地价或楼面地价。然后求这些标准临街宗地的单位地价或楼面地价的简单算术平均数或加权算术平均数、中位数、众数，即得该路线价区段的路线价。路线价可以用货币来表示，也可以用相对数来表示，以货币表示的路线价比较容易理解，直观性强，便于土地交易时参考。以点数表示的路线价便于测算，可以避免由于币值波动而引起的麻烦。

（5）制作价格指数修正表

价格指数修正表主要是包括临街深度价格修正率表和其他价格修正系数表。临街深度价格修正率表是以道路为基准，基于临街深度价格递减率制作出来的。其他价格修正系数表是指在同一路线价区段内，虽然临接同一街道，但因各宗地的宽度、形状、面积、位置等的不同，需要在深度修正的基础上，再进行其他因素修正。

1）编制临街深度价格修正率表。临街深度价格修正率表基于临街土地中各部分的价值随着远离街道而有递减现象，或者说，距街道深度越深，可及性越差，价值也就越低如图5-1（b）所示。以道路为基准，按与道路距离的变化情况编制相应的地价变化率；也就是因临街的深度不同而引起的地价变化的相对程度。假设有一临街深度为n米，宽度为m米的矩形宗地，平均价格为B元/平方米，那么宗地的地价为$m \times n \times B$元。现沿着平行道路的方向，将深度以1米为单位将其划分为许多与街道平行的细条如图5-1（a）所示。虽然各细条的形状和面积是相同的，但是越接近街道的细条的价值越大；如果将各细条的价值折算为相对数，便可以制成临街深度价格修正率表。

路线价法在英美流行较早，已有很多值得借鉴的修正方法，如"四三二一"法则、"霍夫曼"法则、苏慕斯法则、哈柏法则。最简单且最容易理解的临街深度价格修正是"四三二一"法则（Four-three-two-one Rule），该法则是将临街标准深度100英尺的临街土地，划分为与街道平行的四等份，各等份由于距离街道的远近不同，价值有所不同。从临街方向开始算起，第一个25英尺等份的价值占整块土地价值的40%，第二个25英尺等份的价值

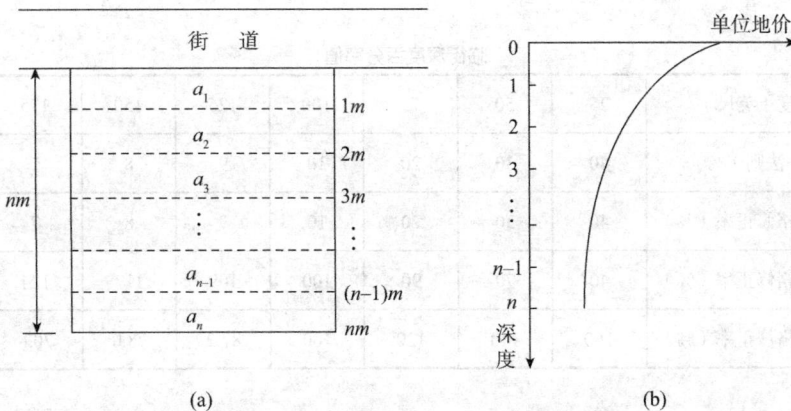

图5-1 临街深度价格修正示意图

占整块土地价值的30%，第三个25英尺等份的价值占整块土地价值的20%，第四个25英尺等份的价值占整块土地价值的10%（图5-2）。

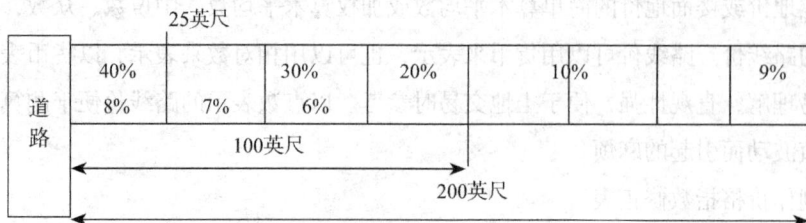

图5-2 "四三二一"法则示意图

如果超过100英尺，则以九八七六法则来补充，即超过100英尺的第一个25英尺等份的价值为临街深度100英尺的土地价值的9%，第二个25英尺等份的价值为临街深度100英尺的土地价值的8%，第三个25英尺等份的价值为临街深度100英尺的土地价值的7%，第四个25英尺等份的价值为临街深度100英尺的土地价值的6%。

【例5-1】某块临街深度30.48m（即100英尺）、临街宽度20m的矩形土地，总价为200万元。试根据"四三二一"法则，计算其相邻的临街深度22.86m（即75英尺）、临街宽度20m的矩形土地的总价。

【解】该相邻临街土地的总价计算如下：

200×（40%＋30%＋20%）＝180万元

【例5-2】例5-1中如果相邻临街土地的临街深度为53.34m（即175英尺），其他条件不变，则该相邻临街土地的总价为多少万元？

【解】该相邻临街土地的总价计算如下：

200×（40%＋30%＋20%＋10%＋9%＋8%＋7%）

＝200×124%＝248万元

临街深度价格修正率表的制作形式有，单独深度价格修正率（深度价格递减率）、累计深度价格修正率和平均深度价格修正率三种（表5-1）。

临街深度百分率值　　　　　　　　　　　　　　　　　表5-1

临街深度（英尺）	25	50	75	100	125	150	175	200
四三二一法则（%）	40	30	20	10	9	8	7	6
单独深度价格修正率（%）	40	30	20	10	9	8	7	6
累计深度价格修正率（%）	40	70	90	100	109	117	124	130
平均深度价格修正率（%）	160	140	120	100	87.2	78.0	70.8	65.0

表5-1的平均深度价格修正率与累计深度价格修正率的关系可用下列公式表示：

$$平均深度价格修正率＝累计深度价格修正率×\frac{标准深度}{所给深度} \quad （5-3）$$

制作临街深度价格修正率表的关键是：①设定标准临街深度；②将标准临街深度分为若干等份；③制定单独深度价格修正率，或将单独深度价格修正率转换为累计深度价格修正率或平均深度价格修正率。计算三角形等形状的土地的价值，还需要制作相应的价格修正率表。

2）编制其他价格修正系数表。其他价格修正系数表是指在同一路线价区段内，虽然临接同一街道，但因各宗地的宽度、形状、面积、位置等的不同，需要在深度修正的基础上，再进行其他因素修正。

①宽度修正。临街土地的临街宽度不同，其地价也不相同；在路线价估价中需要考虑宽度修正。其修正方法是搜集同一路线价区段内深度相同的样本，考虑不同宽度情况下其地价的变化情况，最后确定不同宽度条件下的修正系数。

②宽深比率修正。对于大型商业建筑物，其进深较大，地价会随着宗地深度的增加，土地价值逐渐降低；而且，商场大，铺面宽度宽，会增加对顾客的吸引。因此对大型商场单独采用宽度和深度修正，与实际情况不符，客观上需要在估价中采用宽深比率系数来反映这种地价的修正情况。

③容积率修正。随着容积率的增加，地价也会上升。可以在同一路线价区段内，抽查不同容积率水平下的平均地价，来得到容积率修正系数。

④出让、转让年期修正。土地出让是国家凭借其对土地的所有权，将一定年期内的土地使用权出让与土地使用者。土地转让是土地使用者将土地使用权再转移的行为。路线价区段内土地出让、转让年期不同，需要对此进行修正。

⑤朝向修正。对于住宅而言，其朝向不同直接影响到销售价格，需要对地块的朝向给予修正。

⑥地价分配率修正。地价分配是将土地单价调整分摊到各楼层的比率。地价分配一般会随着楼层的增高而递减，当趋于某个临界值后，地价分配又会呈现递增趋势。在评估时，需要制定一个统一的地价分配率，来反映各楼层的楼面地价在待估宗地的地价水平。

（6）计算临街土地的价值

运用路线价法计算临街土地的价值，关键是正确选择确定区段的路线价及地块的深度系数。根据确定的路线价、深度价格修正率（表）和其他价格修正系数（表），计算待估宗地的价值。

3．路线价估价法应用举例

用路线价估价法进行估价前，为了后面计算方便，先假定应用举例当中深度价格指数采用表5-2数值。

我国台湾深度指数表　　　　　　　　表5-2

临街深度（米）	≤4	4～8	8～12	12～16	16～18	≥18
深度指数（%）	130	125	120	110	100	40

1）一面临街地的估价。计算临街土地的价值，先查出其所在区段的路线价，再根据其临街深度查出相应的临街深度价格修正率。其中，单价是路线价与临街深度价格修正率之积，总价是再乘以土地面积。计算公式如下：

$$V（单价）= u \times d_v \qquad (5-4)$$

$$V（总价）= u \times d_v \times s \qquad (5-5)$$

式中　　V——土地价值；

　　　　u——路线价（用土地单价表示）；

　　　　d_v——临街深度价格修正率（采用平均深度价格修正率）；

　　　　s——宗地面积。

①矩形地。这是一类最简单的宗地，只要进行深度修正即可。在图5-3的宗地8，临街深度是13m，临街深度价格修正率（表5-2），可计算宗地8的单价：

$$V（单价）= 7300 \times 110\% = 8030 元/m^2$$

对于超出标准深度的宗地9，其超出部分的单价按路线价法的40%计算，宗地9的单价为：

$$V（单价）= 7300 \times 110\% \times 18/20 + 7300 \times 40\% \times 2/20 = 7519 元/m^2$$

②平行四边形地。图5-3中宗地1，对于这类形状的宗地，可以近似看作是矩形地，按其方法进行计算：

$$V（单价）= 7300 \times 120\% = 8760 元/m^2$$

③梯形地。梯形地有两种，一种是平行边与街道平行的梯形，如图5-3中宗地2和宗地3；另一种是平行边与街道垂直的梯形，如图5-3中宗地7。对于第一种情况其计算方法与平行四边形计算方法类似，先将此梯形地近似看作矩形地，然后在根据临街边的长短进行加价或减价的修正。长边临街加价（如宗地2），短边临街减价（如宗地3）。一般加价或减价的修正不超过原价的20%。

宗地2的单价：$V（单价）= 7300 \times 100\% \times （1+10\%）= 8030 元/m^2$

宗地3的单价：$V（单价）= 7300 \times 120\% \times （1-10\%）= 7884 元/m^2$

对于第二种情况，一般用中位线的深度作为临街深度，按矩形地计算。宗地7的中位线

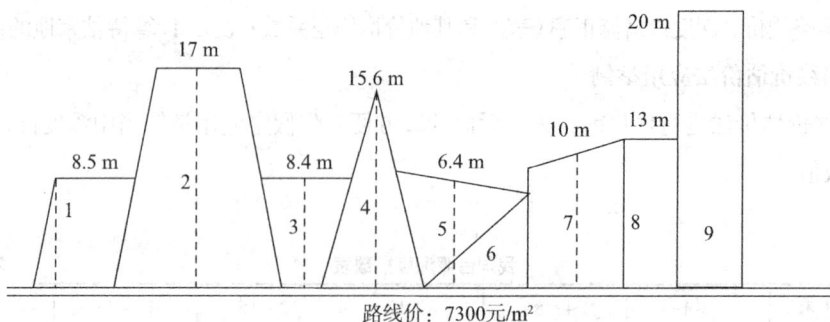

图5-3　一面临街宗地示意图

深度是10m，其单价为：

V（单价）$=7300\times120\%=8760$元$/m^2$

④三角形地。对于三角形地也分为两种情况，一种是正三角形，即底边临街；另一种是逆三角形，即顶点临街。在图5-3中，宗地4是正三角形，其临街深度按此三角形顶点至街道距离的二分之一计算，三角形高度为15.6m，取其一半高度7.8m作为临街深度。其单价计算如下：

V（单价）$=7300\times125\%=9125$元$/m^2$

对于另一种情况的逆三角形，如图5-3中宗地5，以该顶点与底边中点垂直距离的1/2为起始深度，底边中点深度为迄深度，按后面介绍的袋地方法计算。

⑤不规则形宗地。不规则形状的宗地，一般有三种处理方式。第一种，能够将其分割为几个规则形宗地的，先求其规则宗地的地价再相加；第二种，对于宽度和深度大致均匀的不规则宗地，承认其现实的临街宽度，并以其"面积/宽度"作为其临街深度，按规则矩形计算；第三种，对于宽度和深度不够均匀的不规则宗地，按其近似的规则形地求其地价。

2）两面临街地的估价

两面临街地顾名思义是指前后两面都临街的宗地，如图5-4中宗地10。对于前后两面临街的地价计算，先找出前街（也称高价街）和后街（也称低价街）对宗地影响的分界线，即根据前后两街的路线价在两街道路线价总和的比重所确定分界线；将宗地分成前后两个部分，分别计算两块的地价，再加总。

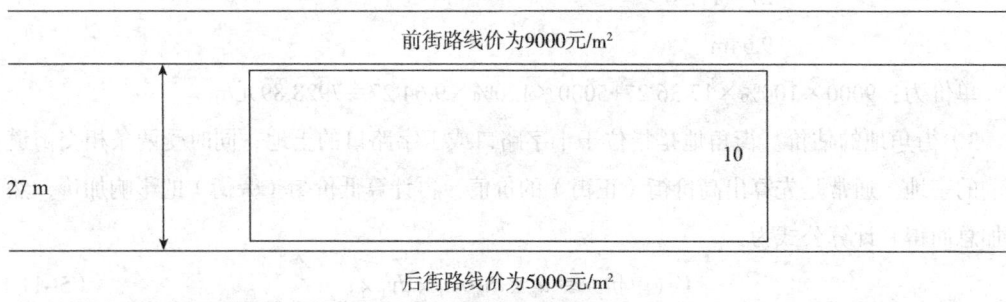

前街路线价为9000元$/m^2$

27 m

10

后街路线价为5000元$/m^2$

图5-4 两面临街计算示意图

其计算公式如下：

$$V（总价）=u_o\times dv_o\times f\times d_o+u_1\times dv_1\times f\times(d-d_o) \quad (5-6)$$

$$V（单价）=\frac{u_o\times dv_o\times d_o+u_1\times dv_1\times(d-d_o)}{d} \quad (5-7)$$

式中　　V——土地价值；

u_o——高价街路线价；

dv_o——高价街临街深度价格修正率；

f——临街宽度；

d_o——高价街影响深度；

u_1——低价街路线价；

dv_1——低价街临街深度价格修正率；

d——总深度。

分界线的求取方法：

$$高价街影响深度＝总深度×\frac{高价街路线价}{高价街路线价+低价街路线价} \tag{5-8}$$

$$低价街影响深度＝总深度×\frac{低价街路线价}{高价街路线价+低价街路线价} \tag{5-9}$$

高价街影响深度、低价街影响深度和总深度之间的关系有：

$$高价街影响深度＝总深度－低价街影响深度 \tag{5-10}$$

故宗地10的单价计算如下：

$$高价街影响深度＝总深度×\frac{高价街路线价}{高价街路线价+低价街路线价}$$

$$＝27×\frac{9000}{9000+5000}$$

$$＝17.36(m)$$

低价街影响深度＝总深度－高价街影响深度

$$＝27－17.36$$

$$＝9.64m$$

单价为：$9000×100\%×17.36/27+5000×120\%×9.64/27＝7928.89$元/m²

3）街角地的估价。街角地是指位于十字路口或丁字路口的土地，同时受两条相交街道影响的宗地。通常是先算出高价街（正街）的价值，再计算低价街（旁街）的影响加价，然后加总而得。计算公式为：

$$V（单价）＝u_o×dv_o+u_1×dv_1×t \tag{5-11}$$

$$V（总价）＝(u_o×dv_o+u_1×dv_1×t)×(f×d) \tag{5-12}$$

式中　　V——土地价值；

u_o——正街路线价；

dv_o——正街临街深度价格修正率；

u_1——旁街路线价；

dv_1——旁街临街深度价格修正率；

t——旁街影响加价率；

f——临街宽度；

d——总深度。

还沿用表5-2的临街深度价格修正率的数值，假设旁街影响加价率为20%，则宗地11

（图5-5）的单价为：

$$V（单价）=6500×120\%+3500×100\%×20\%$$

$$=8500元/m^2$$

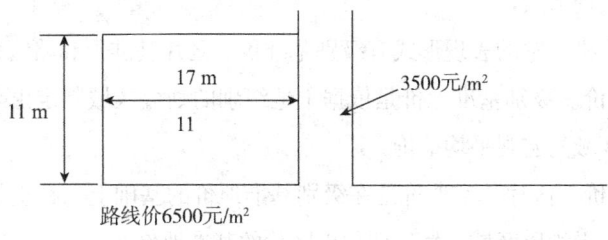

图5-5　矩形街角地计算示意图

4）袋地的估价。袋地是指不临街的土地，对于矩形袋地，其地价的计算类似于矩形临街地，只是其深度根据袋地的"起深度"和"迄深度"来确定。前者是指袋地距街道较近的一边与街道的距离，后者是指距离街道较远的一边与街道之间的距离。对于倒三角形地，不论其顶点是否临街，均按袋地计算。深度指数按专门的袋地深度指数计，如图5-6所示。

					16～18m	60%
				12～16m	66%	63%
			8～12m	72%	69%	66%
		4～8m	75%	74%	71%	68%
	<4m	78%	77%	75%	73%	70%
深度指数	起深度 迄深度	<4m	4～8m	8～12m	12～16m	16～18m

图5-6　袋地深度指数值

在图5-4宗地5中，起深度为6.4m，迄深度为8.4m，其单价为：

$$7300×74\%=5402元/m^2$$

5.3.2　基准地价系数修正法

基准地价系数修正法是我国地价评估的基本方法之一。它是利用基准地价和基准地价修订系数，按照替代原则，就待估宗地的区域条件和个别条件等与其所处的区域的平均条件相比较，并对照修订系数表选取相应的修订系数对基准地价进行修正，进而求出待估宗地在估价日期的价格的估价方法。

1. 基准地价的概念、表现形式和作用

（1）基准地价的概念

基准地价即土地初始价，也称城市基准地价，是指在城镇规划区范围内，对现状利用条件下不同级别或不同均质地域的土地，按照商业、居住、工业等用途分别评估法定最高年期的土地使用权价格，并由市、县及以上人民政府公布的国有土地使用权的平均价格。简单来说，基准地价是各种用途土地的使用权区域平均价格，是地价总体水平和变化趋势的反映；即土地在完成征收、平整等一级开发后，政府确定的平均价格。基准地价按照不同的区域和不同的土地用途，分别确定平均价格。

（2）基准地价表现形式

因地价是平均价格，它的表现形式有级别基准价、区片基准价和路线价三种。

1）级别基准地价。级别基准地价是依据土地级别的划分区域制定出来的平均地价，它仅能反映同一级别区域的宏观平均地价。

2）区片基准地价。区片基准地价是在级别基准地价的基础上，在空间上将同一级别进一步划分成更小的若干均质区域，然后评估出区片的基准地价。

3）路线价。路线价是通过对面临特定街道、使用价值相等的市街地，设定标准深度，求取在该深度上数宗土地的平均单价并附设于特定街道上，即得到该街道的路线价。

（3）基准地价主要作用

基准地价不是具体的收费标准。土地使用权出让、转让、出租、抵押等宗地价格，是以基准地价为基础，根据土地使用年限、地块大小、形状、容积率、微观区位等因子，通过系统修正进行综合评估而确定。

基准地价更新与平衡是一项应用性强的工作。城市基准地价是由政府土地管理的有关部门通过科学的方法确定的，基准地价的主要作用是反映土地市场中地价总体水平和变化趋势，为国家征收土地税收提供依据。主要体现为以下几个方面：

1）显示中国城镇土地在已有利用过程中所能产生的各类经济收益，同时也按价格标准显示城市土地质量的优劣程度。

2）为各级政府在土地使用权有偿出让时提供依据，同时也可为土地使用权在土地使用者之间转让时提供参考依据。

3）各地价区段及不同用途的基准地价水平，也对国家加强土地市场的管理、实现土地资源的合理配置，使有限的城市土地发挥最大的经济和社会效用创造了条件。

4）为政府征收土地税费提供客观依据。基准地价既可为土地使用税的征收提供主要依据，也可为土地增值税的征收提供计算增值量的重要方法。

2. 基准地价系数修正法的基本原理和估价步骤

（1）基准地价系数修正法估价的基本原理

基准地价系数修正法的基本原理是替代原理，即在正常的市场条件下，具有相似土地条件和使用价值的土地，在交易双方具有同等市场信息的基础上，应当具有相似的价格，基准地价是某一级别或均质地域内分用途的土地使用权平均价格，该级别或均质区域内该类用地的其他宗地价格在基准地价上下波动。

（2）基准地价系数修正法估价的步骤

1）收集、整理当地基准地价成果。在估价前必须收集当地有关基准地价资料，主要包括：土地级别图、土地级别表、基准地价图、基准地价表、基准地价因素修正系数表和相应的因素条件说明表等，并根据估价的需要加以整理，作为宗地估价的基础。

2）宗地级别及基准地价的确定。根据待估宗地的位置、用途，对照前面所收集的土地级别图表、基准地价图表等，确定待估宗地所处的土地级别、该级别土地平均开发程度和基准地价内涵。

3）宗地影响因素调查分析与修正系数确定。根据已经确定的宗地级别和基准地价内涵，对待估宗地进行一般因素和区域因素等相关因素分析，以确定地价修正的基准和需要调查的影响因素项目。

4）年期修正的公式与方法。基准地价对应的使用年期，是各用途土地使用权的最高出让年期，而具体宗地的使用年期可能各不相同，因此必须进行年期修正。土地使用年期修正系数可按下式计算：

$$y=\left[1-1/\left(1+r\right)^{m}\right]/\left[1-1/\left(1+r\right)^{n}\right] \qquad (5-13)$$

式中　　y——宗地使用年期修正系数；

　　　　r——土地还原率；

　　　　m——待估宗地可使用年期；

　　　　n——该用途土地法定最高出让年期。

5）期日修正的依据、参数确定、方法。基准地价评估期日地价水平随时间迁移会有所变化，必须进行期日修正，把基准地价对应的地价水平修正到宗地地价评估期日。期日修正一般根据地价指数的变动幅度进行，期日修正系数可按下式计算：

$$y=宗地估价期日的地价指数/基准地价评估期日的地价指数 \qquad (5-14)$$

6）容积率修正的依据、参数确定、方法。基准地价评估时对应的容积率是均质区域内的平均容积率，各宗地的容积率可能各不相同，而同时，容积率对地价的影响极大，难以在编制基准地价修正系数表时考虑进去。因此，如果在因素修正系数表中未能考虑容积率影响，就必须进行进一步修正，将平均容积率修正到实际容积率水平。容积率修正系数按下式计算：

$$K_{ij}=k_i/k_j \qquad (5-15)$$

式中　　K_{ij}——容积率修正系数；

　　　　k_i——待估宗地容积率对应的地价水平系数；

　　　　k_j——级别或均质地域内该类用地平均容积率对应的地价水平指数。

3. 基准地价系数修正法应用举例

【例5-3】

（1）估价对象概况。评估宗地位于××市人民西路北，红山村南，二级出让住宅用地，使用年期70年，用地面积为3692.30m²，容积率为1.8，该区域住宅用途70年期的基准地价（级别价）为1240元/m²。

（2）基准地价内涵。××市基准地价已经××省国土资源厅验收通过，基准地价内涵为评估基准日于2005年1月1日评价区各级别商业、居住、工业用地在达到宗地红线外"五通"

（通路、通上水、通下水、通电、通信）和宗地红线内场地"一平"（场地平整）开发条件下、法定最高出让年期的出让国有土地使用权的平均价格，其中住宅标准容积率为1.8。

（3）确定期日修正系数（K_1）。该基准地价成果的价格时点为2005年1月1日，自2005年1月1日至估价期日，评估宗地所在地段地价基本无变动，该宗地的期日修正系数取1。

（4）确定土地使用权年期修正系数（K_2）。由于待估地为待出让土地，本次评估按住宅法定最高使用年限70年进行年期修正，土地年期修正系数K_2的计算公式为：

$$K_2 = [1-1/(1+r)^m]/[1-1/(1+r)^n]$$

式中　　K_2——土地使用年期修正系数；

　　　　n——住宅用地法定出让年限70年；

　　　　m——住宅用地剩余使用年限70年；

　　　　r——土地还原利率为6%。

（5）确定容积率修正系数K_3。

（6）计算宗地地价。容积率大于1的宗地地价单价计算公式：

待估宗地地价单价＝基准地价级别价×容积率×（1±∑区域及个别因素修正体系）

　　　　×年期修正系数×期日修正系数×容积率修正系数　　　　　　　　　　（5-16）

　　　　　　　＝1240×1.8×（1-2.58%）×1×1×1

　　　　　　　＝2174元/m²

宗地面积＝3692.30m²

宗地总价＝宗地单位地价×宗地面积

　　　　　＝2174×3692.30＝802.71万元

5.3.3　标准宗地估价法

标准宗地估价法的基本思路是在一定范围的均质区段、区片内，选定一具有代表性的宗地，即其形状、面积、临街条件、土地利用状况、地势、效用均具有代表性，属标准状态的宗地，通过收益还原法、比较法、成本逼近或剩余法评估标准宗地地价，将待估地产与条件类似的标准宗地加以比较对照，从标准宗地的既知价格，通过对待估地产的日期、区域因素及个别因素等差别进行修正后，得出待估地产最可能实现的价格。

5.3.4　建筑物地价分摊

1.建筑物地价分摊的意义

在房地产交易活动中，房地产开发商售出建筑物其中的某一部分之后，该块土地的使用权的一个相应份额也就随之转移，这样同一幢建筑物内存在着多个所有者，他们分别拥有该幢建筑物的某一部分。但是，此建筑物所占用的土地只是一块，在实物形态上是不可分割的。因此，众多所有者在其中占有的份额各是多少，就成了一个需要解决的现实问题。一旦解决了建筑物建成后地价如何合理分摊的问题，知道了建筑物每个所有者占有的土地份额之后，无论是他们在土地中的权利还是义务，就都可以通过其土地份额顺利得到解决。

通过高层建筑地价分摊可以解决：①各部分占有的土地份额；②各部分分摊的土地面积；③各部分分摊的地价数额。

2．高层建筑地价分摊的方法

高层建筑地价分摊的方法一般有三种：一是按照建筑物面积进行分摊，二是按照房地价值进行分摊，三是按照土地价值进行分摊。

（1）按照建筑物面积进行分摊

按照建筑物面积进行分摊的方法，是根据建筑物各部分的建筑物面积（如建筑面积、套内建筑面积、使用面积）占整个建筑物面积的比例，来推断其占有的土地份额。即某部分占有的土地份额为该部分的建筑物面积除以建筑物总面积。具体公式为：

$$某部分占有的土地份额=\frac{该部分的建筑物面积}{建筑物总面积} \qquad (5-17)$$

$$某部分分摊的土地面积=土地总面积\times\frac{该部分的建筑物面积}{建筑物总面积} \qquad (5-18)$$

$$某部分分摊的地价数额=土地总价值\times\frac{该部分的建筑物面积}{建筑物总面积} \qquad (5-19)$$

$$=楼面地价\times该部分的建筑面积 \qquad (5-20)$$

【例5-4】某幢楼房的总建筑面积5400m²，土地总面积1800m²，某人拥有其中540m²的建筑面积。请按照建筑面积进行分摊的方法计算该人占有的土地份额及分摊的土地面积。

【解】该人占有的土地份额＝540/5400＝10%

该人分摊的土地面积＝1800×10%＝180m²

按照建筑面积进行分摊的优点，是简便、可操作性强，但它主要适用于各层用途相同且价格差异不大的建筑物，这是此方法应用存在的弊端，如应用于用途单一的住宅楼、办公楼，可快速求出相应的分摊份额及数值。

（2）按照房地产价值进行分摊

为了克服按照建筑面积分摊而出现的价值不同的部分，却分摊了等量地价的情况，可以根据各部分的房地价值进行分摊。这种分摊方法是根据建筑物各部分的房地价值占房地总价值的比例，来推断其占有的土地份额。具体公式如下：

$$某部分占有的土地份额=该部分的房地价值/房地总价值 \qquad (5-21)$$

$$某部分分摊的土地面积=土地总面积\times\frac{该部分的房地价值}{房地总价值} \qquad (5-22)$$

$$某部分分摊的地价数额=土地总价值\times\frac{该部分的房地价值}{房地总价值} \qquad (5-23)$$

【例5-5】某幢大厦为18层综合楼，其中1～6层为酒店，7～18层为写字楼，酒店为A公司拥有，写字楼为B公司拥有。该大厦的土地价值为6000万元，房地总价值为30000万元，其中酒店的房地价值为6000万元，写字楼的房地价值为24000万元。请按照房地价值进行分摊的方法计算A、B公司占有的土地份额及分摊的地价数额。

【解】

A公司占有的土地份额＝6000/30000＝20%

B公司占有的土地份额＝24000/30000＝80%

A公司分摊的地价数额＝6000×20%＝1200万元

B公司分摊的地价数额＝6000×80%＝4800万元

按照房地价值进行分摊比按照建筑面积进行分摊要复杂一些，但更符合实际情况，从理论上看，各层房地价值有差异的原因，应是土地的垂直立体效果不同所造成的，主要适用于各部分的房地价值（单价）有差异但差异不是很大的建筑物。

3. 按照土地价值进行分摊

按照土地价值进行分摊是根据建筑物各部分的土地价值占土地总价值的比例，来推断其占有的土地份额。有如下公式：

$$某部分占有的土地份额＝\frac{该部分的房地价值－该部分的建筑物价值}{房地总价值－建筑物总价值} \tag{5-24}$$

$$某部分分摊的土地面积＝土地总面积×该部分占有的土地份额 \tag{5-25}$$

$$某部分分摊的地价数额＝土地总价值×该部分占有的土地份额$$

$$＝该部分的房地价值－该部分的建筑物价值 \tag{5-26}$$

【例5-6】某幢大楼的房地总价值为6000万元，其中建筑物总价值为4000万元。某人拥有该大楼的某一部分，该部分的房地价值为180万元，建筑物价值为80万元。请按照土地价值进行分摊的方法计算该人占有的土地份额。

【解】

$$该人占有的土地份额＝\frac{180－80}{6000－4000}＝5\%$$

该分摊方法较为合理，而且应用较多，不仅适用于多层、高层建筑物的地价分摊，而且适用于同一层或平房的不同部位分别为不同人所有、房地价值不相等时的地价分摊，以此来确定各自的土地占有份额。

📖 **本章小结**

本章土地估价主要介绍了地价基本知识及土地估价相关理论，通过前面的铺垫，之后重点介绍了土地应用估价方法：路线价估价法、标准宗地估价法、基准地价系数修正法等，并结合案例来加深对土地应用估价方法的理解，为学生估价实操打下良好的基础。

案例分析

1. 估价对象为国有建设用地，位于某县工业园区××路西侧、第三辅道北侧，目前由某县国土资源局拟挂牌出让该土地使用权。

土地坐落：某县工业园区××路西侧、第三辅道北侧；

宗地四至：东至：×××路；南临：×××路；西至：×××路；北至：×××路；

土地面积：57536.50m²；

容积率：0.5～1.5；

土地用途：工业用地；

出让年限：50年；

土地级别：工业三级地；

土地权属性质：估价对象为国有建设用地。

估价对象基础设施已达到宗地外"六通"（即通路、通上水、通下水、通信、通电、通暖）及宗地内场地平整。

价值时点：2016年2月26日。

2. 估价测算过程

（1）基准地价系数修正法

1）基本思路

基准地价系数修正法是利用城镇基准地价和基准地价修正体系等评估结果，按照替代的原则，就估价对象的区域条件和个别条件与其所处区域的平均条件相比较，并对照修正系数表选取相应的修正系数对基准地价进行修正，进而求取估价对象在估价期日价格的方法。

2）基本公式：$P = P_j \times (1 + \sum K_i) \times K_R \times K_M \times K_q + K_k$

式中　　P——土地价格；

P_j——某一用途土地在某一土地级别的基准地价；

$\sum K_i$——基准地价修正系数；

K_R——容积率修正系数（只对商业用地和住宅用地）；

K_M——年期修正系数；

K_q——交易日期修正系数；

K_k——开发程度修正值。

3）计算过程

①《某县城镇土地定级与基准地价更新报告》于2013年11月16日经某县人民政府批准公布，某县城镇基准地价内涵为：定级范围内各级土地在开发程度为"六通一

平"（通上水、通下水、通路、通电、通信、通热和场地平整），容积率为1.5，各类用途土地在2012年12月31日法定最高出让年期（商业用地40年、住宅用地70年、工业用地50年）下的完整土地使用权区域平均价格见表5-3。

某县城区基准地价表（元／m²）　　　　　　　　　　　　表5-3

土地用途 ＼ 土地级别	一级	二级	三级
商业用地	675	465	300
住宅用地	480	315	210
工业用地	170	130	100

估价对象位于某县工业园区××路西侧、第三辅道北侧，用途为工业用地，属某县工业三级地范围内，基准地价为100元/m²，容积率为1.5，土地使用权出让年限设定为50年，土地开发程度为宗地外"六通"（即通路、通上水、通下水、通信、通电、通暖）及宗地内场地平整。

②影响工业用地地价的因素主要有：商服繁华度、道路通达度、对外便利度、基础设施状况、公用设施完备度、人口密度等，根据《某县城镇土地定级与基准地价更新报告》中工业用地地价影响因素指标说明表（表5-4）及修正系数表（表5-5），按照估价对象的区域及个别因素，编制估价对象地价影响因素修正系数表（表5-6）。

三级工业用地地价影响因素指标说明表　　　　　　　　　表5-4

影响因素 ＼ 优劣度	优	较优	一般	较劣	劣
商服繁华影响度	距市级商业中心的距离小于3000m	距市级商业中心的距离大于3000m小于4000m	距市级商业中心的距离大于4000m小于5000m	距市级商业中心的距离大于5000m小于6000m	距市级商业中心的距离大于6000m
道路通达度	两面临街或临生活主干道小于50m	临生活型主干道大于50m或临交通型主干道小于50m	临主干道大于50m或临次干道小于50m	临次干道大于50m或临支路小于50m	临支路大于50m或不临街
对外交通便利度	距离对外交通设施小于3500m	距离对外交通设施3500~4500m	距离对外交通设施4500~5500m	距离对外交通设施5500~6500m	距离对外交通设施大于6500m

优劣度\影响因素	优	较优	一般	较劣	劣
基础设施完善度	管网畅通，保证率很高，服务很周到，上下水和供热供气至少3种设施距离主干管网小于100m	管网较畅通，保证率较高，服务周到；上下水和供热供气至少2种设施距主干管网小于100m	管网基本畅通，保证率一般，服务基本到位；上下水和供热供气至少1种设施距主干管网小于100m	管网不太畅通，保证率较低，服务不太到位；上下水和供热供气至少1种设施距主干管网大于100m	管网经常不畅通，保证率较低，服务不到位；上下水和供热供气至少2种设施距主干管网大于100m
公用设施完备度	距离医院、中小学任一设施距离小于400m	距离医院、中小学任一设施距离小于600m	距离医院、中小学任一设施距离小于800m	距离医院、中小学任一设施距离小于1000m	距离医院、中小学任一设施距离大于1000m
人口密度	固定人口密集，流动人员多	固定人口较密集，流动人员较多	固定人口密集程度一般，流动人员不多	固定人口较稀疏，流动人员较少	固定人口稀疏，流动人员少
临街形式		主干道	次干道	支路小巷	背街
路口形式	十字50m	丁字<50m	十字50~100m	丁字0~100m	>90m
宽深比	>1.5	1.2~1.5	0.8~1.2	0.5~0.8	<0.5
宗地形状		利于布局	对布局无制约	微弱制约	较大制约
集聚因素	集聚	较集聚	一般聚集	零散	孤立

三级工业用地地价因素修正系数表　　　　　　　　表5-5

优劣度\影响因素	优	较优	一般	较劣	劣
商服繁华影响度	4.45	2.23	0	−1.78	−3.56
道路通达度	2.62	1.31	0	−1.05	−2.1
对外交通便利度	1.87	0.94	0	−0.75	−1.49
基础设施完善度	2.62	1.31	0	−1.05	−2.1
公用设施完备度	2.22	1.11	0	−0.89	−1.78
人口密度	1.78	0.89	0	−0.71	−1.42
临街形式	1.4	0.7	0	−0.56	−1.12
路口形式	0.7	0.35	0	−0.28	−0.56
宽深比	0.46	0.23	0	−0.19	−0.37
宗地形状	0.94	0.47	0	−0.38	−0.75
集聚因素	0.94	0.47	0	−0.38	−0.75

<table>
<tr><td colspan="5" align="center">估价对象影响因素修正系数表</td><td>表5-6</td></tr>
</table>

因素	估价对象条件说明	优劣程度	修正系数%
商服繁华影响度	距市级商业中心（诚信商厦）的距离约4000~5000m	一般	0
道路通达度	临支路大于50m	劣	-2.1
对外交通便利度	距离县客运站约3500~4500m	较优	0.94
基础设施完善度	管网基本畅通，保证率一般，服务基本到位；上下水和供热供气至少1种设施距主干管网小于100m	一般	0
公用设施完备度	距离县医院距离大于1000m	劣	-1.78
人口密度	固定人口密集程度一般，流动人员不多	一般	0
临街形式	临支路	较劣	-0.56
路口形式	>90m	劣	-0.56
宽深比	0.64（0.5~0.8）	较劣	-0.19
宗地形状	对布局无制约	一般	0
集聚因素	集聚	优	0.94
因素合计			-3.31

由表5-6中因素合计，则基准地价修正系数$\sum K_i = -3.31\%$

③容积率修正：

依据《某县城镇土地定级与基准地价更新报告》中所述，商业用地容积率修正系数公式：$K_R = R^{0.5}$，住宅用地容积率修正系数公式：$K_R = R^{0.3}$，而工业用地不做容积率修正，则$K_R = 1.0$。

④土地使用年期修正：

当估价对象的土地使用年期与基准地价所设定的最高出让年期不一致时，就需进行年期修正。

基本公式：$\qquad K_n = [1 - 1 \div (1+r)^m] / [1 - 1 \div (1+r)^n]$

式中　　K_n——年期修正系数；

　　　　r——土地还原利率（根据某县人民政府2013年11月16日颁布实施的《某县城镇土地定级与基准地价更新报告》中描述，在对还原利率变化与银行利率调整之间联系的规律性分析和认识的基础上，选取比较稳定的五年期平均利率6.21%作为安全利率。取1.29%作为风险调整值，此方法确定土地还原率为7.5%）；

m——估价对象土地使用年限；

n——基准地价设定该用途最高使用年限。

基准地价设定工业用地最高出让年限为50年，估价对象土地使用权出让年期设定为50年，年限一致，不需要修正，$K_M=1.0$。

⑤期日修正：

根据《某县城镇土地定级与基准地价更新报告》中所述，某县城区工业用地平均每个月地价涨幅0.2%，以2012年12月31日为基期，其交易时间修正系数为1，则样本的交易时间或宗地的评估基准日每向之前增加一个月（余数不足15天的忽略，超过15天的按1个月计），估价对象的基准日为2016年2月26日。

则：$$K_q=1+（0.2\%\times38）=1.0760$$

⑥土地开发程度修正：

根据《某县城镇土地定级与基准地价更新报告》中所述，定级范围内各级土地在开发程度为"六通一平"（通上水、通下水、通路、通电、通信、通热和场地平整），估价对象每增（减）"一通"基础设施，地价增（减）10元/m^2。估价对象开发程度为宗地外"六通"（即通路、通上水、通下水、通信、通电、通暖）及宗地内场地平整，与基准地价所设定的平均开发程度一致，故不需进行开发程度修正，则$K_k=0$。

⑦估价对象地价的测算：

根据以上各修正结果，测算估价对象单位面积地价如下：

$$P=P_j\times（1+\sum K_i）\times K_R\times K_M\times K_q+K_k$$
$$=100\times（1-3.31\%）\times1.0\times1.0\times1.0760+0$$
$$=104.04元/m^2$$

（2）比较法

1）基本思路

比较法是依据市场中的替代原理，将待估土地与具有替代性的，且在近期市场上类似土地交易实例进行对照比较，并依据类似土地交易实例的成交价格，与委估土地的交易日期、区域及个别因素等情况，进行比较修正，测算出待估土地的客观合理的价格。

2）基本公式

$$P_d=P_b\times A\times B\times C\times D$$

式中　P_d——待估宗地价格；

P_b——比较案例宗地价格；

A＝待估宗地交易情况指数/比较案例宗地交易情况指数

　＝正常交易情况指数/比较案例宗地交易指数；

B＝待估宗地估价日期地价指数/比较案例宗地交易日期地价指数；

C＝待估宗地区域因素条件指数/比较案例宗地区域因素条件指数；

D＝待估宗地个别因素条件指数/比较案例宗地个别因素条件指数。

（3）计算过程

1）比较实例的选择

本次评估，从某县国土资源局公布的成交案例中，选择了三个已发生交易，用途与待估宗地相同或相近的实例，以它们的价格作比较，结合影响工业用地地价的因素，进行各方面修正之后求取待估宗地的价格。

比较案例A：某天鹏公司，位于某县工业园区××路东侧、第五辅道北侧，用途为工业用地，属某县基准地价覆盖范围外，宗地面积为233333m²，容积率0.5～1.5，2014年3月10日发生交易，基础设施程度为宗地外"四通"（即通路、通电、通信、通上水）及宗地内场地平整，土地使用权出让年期为50年，单位面积地价为96元/m²，交易情况正常。

比较案例B：某县××矿业公司，位于某县工业园区××路东侧、第五辅道北侧，用途为工业用地，属某县基准地价覆盖范围外，宗地面积为200015m²，容积率0.5～1.5，2014年3月10日发生交易，基础设施程度为宗地外"四通"（即通路、通电、通信、通上水）及宗地内场地平整，土地使用权出让年期为50年，单位面积地价为95元/m²，交易情况正常。

比较案例C：某县××电力器材有限责任公司，位于某县工业园区××路东侧、第五辅道南侧，用途为工业用地，属某县基准地价覆盖范围外，宗地面积为300500m²，容积率0.5～1.5，2014年2月10日发生交易，基础设施程度为宗地外"四通"（即通路、通电、通信、通上水）及宗地内场地平整，土地使用权出让年期为50年，单位面积地价为95.30元/m²，交易情况正常。

2）因素选择

因素条件说明：估价对象与比较实例的各因素条件详见表5-7。

估价对象与比较实例的各因素条件比较表　　　　　　表5-7

用地单位	待估宗地	某天鹏公司	某县××矿业公司	某县××电力器材有限责任公司
位置	某县工业园区××路东侧、第五辅道南侧	某县工业园区××路东侧、第五辅道北侧	某县工业园区××路东侧、第五辅道北侧	某县工业园区××路东侧、第五辅道南侧
地价（元/m²）	待估	96	95	95.30
土地用途	工业	工业	工业	工业

续表

用地单位		待估宗地	某天鹏公司	某县××矿业公司	某县××电力器材有限责任公司
土地级别		某县基准地价覆盖范围外	某县基准地价覆盖范围外	某县基准地价覆盖范围外	某县基准地价覆盖范围外
交易日期		2015年6月16日	2014年3月10日	2014年3月10日	2014年2月10日
交易情况		正常	正常	正常	正常
交易方式		出让	出让	出让	出让
土地使用年期		50	50	50	50
宗地面积（m²）		200000	233333	200015	300500
容积率		1.5	1.5	1.5	1.5
区域因素	商服繁华度	劣（距市级商业中心的距离大于6000m）	劣（距市级商业中心的距离大于6000m）	劣（距市级商业中心的距离大于6000m）	劣（距市级商业中心的距离大于6000m）
	道路通达度	较劣（临支路小于50m）	较劣（临支路小于50m）	较劣（临支路小于50m）	较劣（临支路小于50m）
	对外交通便利度	劣（距离对外交通设施大于6500m）	劣（距离对外交通设施大于6500m）	劣（距离对外交通设施大于6500m）	劣（距离对外交通设施大于6500m）
	基础设施完备度	一般（管网基本畅通，保证率一般，服务基本到位）	一般（管网基本畅通，保证率一般，服务基本到位）	一般（管网基本畅通，保证率一般，服务基本到位）	一般（管网基本畅通，保证率一般，服务基本到位）
	公用设施完备度	劣（距离县医院大于1000m）	劣（距离县医院大于1000m）	劣（距离县医院大于1000m）	劣（距离县医院大于1000m）
	人口密度	较劣（固定人口较稀疏，流动人员较少）	较劣（固定人口较稀疏，流动人员较少）	较劣（固定人口较稀疏，流动人员较少）	较劣（固定人口较稀疏，流动人员较少）
个别因素	临街形式	较劣（临支路）	较劣（临支路）	较劣（临支路）	较劣（临支路）
	路口形式	劣（距离路口大于90m）	劣（距离路口大于90m）	劣（距离路口大于90m）	劣（距离路口大于90m）
	宽深比	较劣（0.5~0.8）	优（>1.5）	一般（0.8~1.2）	一般（0.8~1.2）
	宗地形状	一般（对布局无制约）	一般（对布局无制约）	一般（对布局无制约）	一般（对布局无制约）
	集聚因素	优（集聚）	优（集聚）	优（集聚）	优（集聚）

（4）编制比较因素条件指数表

根据估价对象与比较实例各因素具体情况，编制比较因素条件指数表，比较因素指数确定如下：

1）估价对象与三个比较实例的土地用途、土地级别、交易情况、交易方式、容积率及区域因素中的基础设施完备度、公用设施完备度、人口密度和个别因素中的临街形式、路口形式、宗地形状、集聚因素均一致，故不作修正。

2）交易期日修正

根据《某县城镇土地定级与基准地价更新报告》，以2012年12月31日为基期，工业用地平均每个月地价涨幅0.2%，则估价对象及比较案例交易期日修正指数为：

$K_{t待估}=1+0.2\% \times 24=1.0480$

$K_{tA}=1+0.2\% \times 19=1.0380$

$K_{tB}=1+0.2\% \times 13=1.0260$

$K_{tC}=1+0.2\% \times 15=1.0300$

3）土地使用年期修正

当估价对象和比较实例的土地使用年期不一致时，就需进行土地使用年期修正。

公式 $\qquad K_n=1-1\div(1+r)^n$

式中 K_n——年期修正系数；

$\qquad r$——土地还原利率（根据某县人民政府2013年11月16日颁布实施的《某县城镇土地定级与基准地价更新报告》中描述，在对还原利率变化与银行利率调整之间联系的规律性分析和认识的基础上，选取比较稳定的五年期平均利率6.21%作为安全利率。取1.29%作为风险调整值，此方法确定土地还原率为7.5%）；

$\qquad n$——土地使用年限。

估价对象与三个比较实例的土地使用年期修正系数为：

$K_{n待}=0.9731$，$K_{nA}=0.9731$，$K_{nB}=0.9731$，$K_{nC}=0.9731$

4）区域因素修正系数

①商服繁华度：分为优（距市级商业中心的距离小于2000m）、较优（距市级商业中心的距离大于2000m小于5000m）、一般（距市级商业中心的距离大于5000m小于9000m）、较劣（距市级商业中心的距离大于9000m小于14000m）、劣（距市级商业中心的距离大于14000m）五个等级，以估价对象为100，各级相差2%；

②道路通达度：分为优（两面临街或临生活主干道小于50m）、较优（临主干道大于50m或临交通型主干道小于50m）、一般（临主干道大于50m或临次干道小于50m）、较劣（临次干道大于50m或临支路小于50m）、劣（临支路大于50m或不临街）

五个等级，以估价对象为100，各级相差1%；

③对外便利度：分为优（距离对外交通设施小于4800m）、较优（距离对外交通设施4800～6200m）、一般（距离对外交通设施6200～7600m）、较劣（距离对外交通设施7600～9000m）、劣（距离对外交通设施大于9000m）五个等级，以估价对象为100，各级相差1%；

④公交便捷度：分为优（有2条公交线路）、较优（有1条公交线路）、一般（没有公交线路，但是有较多出租车）、较劣（出租车较少）、劣（几乎没有出租车）五个等级，以估价对象为100，各级相差1%；

⑤基础设施状况因素修正：以估价对象为100，每增加或减少一项，相应变化2%；

⑥公用设施完备度：分为优（距离医院、中小学任意设施距离＜4000m）、较优（距离医院、中小学任意设施距离＜5000m）、一般（距离医院、中小学任意设施距离＜6000m）、较劣（距离医院、中小学任意设施距离＜7000m）、劣（距离医院、中小学任意设施距离＞7000m）五个等级，以估价对象为100，各级相差1%；

⑦人口密度：分为优（固定人口密集程度一般，流动人员不多）、较优（固定人口较稀疏，流动人员较少）、一般（固定人口稀疏，流动人员少）、较劣（几乎没有居民点）、劣（无）五个等级，以估价对象为100，各级相差1%。

5）个别因素修正系数

①临街形式：分为优（无）、较优（主干道）、一般（次干道）、较劣（支路小巷）、劣（背街）五个等级，以估价对象为100，各级相差1%；

②路口形式：分为优（十字小于50m）、较优（丁字小于50m）、一般（十字50～100m）、较劣（丁字50～100m）、劣（大于100m）五个等级，以估价对象为100，各级相差1%；

③宗地宽深比：分为优（＞1.5）、较优（1.5～1.2）、一般（1.2～0.8）、较劣（0.8～0.5）、劣（＜0.5）五个等级，以估价对象为100，各级相差1%；

④宗地形状：分为优（无）、较优（利于布局）、一般（对布局无制约）、较劣（微弱制约）、劣（较大制约）五个等级，以估价对象为100，各级相差1%；

⑤集聚因素：分为优（集聚）、较优（较集聚）、一般（一般集聚）、较劣（零散）、劣（孤立）五个等级，以估价对象为100，各级相差1%；

⑥距公交站点距离：分为优（小于100m）、较优（100～200m）、一般（200～300m）、较劣（300～400m）、劣（大于400m）五个等级，以估价对象为100，各级相差1%；

⑦根据以上比较因素指数的说明，编制比较因素条件指数表（表5-8）。

比较因素条件指数表				表5-8
估价对象与比较实例 比较因素	估价对象	实例A	实例B	实例C
单位面积地价（元/m²）	待估	96	95	95.30
交易日期	1.0600	1.0280	1.0280	1.0260
土地使用年期	0.9731	0.9731	0.9731	0.9731
区域因素 商服繁华度	100	100	100	100
道路通达度	100	100	100	100
对外交通便利度	100	100	100	100
基础设施完备度	100	100	100	100
公用设施完备度	100	100	100	100
人口密度	100	100	100	100
合计	100	100	100	102
个别因素 临街形式	100	100	100	100
路口形式	100	100	100	100
宽深比	100	103	101	101
宗地形状	100	100	100	100
集聚因素	100	100	100	100
合计	100	103	101	101

6）因素修正

在各因素条件指数表的基础上，进行比较实例估价期日修正、土地使用年期修正、容积率修正及区域和个别因素修正，即将估价对象的因素条件与比较实例的因素条件进行比较，得到各因素修正系数表（表5-9）。按照《城镇土地估价规程》GB/T 18508—2014，对各比较因素的修正系数计算方式如下：

交易日期修正系数=估价对象期日地价指数/比较案例宗地交易日期地价指数

使用年期修正系数=估价对象年期修正系数/比较案例宗地年期修正系数

容积率修正系数=估价对象容积率修正指数/比较案例宗地容积率修正指数

区域因素修正系数=估价对象区域因素条件指数/比较案例宗地区域因素条件指数

个别因素修正系数=估价对象个别因素条件指数/比较案例宗地个别因素条件指数

则比准价格=比较宗地单位面积地价×交易日期修正系数×使用年期修正系数
×容积率修正系数×区域因素修正系数×个别因素修正系数

比较因素修正系数表　　　　表5-9

估价对象与比较实例 比较因素	估价对象		
	实例A	实例B	实例C
单位面积地价（元/m²）	96	95	95.3
交易日期	1.0760/1.0280	1.0760/1.0280	1.0760/1.0260
土地使用年期	0.9731/0.9731	0.9731/0.9731	0.9731/0.9731
区域因素合计	100/100	100/100	100/100
个别因素合计	100/103	100/101	100/101
比准价格（元/m²）	96.11	96.99	97.48
估价对象评估价格（元/m²）		96.86	

经过比较分析，采用各因素修正系数连乘法，求算各比较实例经因素修正后达到估价对象条件时的比准价格。由于三个比准价格比较接近，故取三个比准价格的简单算术平均值作为比较法评估的最终土地使用权价格，评估结果为110.82元/m²。

7）估价结果确定

选用的两种方法只是从不同侧面反映了估价对象的地价水平，起到相互印证的作用。根据本次评估的目的及估价对象所在区域的地价水平，评估人员决定采用两种方法测算结果的算术平均数为其单价，见表5-10。

估价对象单位面积地价结果确定表　　　　表5-10

估价方法	估价对象单位面积地价		
	基准地价修正法	比较法	算术平均值
单位面积地价（元/m²）	104.04	110.82	107.43

思考题：1. 基准地价系数修正法和比较法应用的注意事项有哪些？

2. 土地估价方法有哪些？如何选用这些方法？

技能训练

一、单项选择题（每题的备选答案中只有一个最符合题意）

1. 有一宗前后临街的矩形宗地，总深度27m，前街路线价为2000元/m²，后街路线价为1000元/m²，若按重叠价值法估价，则前街影响深度为（　　　）。

　　A. 9　　　　　　　　B. 13.5　　　　　　　C. 15　　　　　　　D. 18

2. 路线价法估价的第二个步骤为（　　　）。

    A. 设定标准深度　　　　　　　　　　B. 选取标准临街宗地

    C. 编制深度百分率表　　　　　　　　D. 划分路线价区段

3. 评估城市商业街道两侧的土地价格，最适合的估价方法是（　　　）。

    A. 比较法　　　　B. 收益法　　　　C. 路线价法　　　　D. 假设开发法

4. 在用路线价法估价中设定的标准深度，通常是路线价区段内临街各宗土地深度的（　　　）。

    A. 算术平均数　　　　B. 中位数　　　　C. 加权平均数　　　　D. 众数

5. 标准深度是道路对地价影响的转折点：由此接近道路的方向，地价逐渐升高；由此远离道路的方向，地价（　　　）。

    A. 逐渐降低　　　　B. 逐渐升高　　　　C. 可视为基本不变　　D. 为零

6. 划分路线价区段的最主要标准是（　　　）。

    A. 十字或丁字路　　　　　　　　　　B. 功能分区分界点

    C. 地价有显著差异的地点　　　　　　D. 商铺繁华程度变化点

7. 临接同一道路的其他土地的价格，是以路线价为基础，考虑其临街深度、土地形状、临街状况、临街宽度等，进行适当的修正求得的，这些修正实际上为（　　　）。

    A. 交易情况修正　　　　　　　　　　B. 交易日期调整

    C. 房地产状况调整　　　　　　　　　D. 区域因素调整

8. 一临街深度22.86m（即75英尺），临街宽度30m的矩形土地，其所在区段的路线价（土地单价）为5500元/m²，临街深度75英尺的单独、累计和平均深度价格修正率分别为20%、90%和120%，该宗土地的总价为（　　　）。

    A. 452.63万元　　　　B. 75.44万元　　　　C. 339.47万元　　　　D. 377.19万元

9. 路线价法的理论依据与下列哪种估价方法的理论依据相同？（　　　）。

    A. 比较法　　　　B. 假设开发法　　　　C. 成本法　　　　D. 收益法

10. 随着临街深度的递增，临街深度价格的修正率递增的是（　　　）。

    A. 单独深度价格修正率　　　　　　　B. 累计深度价格修正率

    C. 平均深度价格修正率　　　　　　　D. 加权深度价格修正率

11. 某工业用地总面积为3000m²，容积率为0.5，楼面地价为1000元/m²。现按城市场规划拟变更为商业用地，容积率为4.0，相应的楼面地价为1500元/m²。该改变用途理论上应补地价为（　　　）万元。

    A. 500　　　　　　B. 525　　　　　　C. 600　　　　　　D. 1650

12. 某房地产开发用地，其土地面积为10000m²，土地使用条件与规划限制所规定的容积率为1.2，楼面地价为1500元/m²。后经规划调整，容积率提高到1.6，楼面地价不变，则该房地产开发用地因容积率提高需补地价（　　　）万元。

    A. 375　　　　　　B. 450　　　　　　C. 500　　　　　　D. 600

13. 下列属于其他地上定着物的是（　　　）。

　　A．摆放在房屋内的家具

　　B．摆放在房屋内的电器，挂在墙上的画

　　C．在地上临时搭建的帐篷、戏台

　　D．建造在地上的围墙、假山、水池

二、多项选择题（每个备选答案中有两个或两个以上符合题意）

1. 在实际中计算地租量的方法有（　　　）。

　　A．从房租中分离出地租　　　　　　B．由地价求出地租

　　C．采用比较法求出地租　　　　　　D．由土地开发成本求出地租

　　E．采用类似假设开发法的方法求出地租

2. 应用路线价法需要进行（　　　）等修正。

　　A．临街深度　　　B．土地形状　　　C．交易日期　　　D．交易情况

　　E．临街宽度

3. 在路线价法中，不作交易情况修正和交易日期修正的原因是（　　　）。

　　A．求得的路线价已是正常价格

　　B．求取路线价时没有搜集非正常交易实例

　　C．该路线价所对应的日期与待估宗地价格的日期一致

　　D．该路线价与待估宗地的价格都是现在的价格

　　E．路线价是标准宗地的平均水平价格是正常价格

4. 路线价法特别适用于（　　　）估价。

　　A．个别房地产　　　B．房地产税收　　　C．市地规划　　　D．房地产征收补偿

　　E．在大范围内同时对大量土地进行的

5. 在划分路线价区段时，应符合的条件包括（　　　）。

　　A．形状相似　　　　　　　　　　　B．在同一条街道上只有一个路线价区段

　　C．面积接近　　　　　　　　　　　D．地块相连

　　E．可及性相当

6. 确定路线价时，选取标准宗地应符合（　　　）等要求。

　　A．一面临街　　　　　　　　　　　B．两面临街

　　C．土地形状为矩形　　　　　　　　D．土地形状为正方形

　　E．容积率为所在区段具有代表性的容积率

7. 路线价法估价时需要用路线价再配合（　　　）计算出待估宗地的价格。

　　A．深度百分率　　　B．资本化率　　　C．收益率　　　D．物价指数

　　E．其他价格修正率

8. 临街深度价格修正率表的制作形式有（　　　）。

　　A．单一深度价格修正率　　　　　　B．多种深度价格修正率

C．单独深度价格修正率　　　　　　D．累计深度价格修正率

E．平均深度价格修正率

9．应用路线价法制作深度价格修正率的要领有（　　　）。

A．设定标准深度　　　　　　　　　B．将标准深度分为若干等分

C．制订容积率修正系数　　　　　　D．制订单独深度价格修正率

E．多种深度价格修正率

10．地价区段是将（　　　）地块相连的土地加以圈围而形成的区域。

A．用途相同　　　　B．级别相同　　　　C．房价相近　　　　D．地价相近

E．结构相同

11．评估基准地价或利用基准地价评估宗地价格，必须明确基准地价的内涵。基准地价的内涵包括（　　　）。

A．基准日期　　　　　　　　　　　B．土地开发程度

C．基准地价修正体系　　　　　　　D．土地用途

E．基准地价公布日期

12．高层建筑地价分摊的方法有（　　　）。

A．按建筑物价值进行分摊　　　　　B．按房地价值进行分摊

C．按土地价值进行分摊　　　　　　D．按建筑面积进行分摊

E．按楼面地价进行分摊

三、判断题

1．狭义的地租是指超额的工资、利息、利润及利用任何生产要素所获得的超额报酬。（　　　）

2．两个规模、档次、经营品种、经营水平等相同，但所处位置不同的商场，由于位置上的差异也会带来销售净收入的差异，这种差异也是一种地租现象。（　　　）

3．在路线价法中，"标准临街宗地"可视为比较法中的"可比实例"。（　　　）

4．由于路线价是若干标准临街宗地的平均价格，因此在采用路线价法估价时，一般不作因素修正。（　　　）

5．一般的房地产估价方法主要适用于单宗土地估价，而且需要花费较长的时间。路线价法则被认为是一种快速、相对公平合理，能节省人力、财力，可以同时对许多宗土地进行批量估价的方法。（　　　）

6．某城市路线价标准深度为18m，划分为三个等分，从街道方向算起，各等分单独深度价格修正率分别为50%、30%、20%。则临街12m的矩形土地的平均深度价格修正率为120%。（　　　）

7．路线价法中的单独深度价格修正率随着临街深度的递进而增大。（　　　）

8．在基准地价修正法中进行市场状况调整，是将基准地价在价值时点时的值调整为其基准日期时的值。（　　　）

9. 在同一条街道上，如果两侧的繁华程度、地价水平有显著差异的，应以街道中心为分界线，将该街道的两侧各自视为一个路线价区段，分别附设不同的路线价。（　　　）

10. 深度价格递减率是基于临街土地中各部分的价值随远离街道而有递减现象，或者说，距街道深度越深，可及性越差，价值也就越低。（　　　）

11. 高层建筑地价分摊是将高层建筑的造价分摊到所占土地上。（　　　）

12. 有一栋4层公寓，每层建筑面积相等，已知第二层的房地价值为第一层的1.05倍，第三层的房地价值为第四层的1.15倍，第四层的房地价值为第二层的91%。按房地价值分摊法计算得出第三层占有的土地份额约为27%。（　　　）

房地产估价程序
及报告撰写 6

引例

A市B房地产开发公司在城市规划区内通过出让方式取得了一块土地的使用权,在签订的土地使用权出让合同中规定,此土地按照城市规划为住宅用地,需进行商品住宅建设。B公司通过调查研究,发现将临街的部分土地用于商业将更具市场潜力,同时也会对其后的商品楼带来升值作用,遂向有关部门提出建设二层商业中心的申请,申请最终得到批准。征收前委托C二级房地产估价机构,进行了征收评估。B公司在征收中遇到钉子户D,无正当理由拒不与B公司签订征收协议,致使商品房建设难以进行。此期间,商业中心建设按期进行,并于次年5月完成施工任务,并通过竣工验收。并及时办理了该商业中心的《房屋所有权证》。随后,B房地产开发公司将其出租给E经贸公司进行经营;而E经贸公司由于自身原因,又将该商业中心转租给个体户F。在此之后,商品住宅建设开始启动,在建设过程中,为了融通资金,B房地产开发公司将先前建设的商业中心向建设银行进行了抵押,从而保证了商品住宅的按期完工。

1. B房地产开发公司欲改变部分土地用途,首先需办理什么手续?
2. 征收评估有程序是什么?

本章知识结构图

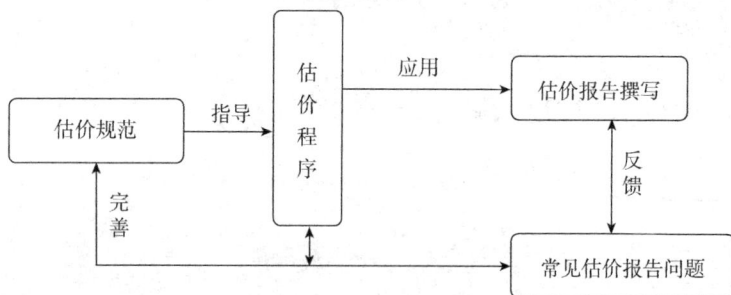

【学习摘要】

通过本章的学习和训练,了解估价业务的承接、估价对象及房地产市场。熟悉房地产估价程序基本内容。掌握估价作业方案、估价方法的选定;估价报告基本内容和格式,具备选择确定估价方法的能力,对估价对象进行价值估算能力,初步撰写估价报告的能力。

6.1 房地产估价的程序

房地产估价程序，是指房地产估价作业按其内在联系，所形成的各个具体操作步骤和环节。透过房地产估价程序，可以看到房地产估价的全过程，了解到房地产估价中各项具体工作之间的内在联系性。自获取估价业务至完成估价后的资料归档为止，房地产估价应按下列程序进行：①获取估价业务；②确定估价基本事项；③拟定估价作业方案；④搜集、整理估价所需资料；⑤实地查勘估价对象；⑥选用估价方法进行测算；⑦确定估价结果；⑧撰写估价报告；⑨内部审核估价报告；⑩出具估价报告；⑪估价资料归档。房地产估价程序的各个步骤之间并不是完全割裂的，相互之间会有一些交叉。同时，尽管按照上述程序步骤进行估价，实际估价中仍会存在一定的反复。

6.1.1 获取估价业务

获取估价业务是指获取房地产估价业务，这是房地产估价的先决条件。无法获取估价业务，也就不能对此进行评估。但是，不能为了获取房地产估价业务而迎合客户的不合理要求，更不能以非法的或不正当的方法和手段获取房地产估价业务。一般来说，获取房地产估价业务的途径主要有主动争取和接受委托两种。

1. 主动争取

所谓主动争取是指估价机构或机构工作人员走出去，到房地产市场上去承揽估价业务。随着我国房地产市场的快速发展，房地产估价市场的竞争愈加激烈。对于房地产估价机构提出新的挑战，主动争取是他们最重要的估价业务来源。

2. 接受委托

另一种房地产估价业务的获取途径是接受委托，接受委托是指坐等委托估价者找上门，委托估价机构对指定的房地产进行估价。在房地产市场发育不同阶段情况下均存在此种获取估价业务的方式。

在房地产市场发育程度较低的情况下，各种估价机构的设立存在一定程度的可塑性，估价机构间的竞争一般缺乏规则性和有序性，某些机构可能凭借其与管理部门或管理部门的一些工作人员间的特殊关系，容易获取估价业务，存在一定程度的垄断性。在房地产市场发育程度较高时，房地产估价机构的发育程度也相应较高，少量估价机构在激烈的竞争中，凭借其优秀的评估质量和优质的服务而逐渐建立起良好的社会信誉。对于这些估价机构，会有许多委托估价者请求他们提供估价服务。

此外，某些类型的房地产价格需专门的或指定的评估机构进行估价。如我国土地使用权出让价格的评估，具有明显的政府行为，一般需指定专门的估价机构。

3. 不应承接估价业务情形

在获取估价业务时，估价机构和评估专业人员在与估价需求者接触中，根据所了解的估价业务情况，如果有下列情形之一的，就不应承接该项估价业务：

（1）与估价对象或相关当事人有利益关系

与估价对象或相关当事人有利益关系，这是估价回避制度的要求。例如，《房地产估价机构管理办法》第二十六条规定："房地产估价机构及执行房地产估价业务的估价人员与委托人或者估价业务相对人有利害关系的，应当回避。"《房地产抵押估价指导意见》第六条规定："房地产估价机构、房地产估价人员与房地产抵押当事人有利害关系或者是房地产抵押当事人的，应当回避"。

（2）超越了本估价机构资质等级许可的业务范围

《房地产估价机构管理办法》第二十四条规定："从事房地产估价活动的机构，应当依法取得房地产估价机构资质，并在其资质等级许可范围内从事估价业务。一级资质房地产估价机构可以从事各类房地产估价业务。二级资质房地产估价机构可以从事除公司上市、企业清算以外的房地产估价业务。三级资质房地产估价机构可以从事除公司上市、企业清算、司法鉴定以外的房地产估价业务。暂定期内的三级资质房地产估价机构可以从事除公司上市、企业清算、司法鉴定、城镇征收、在建工程抵押以外的房地产估价业务。"

（3）受自身的专业知识和经验所限而难以评估出客观合理的价值

《房地产抵押估价指导意见》第七条规定："从事房地产抵押估价的房地产估价师，应当具备相关金融专业知识和相应的房地产市场分析能力。"这是估价专业胜任能力的要求。

如果自身经验不足，房地产估价机构和房地产评估专业人员可以向估价需求者介绍其他合适的房地产估价机构和房地产评估专业人员承接该项估价业务；对于估价所涉及的某些其他专业性问题，例如房屋中镶嵌的古董、地上的特殊树木，可以聘请相关专家或者采取"分包"方式聘请相关研究机构等出具专业意见来解决，即可以借用专家意见。

6.1.2　确定估价基本事项

1．明确估价目的

所谓估价目的，是指为何种需要而估价。任何估价项目都有估价目的，估价目的可以通过询问委托人未来完成后的估价报告是作何种用途、提供给谁使用或者由谁认可来明确。估价目的决定了房地产价格类型，也决定了估价的依据，是实施房地产估价的前提条件。受理估价的具体目的主要包括：①市场行为：买卖、租赁、转让、抵押、典当、保险、拍卖等；②企业行为：合资、合作、股份制改造、上市、兼并、破产清算、承包等；③政府行为：农用地征用、土地使用权出让、课税、征收补偿、作价收购、土地使用权收回等；④其他：继承、纠纷、赠予及可行性研究、他项权利造成的房地产贬值等。

2．明确估价对象

明确估价对象即明确待估对象的基本情况，包括物质实体状况和权益状况。

（1）物质实体状况

通过询问等方式了解估价对象房地产的物质实体状况。房地产按实体存在形态分析，无非是单纯的土地、土地与建筑物整体、附有建筑物的土地、单纯的建筑物这四种。待估房地产实体具体是哪一种，要搞清楚。若是单纯的土地，这土地是生地，还是熟地；若是熟地，是"三通一平"地，还是"七通一平"地。若是土地与建筑物整体，是居住用房地产、商业用房地产、工业用房地产，还是其他类型的房地产。若是附有建筑物的土地，该建筑物是将依然存在下去，还是将被拆除。如果估价对象房地产是单纯的建筑物，则需明确该建筑物的含义，如为写字楼是否包括其中配备的设备，如为宾馆是否包括其中的家具等。

（2）权益状况

估价人员要向委估方索取描述估价对象房地产基本状况的资料，如坐落位置、面积、用途、建筑结构、产权状况（拥有的是所有权还是使用权，若是使用权，使用年限多长，已使用了多少年，还剩多少年）等。

3．明确价值时点

价值时点是指决定房地产价格的具体时间点。价值时点从本质上讲不是由委托人决定的，也不是由评估专业人员决定的，而是由估价目的决定的。房地产价格会随时间而变化，不同时点的房地产价格也不同。因此，在进行房地产估价时，必须明确价值时点。否则，其估价将毫无意义。

价值时点要准确到日，取决于所要评估的房地产价格类型和市场变化情况。在同样条件下，价值时点越具体，要求估价的精度越高，估价的难度也越大。

4．明确估价日期

估价日期是进行房地产估价的作业日期。估价日期的确定也意味着明确了估价报告书的交付日期，因为，估价作业的截止日期一般即为估价报告书的交付日期。估价报告书的交付日期一般是由委托估价方提出的，估价方必须充分考虑估价作业所必需的时间，并与委托方协商确定。一旦明确了估价报告书的交付日期，估价方必须按期保质地完成估价工作，如期交付估价报告书，否则会影响估价机构和估价人员的信誉。一般房地产估价项目的作业日期为10~15个工作日。

5．明确价值类型

价值类型和价值时点一样，从本质上讲不是有委托人决定的，也不是由评估专业人员决定的，而是由估价目的决定的。明确价值类型是明确所要评估的价值具体是哪种类型的价值。同一宗房地产在同一价值时点下的不同类型的价值会有所不同。大多数估价是评估的市场价值，但在某些情况下，需要评估的可能是投资价值、谨慎价值、清算价值、快速变现价值、在用价值。

6.1.3　拟定估价作业方案

为保证估价工作高效率、有秩序地进行，根据估价目的、待估房地产基本情况及合同条款，估价方应及时拟定合理的估价作业方案，其主要内容包括：①拟采用的估价技术路线和估价方法；②拟调查收集的资料及其来源渠道；③预计所用的时间、人力、经费；④拟定作业步骤和作业进度。

6.1.4 收集、整理估价所需资料

估价资料是为应用估价方法、作出估价结论及撰写估价报告书提供依据的，估价资料是否全面、真实、详细直接关系到估价结果的可靠性和准确性。估价所需资料主要包括以下4类：①反映估价对象状况的资料；②相关实例资料，即类似房地产的交易、收益（包括收入、运营费用）、开发建设成本（包括价格构成、成本、费用、税金、利润）等资料；③对估价对象所在地区（子市场）的房地产价格有影响的资料；④对房地产价格有普遍影响的资料。

针对本次估价应当搜集什么样的实例资料，主要取决于拟采用的估价方法。而具体应搜集的内容，要针对估价方法中的计算所需要的数据进行。例如，对出租的写字楼拟选用收益法估价，则需要搜集租金水平、出租率或空置率、运营费用、竞争性项目等方面的资料。在搜集实例资料时，应考察它们是否受到不正常或人为因素的影响。对于受到这些因素影响的实例资料，只有在能够确定其受影响的程度并能够进行修正的情况下才可以采用。

估价资料的收集与整理并不是当有估价项目时才进行，而是估价机构和估价人员长期而持续的一项工作，尤其是宏观因素和区域因素方面的资料更是如此。搜集估价所需资料的渠道主要有以下几个：①要求委托人提供；②评估专业人员在实地查看估价对象时获取；③询问有关知情人士；④查阅估价机构自己的资料库；⑤到政府有关部门查阅；⑥查阅有关报刊或登录有关网站等。

6.1.5 实地查勘估价对象

实地查勘是指房地产估价人员亲临现场对估价对象的有关内容进行实地考察，以便对委估房地产的实体构造、权利状态、环境条件等具体内容进行充分了解和客观确认。

在实地查勘过程中，估价人员要事先准备已设计好的专门表格，将有关查勘情况和数据认真记录下来，形成"实地查勘记录"。来了解估价对象的位置、周围环境、景观的优劣；查勘估价对象的使用情况及外观、建筑结构、装修、设备等状况，并对事先收集的有关估价对象的坐落、四至、产权等资料进行核实；同时收集补充估价所需的其他资料，了解当地房地产市场的特征和情况，以及对估价对象及其周围环境或临街状况进行拍照等。

完成实地查勘后，实地查勘人员和委托方中的陪同人员都应在"实地查勘记录"上签字，并注明实地查勘日期。

6.1.6 选用估价方法进行测算

在前述工作的基础上，根据待估房地产估价对象、估价目的和资料的详实程度，就可正式确定采用的估价方法，然后，采用相应的估价方法进行具体计算。当然，这里需具备一个前提和六个要求。

一个前提是：估价人员应深刻理解并能正确运用比较法、收益法、成本法、假设开发法、基准地价修正法等估价方法及这些估价方法的综合运用。

六个要求是：①同一估价对象一般需同时采用两种或两种以上的估价方法，以使估价结果相互补充和印证；②根据已明确的估价目的，若估价对象适宜采用多种估价方法进行估价，应同时采用这些估价方法进行估价，不得随意取舍；若必须取舍，则应在估价报告中予以说明并陈述理由；③有条件采用比较法进行估价的，应以比较法作为主要的估价方法；④具有收益性的房地产的估价，应选用收益法作为其中的一种方法；⑤具有投资开发或再开发潜力的房地产估价，应选用假设开发法作为其中的一种估价方法；⑥在无市场依据或市场依据不充分而不宜采用比较法、收益法、假设开发法进行估价的情况下，可采用成本法作为主要的估价方法。

6.1.7　确定估价结果

不同的估价方法是从不同的角度考虑对房地产进行估价的，其计算结果自然不同。估价人员应对这些测算结果进行比较、分析，消除不合理的差异，最终确定估价结果。

寻找不合理差异的原因，可以从下列方面进行检查：①测算过程是否有误；②基础数据是否准确；③参数选取是否合理；④公式选用是否恰当；⑤所选用的估价方法是否切合估价对象和估价目的；⑥是否符合估价原则；⑦房地产市场是否处于特殊状态，例如房地产市场是否不景气，是否存在泡沫。在房地产市场不景气的情况下，比较法的测算结果低于成本法的测算结果（在未考虑经济折旧的情况下）；在存在泡沫的情况下，收益法的测算结果低于比较法的测算结果。此外，特别需要强调的是，估价中的每一个数字都应有其来源依据。

在确认所有的测算结果无误，并且不同估价方法的测算结果差异不很大的情况下，应根据具体情况选用简单算术平均数、加权算术平均数、中位数、众数等数学方法之一求出一个综合结果并说明理由。

6.1.8　撰写估价报告

估价报告应当采取书面形式，一般由八大部分组成：封面、目录、致委托人函、注册房地产评估专业人员声明、估价的假设和限制条件、估价结果报告、估价技术报告、附件。

6.1.9　内部审核估价报告

为了保证出具的估价报告的质量，估价机构应当建立估价报告内部审核制度，由内部房地产评估专业人员或者聘请的外部房地产估价专家担任审核人员，按照合格的估价报告的要求，对撰写完成尚未出具的估价报告，从形式到内容进行全面、认真、细致的检查，确认估价结果是否客观合理，提出审核意见。审核完成之后，审核人员应在审核表上签名，并注明审核日期。

审核的结论性意见可为下列之一：①可以出具；②作适当修改后出具；③应重新撰写；④应重新估价。对于经审核认为需要修改的估价报告，应当进行修改；对于不合格的估价报告，应当重新撰写，甚至需要重新估价。经修改、重新撰写或者重新估价后撰写的估价报告，还应当再次进行审核。只有经审核合格的估价报告，才可以交付给委托人。估价机构还可以将审核意见作为考核评估专业人员的重要依据。

6.1.10　出具估价报告

估价报告经内部审核合格后，应由负责该估价项目的至少2名注册房地产评估专业人员签名，并加盖估价机构公章，以估价机构名义出具。经委托人书面同意，与其他估价机构合作完成的估价项目，应当以合作双方的名义共同出具估价报告。估价报告完成签名、盖章等手续后，应及时交付给委托人。

在交付估价报告时，为避免交接不清引起的麻烦，可由委托人或者其指定的接收人在《估价报告交接单》上签收（接收人签名并填写收到估价报告的年月日，此即估价报告交付日期）。房地产评估专业人员在交付估价报告时，可以主动地或者根据委托人的要求，对估价报告中的某些问题、特别是估价报告使用建议作口头说明或解释。

6.1.11　估价资料归档

归档的估价资料应当全面、完整，一般包括：①向委托人出具的估价报告；②委托人出具的《估价委托书》及与委托人签订的《估价委托合同》；③《估价对象实地查看记录》；④《估价报告内部审核表》；⑤《估价报告交接表》；⑥估价项目来源和接洽情况记录；⑦估价过程中的不同意见和估价报告定稿之前的重大调整后修改意见记录；⑧评估专业人员和估价机构认为有必要保存起来的其他估价资料。

6.2　《房地产估价规范》和估价报告的撰写

6.2.1　《房地产估价规范》概述

《房地产估价规范》GB/T 50291—2015于2015年12月1日起实施。为了规范房地产估价行为，统一估价程序和方法，做到估价结果客观、公正、合理，根据《中华人民共和国城市房地产管理法》《中华人民共和国土地管理法》等法律、法规的有关规定，制定该规范。该规范适用于房地产估价活动，房地产估价应独立、客观、公正，房地产估价除应符合该规范外，尚应符合国家现行有关标准、规范的规定。可见，该规范有助于统一估价行为，提高估价人员的估价能力，保障估价行为的合法、客观、公正，对我国今后房地产业的健康发展将会发挥重要作用。

6.2.2　房地产估价报告的撰写

1. 房地产估价报告简介

房地产估价报告，是指注册房地产评估专业人员遵照相关法律、法规和资产评估准则，在实施了必要的评估程序对特定评估对象价值进行估算后，编制并由其所在估价机构向委托方提交的反映其专业意见的书面文件。它是按照一定格式和内容来反映评估目的、假设、程序、标准、依据、方法、结果及适用条件等基本情况的报告书。广义的房地产估价报告还是一种工作制度。它规定估价机构在完成评估工作之后必须按照一定程序的要求，用书面形式向委托方及相关主管部门报告估价过程和结果。狭义的房地产估价报告即房地产估价结果报告书，既是估价机构与注册房地产评估专业人员完成对房地产估价，就被评估房地产在特定条件下价值所发表的专家意见，也是估价机构履行估价合同情况的总结，还是估价机构与注册房地产评估专业人员为房地产估价项目承担相应法律责任的证明文件。

2．房地产估价报告基本内容

（1）封面

封面内容包括标题、估价项目名称、委托人、估价机构、注册房地产评估专业人员、估价作业日期、估价报告编号。

（2）目录

目录中通常按照前后次序列出估价报告各个组成部分的名称及其对应的页码，以便于委托人或估价报告使用者对估价报告的框架和内容有一个总体了解，并容易查找到其感兴趣的内容。

（3）致委托人函

致委托人函是估价机构正式地向委托人报告估价结果及呈送报告的信件。说明受委托人委托，估价机构选派哪些评估专业人员，根据什么估价目的，对什么估价对象在什么日期的什么价值进行了独立、客观、公平的评估，估价结果多少，以及估价报告使用期限等。

（4）注册房地产评估专业人员声明

注册房地产评估专业人员声明是注册房地产评估专业人员对估价报告的合法性、真实性、合理性以及估价的独立、客观、公正性等问题的说明或保证。

（5）估价的假设和限制条件

估价的假设和限制条件是有针对并尽量简洁地说明估价所必要，但不能肯定，而又必须予以明确的前提条件。包括：①对应着评估的价值类型，说明其主要条件；②对委托人提供的有关情况和资料进行了必要的关注，无理由怀疑委托人提供的情况和资料的真实性；③说明未经调查核实或无法调查核实的有关情况和资料；④说明在情况不明确或资料不全时是以何种情形来估价的；⑤说明估价中的一些特殊处理；⑥说明在估价中未考虑的因素。

（6）估价结果报告

估价结果报告简明扼要的说明下列事项：委托人、估价机构、估价目的、估价对象、价值时点、评估的价值类型和定义、估价依据、估价原则、估价方法、估价结果、其他需要说明的事项、注册房地产评估专业人员及其他参与估价人员。

（7）估价技术报告

估价技术报告包括：估价对象分析、房地产市场分析、估价方法选用分析、估价的详细测算过程、估价结果及其确定理由。

（8）附件

附件通常包括：估价委托书、估价对象位置图、估价对象外部状况以及周围环境和景观的图片、估价对象权属证明、估价中所引用的其他专用文件资料、估价机构资质证书营业执照证书、注册房地产评估专业人员的注册证书复印件。

6.3 房地产估价报告常见问题

6.3.1 常见问题

1．房地产估价报告整体性不完整，如下8项内容有缺失

①封面；②目录；③致委托方函；④评估专业人员声明；⑤估价假设和限制条件；⑥估价结果报告；⑦估价技术报告；⑧附件。

2．估价结果报告书漏项

（1）委托方有漏项（委托单位全称、法定代表人和住所，个人委托的为个人姓名和住所）；

（2）估价方有漏项（估价机构全称、法定代表人、住所、估价资格等级）；

（3）估价对象有漏项（概要说明估价对象的状况，包括物质实体状况和权益状况。其中，对土地的说明应包括：名称，坐落，面积，形状，四至，周围环境，景观，基础设施完备程度，土地平整程度，地势，地质、水文状况，规划限制条件，利用现状，权属状况；对建筑物的说明应包括：名称，坐落，面积，层数，建筑结构，装修，设施设备，平面布置，工程质量，建成年月，维护、保养、使用情况，公共配套设施完备程度，利用现状，权属状况）；

（4）估价目的有漏项或不清楚（说明本次估价的目的和应用方向）；

（5）价值时点不清（说明所评估的客观合理价格或价值对应的年月日）；

（6）价值定义不明确（说明本次估价采用的价值标准或价值内涵）；

（7）估价依据欠缺不足（说明本次估价依据的本房地产估价规范，国家和地方的法律、法规，委托方提供的有关资料，估价机构和估价人员掌握和搜集的有关资料）；

（8）估价原则漏项（说明本次估价遵循的房地产估价原则）；

（9）估价方法不足（说明本次估价的思路和采用的方法以及这些估价方法的定义）；

（10）估价结果有漏项（说明本次估价的最终结果，应分别说明总价和单价，并附大写金额；若用外币表示，应说明价值时点中国人民银行公布的人民币市场汇率中间价，并注明所折合的人民币价格）；

（11）估价人员有漏项（估价人员的姓名、估价资格或职称，并由本人签名、盖章）；

（12）估价作业日期缺失（说明本次估价的起止年月日）；

（13）估价报告应用的有效期有漏项（说明本估价报告应用的有效期，可表达为到某个年月日止，也可表达为多长年限，如一年）。

3．估价技术报告漏项

（1）个别因素分析缺失；

（2）区域因素分析有漏项；

（3）市场背景分析不全（详细说明分析类似房地产的市场状况，包括过去、现在和可预见的未来）；

（4）最高最佳使用分析没有（详细分析、说明估价对象最高最佳使用）；

（5）估价方法选用没写（详细说明估价的思路和采用的方法及其理由）；

（6）估价测算过程不全（详细说明测算过程、参数确定等）；

（7）估价结果确定缺失（详细说明估价结果及其确定的理由）。

4．报告部分内容描述不清

（1）土地使用权人交代不清；

（2）土地使用权性质交代不清，如是出让还是划拨土地，集体土地还是国有土地等；

（3）土地使用年限交代不清，如起止年月等（划拨土地不需交代）；

（4）是否具有土地使用权证没有交代；

（5）是否具有房屋所有权证没有交代；

（6）房屋用途交代不清；

（7）建筑物结构交代不清；

（8）房屋建成年代交代不清；

（9）房屋的权属交代不清（特别是抵押的情况）；

（10）房屋的状态交代不清楚（如在建工程的投入数量）；

（11）修正项目错误；

（12）修正方向错误（分子分母、上下方向错误）。

5．逻辑不严谨

前后不一致（数据、方法选用与测算过程中的方法运用、标题与内容、数据来源无出处、判断推理没有充足的理由）。

6．写作有错误

（1）评估结果中没有说明币种，没有进行大写；

（2）对外币表达的结果，没有写明折算成人民币的汇率；

（3）表达形式不科学。

6.3.2　常见错误问题分析

1．规范性检查

与《房地产估价规范》的格式要求、专业术语、计算方法规范性进行严格检查。重点是查看内容描述项目是否完全、合适，书写方式、用词称呼、符号、序号、术语、大写、错别字等是否准确，避免发生类似错误。

2．完整性检查

（1）在法律依据性要素上，重点查看产证资料

1）旧有房地产要查看《土地使用权证》及《房屋所有权证》；

2）在建工程要查看《土地使用权证》、《建设用地许可证》、《建设规划许可证》、《施工许可证》以及规划部门审定的规划总平面布置图；

3）预售商品房要查看《商品房预售许可证》、商品房买卖合同及购房付款凭证。

（2）在描述性要素中，主要查看内容

1）估价对象描述。从区位、权益和实物三方面描述。注意用语的准确性、是否漏项、描述有无错误、前后是否一致，如面积前后是否一致；

2）影响因素描述。①个别因素描述：对照估价对象分析、描述，注意是否漏项。②区域因素描述：不同的估价目的区域因素的选取不同分析、说明对各类房地产影响较大的因素，注意影响因素与估价类型的匹配。③市场背景分析：背景分析是否与估价目的有关联性，对待估房地产的估价结果是否具有影响。

3．逻辑一致性检查

快速浏览报告，查找结构性错误；是否按规范撰写、是否漏项、描述是否恰当、前后是否一致，是否符合法律法规。

4．评估技术方面性检查

①价格内涵及技术路线是否正确；②基础数据是否准确；③参数选取是否合理，参数确定是否有误、是否具有可比性，单位是否统一，价格内涵是否一致，计算是否正确等；④方法的选用是否符合估价原则，是否体现了合法原则、最高最佳使用原则等；⑤公式的选用是否恰当，每一种公式的内涵和适用范围是否清楚；⑥计算过程是否有误，关键步骤是否进行了说明，计算过程中单位是否统一，每一种参数应用是否有根据。

6.3.3　估价报告常见错误实例

1．房地产估价报告（节选）错误实例

××商业用房征收补偿价格评估报告

报告封面及目录（略）

致委托方函（略）

评估专业人员声明（略）

估价的假设和限制条件（略）

估价结果报告

（一）估价委托方（略）

（二）估价机构（略）

（三）估价对象

1. 实物状况

（1）土地状况

估价对象位于××区××街，四至：东至××剧院，西至××街，南至××商场，北至××餐厅。土地使用权面积为1000m²，地块形状规则，呈矩形，地势平坦，土地开发程度为"三通一平"（其他情况略）。

（2）建筑物状况

估价对象建于1999年8月，坐东面西，为钢混结构建筑，总层数为4层。建筑面积为3000m²，分割为9个零售商铺和餐饮卖场，统一由某资产经营公司装修、经营（其他情况略）。

2. 权益状况

（1）土地使用权

根据委托人提供的资料，《国有土地使用权证》证号为×××号，用地面积为1000m²，使用权类型为出让，用途为商业，起止日期为1997年8月8日至2037年8月7日，约定不可续期。

（2）房屋所有权

估价对象已办理了《房屋所有权证》，证号为×××号，产权人为××公司，建筑面积为3000m²（其他情况略）。

（3）他项权利

估价对象已于2010年11月办理了抵押贷款，贷款额度为1000万元人民币，抵押贷款期限为1年，至今尚未偿还。

（4）租赁情况

估价对象由某资产经营公司租赁使用，根据双方签订的租赁合同，月租金为65元/m²，租赁期从2011年8月8日至2030年8月7日，租赁期内不调整租金，租赁税费按规定各自承担。合同到期后，资产经营公司可优先租赁。

3. 区位状况（略）

（四）估价目的

为房屋征收部门与被征收人确定被征收房屋价值的补偿提供依据，评估被征收房屋的价值。

（五）价值时点

2011年8月8日，即房屋征收决定公告之日。

（六）价值定义

被征收房屋价值是指被征收房屋及其占有范围内的土地使用权在正常交易情况下，由熟悉情况的交易双方以公平交易方式在价值时点自愿进行交易的金额。

（七）估价依据

（1）《中华人民共和国物权法》。

（2）《中华人民共和国城市房地产管理法》。

（3）《中华人民共和国土地管理法》。

（4）中华人民共和国国家标准《房地产估价规范》GB/T 50291—2015。

（5）《国有土地上房屋征收与补偿条例》。

（6）《国有土地上房屋征收评估办法》。

（7）《房屋征收评估委托书》。

（8）《房屋征收评估委托合同》。

（9）委托人提供的《国有土地使用权证》和《房屋所有权证》。

（10）估价对象的《房屋租赁合同》。

（11）注册房地产评估专业人员实地查勘获得的资料和市场调查资料。

（八）估价原则

（1）独立、客观、公正原则（说明略）。

（2）合法原则（说明略）。

（3）最高最佳利用原则（说明略）。

（4）替代原则（说明略）。

（5）价值时点原则（说明略）。

（九）估价方法

经综合分析，确定选用市场法和收益法作为本次估价的估价方法。

市场法是将估价对象与在价值时点近期发生过交易的类似房地产进行比较，对这些类似房地产成交价格作适当的修正来求取估价对象价值的一种估价方法。

收益法是预计估价对象未来的正常净收益，选用适当的报酬率将其折现到价值时点后累加，以此估算估价对象的客观合理价值的一种估价方法。

（十）估价结果

评估总价：4001.24万元。

大写金额：人民币肆仟零壹万贰仟肆佰圆整（单价略）

（十一）估价人员

注册房地产评估专业人员：×××（盖章）；注册号：×××。

（十二）估价报告应用的有效期（略）

（十三）估价作业日期

2011年8月8日至2011年8月18日

估价技术报告

（一）估价对象实物状况描述与分析（略）

（二）估价对象权益状况描述与分析（略）

（三）估价对象区位状况描述与分析（略）

（四）市场背景描述与分析（略）

（五）最高最佳利用分析（略）

（六）估价力法适用性分析（略）

（七）估价测算过程

1．市场法测算

市场法具体估价思路：由于目前类似房地产交易实例较多，估价人员根据估价对象的状况和估价目的搜集了大量交易实例，从中选取可比实例；将估价对象房地产与这些可比实例房地产的实际成交价格进行比较，进行交易情况修正、市场状况调整、房地产状况（实物状况、权益状况、区位状况）调整；结合估价经验，依据估价对象的具体情况计算出一个综合结果作为比准价格，以此估算估价对象房地产的客观合理价格。

（1）选取可比实例（表6-1）

选取可比实例表   表6-1

实例	名称	位置	交易时间	总层数/所在层	建成年代	交易价格（元/m²）	房屋用途	房屋面积/m²
A	××天地1号楼1段21号营业房	××区	2011.4	4/1~3	2003	15500	商业	2929.56
B	××东街××城3号楼03号营业房	××区	2011.4	17/1~3	2007	17319	商业	3165.12
C	××东街××城2号楼20号营业房	××区	2011.6	19/1~3	2007	17320	商业	2810.99

（2）比较因素说明表（表6-2）

比较因素说明表   表6-2

比较因素		估价对象	可比实例A	可比实例B	可比实例C
交易价格（元/m²）			15500	17319	17320
交易日期		2011.8	2011.4	2011.4	2011.8
交易情况		正常市场交易	正常市场交易	正常市场交易	正常市场交易
实物状况	所处楼层	4/1~4层，规划使用无限期	4/1~3层，规划使用有一定限制	17/1~3层，规划使用有一定限制	19/1~3层，规划使用有一定限制
	建筑品质及内部格局	钢混结构，设施齐全，内部格局有利于经营	钢混结构，设施齐全，内部格局有利于经营	钢混结构，设施齐全，内部格局有利于经营	钢混结构，设施齐全，内部格局有利于经营
	室内净高	3.5m	3.5m	3.5m	3.5m
	无形价值	无特殊无形价值	无特殊无形价值	无特殊无形价值	无特殊无形价值
	装饰装修	中档装修	中档装修	中档装修	中档装修
	建筑面积	3000	2929.56	3156.12	2810.99

比较因素		估价对象	可比实例A	可比实例B	可比实例C
权益状况	剩余土地使用年限	26	30	34	34
	其他限制	无	无	无	无
区位状况	土地级别	毗邻商业中心，商业环境优	无毗邻商业中心，商业环境优	毗邻商业中心，商业环境优	毗邻商业中心，商业环境优
	基础设施配套	七通一平	七通一平	七通一平	七通一平
	交通条件	便捷度高	便捷度高	便捷度高	便捷度高
	公共服务配套	公共服务设施齐全	公共服务设施齐全	公共服务设施齐全	公共服务设施齐全
	临街状况	临×××东街	临×××东街	临×××东街	临×××东街

（3）比较因素情况修正表（表6-3）

比较因素情况修正表   表6-3

序号		估价对象	可比实例A		可比实例B		可比实例C	
	位置	××东街××号	××天地1号楼1段21号营业房	修正系数（%）	××东街××城3号楼03号营业房	修正系数（%）	××东街××城2号楼19号营业房	修正系数（%）
1	交易价格		15500元/m²		17319元/m²		17320元/m²	
2	交易日期	2011.8	2011.4	6	2011.4	6	2011.6	3
3	交易情况	正常	正常	0	正常	0	正常	0
4	实物状况			9		11		11
4.1	楼层	4/1~4	4/1~3	10	17/1~3	10	19/1~3	10
4.2	建筑品质及内部格局	相同	相同	0	相同	0	相同	0
4.3	室内净高	相同	相同	0	相同	0	相同	0
4.4	无形价值	无	无	0	无	0	无	0
4.5	装饰装修	中档装修	简单装修	-3	简单装修	-3	简单装修	-3
4.6	面积（m²）	3000	2929.56	0	3165.12	0	2810.99	0
4.7	建成年代	1999	2003	2	2007	4	2007	4
5	权益状况			4		7		7
5.1	剩余土地使用年限	26	30	4	34	7	34	7
5.2	其他限制	无	无	0	无	0	无	0

序号		估价对象	可比实例A		可比实例B		可比实例C	
6	区位状况			0		0		0
6.1	商业繁华度	好	好	0	好	0	好	0
6.2	基础设施完备度	好	好	0	好	0	好	0
6.3	交通条件	好	好	0	好	0	好	0
6.4	公共设施完备度	完善	完善	0	完善	0	完善	0
6.5	临街状况	好	好	0	好	0	好	0
7	比准价格（元/m²）	16670.81	15782.90		17359.94		16869.60	

房地产状况调整系数中，实物状况权重确定为30%，权益状况权重确定为35%，区位状况权重确定为35%；权重、修正系数确定过程略。

市场法评估单价：16670.81元/m²

市场法评估总价：16670.81×3000＝50012430元

2．收益法测算

收益法是预计估价对象未来的正常净收益，选用适当的报酬率将其折现到价值时点后累加，以此估算估价对象的客观合理价值的一种估价方法。其计算公式为：

$$V=A/Y\times\left[1-(1+Y)^n\right]$$

式中　　V——收益法评估及价格；

　　　　A——房地产净收益；

　　　　Y——房地产报酬率；

　　　　n——房地产收益年限。

（1）房屋收益、空置率和重置价格确定

根据租赁合同，月租金为65元/m²，期间不调整租金，且租赁合同到期后资产经营公司可优先续租，因此本次评估月租金取65元/m²，空置率取0。根据估价对象房屋造价审计报告，经造价指数修正和成新修正后，确定房屋重置成本为1200元/m²（测算过程略）。

（2）报酬率确定

报酬率的确定方法有累加法、市场提取法、排序插入法等。本次估价采取累加法。无风险报酬率选取价值时点中国人民银行公布的一年期存款基准利率为3.5%；依据对影响估价对象的社会经济因素的分析结果，确定风险报酬率为3%（过程略），最终求出：报酬率＝无风险报酬率＋风险报酬率，即6.5%。

（3）收益年限确定

根据委托人提供的资料，估价对象为钢混结构的建筑，建筑经济寿命为60年。商业用地最高使用年限为26年。根据孰短原则，确定收益年限为26年。

（4）价格评估确定（表6-4）

表6-4

价格确定计算表

序号		名称	取值依据	计算公式（或取值）	计算结果
（一）年收益	1	建筑面积（m²）	房屋权属证书	3000	3000
	2	重置成本（元）	依据审计报告测算确定	1200×3000	3600000
	3	月毛租金收入（元/m²）	租赁合同	65	65
	4	空置率	租赁合同	0	0
	5	有效毛收入/元/月		（3）×（1）[1-（4）]	195000
	6	年收益（元）	按年收益为基础计取	（5）×12	2340000
（二）年经营费用	1	年管理费用（元）	按年收益为基础计取	2%	46800
	2	税金（元）	按年收益为基础计取	A+B	411840
	A	房产税（元）	按年收益为基础计取	12%	280800
	B	其他税费（元）	按重置成本为基础计取	5.6%	131040
	3	保险费/元	按重置成本为基础计取	0.2%	7200
	4	维修费/元	按重置成本为基础计取	2%	72000
	5	年经营费用（元）		1+2+3+4	537840
（三）		年净收益（元）		（一）-（二）	1802160
（四）		收益年限			26
（五）		报酬率			6.5%
（六）		收益价格（万元）		（三）/6.5%×[1-1/(1+6.5%)²⁶]	2233.30
（七）		收益法单价（元/m²）			7444.35

参数选取及具体计算过程（略）。

收益法评估单价：7444.35元/m²。

收益法评估总价：2233.30万元。

（八）估价结果确定

考虑到市场法测算结果能较客观地反映估价对象的正常市场价值，而收益法测算结果背离市场交易价格，故收益法测算结果仅供参考，不予采用。综合分析确定估价对象××市××区××东街××号××商业用房于价值时点2011年8月8日的被征收房屋价值为：人民币50012430元。由于该宗房地产目前尚未偿还的贷款为1000万元，应作为法定优先受偿款予以扣除，即：

50012430−10000000＝40012430元

因此评估总价为40012430元，即：4001.24万元。

大写金额：人民币肆仟零壹万贰仟肆佰圆整（单价略）。

××房地产估价有限公司

二○一一年八月十八日

附件（略）

2. 房地产估价报告（节选）错误实例详解

（1）价值定义表述不准确，缺少"但不考虑被征收房屋租赁、抵押、查封等因素的影响"等内容。

（2）估价依据中《城市房屋征收管理条例》错，应为《国有土地上房屋征收与补偿条例》。

（3）结果报告和技术报告的总价均表述为万元。但按照规定："房屋征收评估价值应当以人民币为计价的货币单位，精确到元。"

（4）结果报告只有评估专业人员盖章而无签字，按照规定"不得以印章代替签字"。

（5）结果报告中估价报告应用的有效期与估价作业日期顺序颠倒〔第（十二）与（十三）项顺序颠倒〕。

（6）市场法测算未列出计算公式。

（7）市场法比较因素中楼层应属于区位状况。

（8）市场法比较因素系数确定未说明比较基准。

（9）市场法交易日期修正系数确定无依据。

（10）市场法可比实例楼层修正，多层和高层不适宜采用统一修正系数（交易实例B、C为高层，不宜选作可比实例）。

（11）未说明求取估价对象最终比准价格的方式。

（12）收益法公式选取未说明理由（收益法公式选用未分析未来收益变化趋势）。

（13）收益法的潜在毛收益不能直接使用租约租金，按照规定应该"不考虑租赁因素的影响"（应采用客观租金）。

（14）收益法测算未考虑押金利息收入等其他收入。

（15）收益法测算中，空置率取"0"不妥，应考虑适当的空置率。

（16）收益法测算中建筑物重置成本应是客观成本。

（17）收益法测算中建筑物重置成本不应作成新修正。

（18）市场法与收益法测算结果的价值内涵不一致（市场法测算结果不应包含装修价值）。

（19）确定估价结果时扣除了抵押贷款余额，按照规定"评估价值中不扣除被征收房屋已抵押担保的债权数额"。

> ## 📖 本章小结
>
> 本章主要介绍房地产估价程序和估价报告的撰写及其常见问题,通过学习本章使学生对估价报告有一个清晰的认识;通过对估价报告中常见问题进行分析,使学生知道如何撰写一份合格的估价报告。

🎓 案例分析

1. 房地产估价报告典型案例节选(请分别指出错误并改正)

封面和目录(略)

致委托方函

××市中级人民法院:

受贵法院的委托,我公司对位于××市××路3号楼5层整层957.3m²办公用途的房地产(以下简称估价对象)进行了估价。

价值时点:2007年3月5日。

我公司根据《房地产估价规范》(GB/T 50291—2015)的要求,根据估价目的,遵循估价原则,按照估价程序,采用科学合理的估价方法,在认真分析现有资料基础上,结合估价经验与影响房地产市场价格因素的分析,确定估价对象在满足全部假设限制条件下于价值时点2007年3月5日的市场价值为人民币壹仟零玖拾肆万元整(RMB 1094万元整),折合每平方米建筑面积单价为人民币壹万壹仟肆佰叁拾叁元整(RMB 11433元/m²)。

估价报告应用的期限:自2007年3月16日起1年。

随函附交3份房地产估价报告。

××房地产评估有限公司(盖章)

法定代表人:×××(签字)

2007年3月16日

注册房地产评估专业人员声明

我们郑重声明:

1. 我们在本估价报告中陈述的事实是真实的和准确的。

2. 本估价报告中的分析、意见和结论是我们自己公正的专业分析、意见和结论,但受到本估价报告中已说明的假设和限制条件的限制。

3. 我们与本估价报告中的估价对象没有利害关系，也与有关当事人没有个人利害关系或偏见。

4. 我们依照中华人民共和国国家标准《房地产估价规范》进行分析，形成意见和结论，撰写本估价报告。

5. 我们已对本报告中的估价对象进行了实地查看。

6. 没有人对本估价报告提供了重要专业帮助。

7. 本报告不可作为任何形式的产权证明文件。

8. 未经本估价机构书面同意，本报告的全部或任一部分均不得用于公开的文件、通告或报告中，也不得以任何方式公开发表。

注册房地产评估专业人员：×××（签名盖章）注册号：（略）

　注册房地产评估专业人员：×××（签名盖章）注册号：（略）

估价的假设和限制条件（略）

估价结果报告

（一）委托人（略）

（二）估价机构（略）

（三）估价对象

根据《房屋所有权证》（证号：×房地×字［2000］第××××号）、《国有土地使用证》［证号：××地×字（1999）第××号］、实地查看情况及调查资料，估价对象房地产的区位、实物、权益状况如下：

1. 区位状况

位置：坐落××市××路3号楼5层整层

城市规划：行政办公区

环境景观：优美整洁

公共服务及基础设施完备程度：基本完备

商务氛围：处于××市行政中心范围

2. 实物状况

（1）土地状况

用途：办公

地号：××区××街道163街坊1/6丘

四至：（略）

土地等级：1级

土地共用面积：3500m²

地势：土地平整

其中土地分摊面积：500m^2

（2）建筑物状况

建筑面积：957.3m^2

建筑结构：砖混一等

层数：7层，无地下室，估价对象处于5层

层高：3.3m，檐高：24m

用途：办公

竣工日期：1999年12月1日

装修：室内普通装修、公共部分精装修

设施设备、建筑类型、外观、空间布局、维护保养使用情况等（略）

利用现状：现空置

3．权益状况

（1）建筑物权益状况。根据《房屋所有权证》（证号：×房地×字［2000］第××××号）记载：估价对象建筑物权利人：×××、×××，所有权性质：私有，用途：办公，建筑面积957.3m^2，砖混一等。

（2）土地使用权权益状况。根据《国有土地使用证》（证号：××地×字［1999］第××号）记载：估价对象土地用途为办公，其土地使用权性质为国有出让。土地共用面积：3500m^2，其中分摊土地面积：500m^2，土地使用期限自1999年3月5日起50年。本报告按无续期考虑。

（3）他项权利状况。估价对象已设定他项权利（抵押权），抵押权人为中国工商银行××支行，至价值时点尚未注销。具体情况如下：

他项权利人：中国工商银行××支行

权利种类：期房抵押

建筑面积：9573m^2；

权利价值：574.38万元

抵押部分：5层整层

设定日期：1999年8月

他项权证号：×房地×他字（1999）第×××号

（四）估价目的

为法院办案提供价格参考。

（五）评估的价值类型和定义

采用公开市场价值标准评估估价对象在满足本次估价全部假设和限制条件下于价

值时点的市场价值。

（六）价值时点

价值时点为2007年3月15日。

（七）估价依据（略）

（八）估价原则（略）

（九）估价方法

本报告选用的估价方法为市场法和收益法。

市场法是根据类似房地产的成交价格来求取估价对象价值的方法；即选取一定数量的可比实例并将它们与估价对象进行比较，对可比实例的成交价格进行适当的修正来求取估价对象价值的方法。

收益法采用报酬资本化法，即房地产价值等于预测估价对象未来各期的净收益，选用适当的报酬率将其折算到价值时点后相加来求取估价对象价值的方法。

综合两种估价方法的估价结果，确定估价对象估价值。

（十）估价结果

根据估价目的，遵循估价原则，按照估价程序，采用科学合理的估价方法，在认真分析现有资料的基础上，结合估价经验与影响房地产市场价格因素的分析，确定：估价对象在满足全部假设限制条件下于价值时点2007年3月5日的市场价值为：人民币壹仟零玖拾肆万元整（RMB1094万元整），折合每平方米建筑面积单价为：人民币壹万壹仟肆佰叁拾叁元整（RMB11433元/m²）。

（十一）估价报告应用的限制

本估价报告有效期自完成之日起一年内使用有效，即2007年3月16日至2008年3月15日。

（十二）估价作业日期

2007年3月5日至2007年3月16日。

（十三）注册房地产评估专业人员及其他参与估价的人员（略）

估价技术报告（略）

附件（略）

典型案例错误分析及指正

（1）致委托人函中缺少估价目的；

（2）注册房地产评估专业人员声明缺少参加实地勘察的估价人员姓名；

（3）结果报告中区位状况缺少交通条件、朝向等介绍；

（4）结果报告中土地状况缺少土地使用年限、建筑容积率、建筑覆盖率、绿地率等指标；

（5）结果报告中权益状况没有交代房屋共有权人及《房屋共有权证》，土地使用权人；

（6）未考虑抵押情况对价值的影响；

（7）他项权利日期不够具体；

（8）结果报告中估价目的叙述不清；

（9）没有说明估价方法选用理由。

技能训练

一、单项选择题（每题的备选答案中有1个答案符合题意）

1. 下列关于房地产估价的基本程序：①获取估价业务；②受理估价委托；③制订估价作业方案；④收集估价所需资料；⑤实地查勘估价对象；⑥求取估价对象价值；⑦撰写估价报告；⑧审核估价报告；⑨交付估价报告；⑩估价资料归档。其中正确的顺序应为（   ）。

   A. ①②④③⑤⑥⑦⑧⑨⑩　　　　B. ①②③④⑤⑥⑦⑧⑨⑩

   C. ②①⑤④③⑥⑦⑧⑨⑩　　　　D. ①②⑤④③⑥⑦⑧⑨⑩

2. 暂定期内的三级资质房地产估价机构能承接的估价业务有（   ）。

   A. 在建工程抵押估价业务

   B. 城市房屋征收补偿估价业务

   C. 该机构执行合伙人所拥有的房地产抵押估价业务

   D. 正在使用中的星级宾馆抵押贷款评估业务

3. 二级资质的房地产估价机构可以从事除（   ）以外的房地产估价业务。

   A. 公司上市、企业清算　　　　　B. 公司上市、司法鉴定

   C. 司法鉴定、企业清算　　　　　D. 城镇房屋征收

4. 估价业务应当以（   ）名义统一受理，统一收取费用。

   A. 评估专业人员　　　　　　　　B. 估价机构业务承接人员

   C. 估价机构　　　　　　　　　　D. 项目负责人

5. 分支机构应当以（   ）名义承揽估价业务。

   A. 承接业务的房地产评估专业人员　B. 分支机构负责人

   C. 分支机构　　　　　　　　　　D. 设立该分支机构的估价机构

6. 确定估价对象及其范围和内容时，应根据（   ），依据法律法规，并征求委托人同意后综合确定。

A．估价原则　　　　B．估价目的　　　　C．估价方法　　　　D．估价程序

7．在估价基本事项中起龙头作用的是（　　）。

　　A．价值时点　　　　B．估价目的　　　C．估价对象　　　D．估价方法

8．签订了书面估价委托合同之后，应当至少明确（　　）能够胜任该项目估价工作的注册房地产评估专业人员担任项目负责人。

　　A．一名　　　　　　B．两名　　　　　C．两名以上　　　D．无明确规定

9．从本质上讲，价值时点是由（　　）决定的。

　　A．委托人　　　　　B．评估专业人员　　C．估价目的　　　D．估价对象

10．在房地产价格存在泡沫的情况下，如果是房地产抵押估价，因要遵循谨慎原则，则估价结果不宜采用（　　）的测算结果。

　　A．收益法　　　　　B．成本法　　　　　C．比较法　　　　D．假设开发法

11．对于同一估价对象，宜选用（　　）估价方法进行估价。

　　A．一种　　　　　　　　　　　　　B．两种以上（含两种）

　　C．两种以上（不含两种）　　　　　D．三种

12．下列关于实地查看估价对象的表述中，错误的是（　　）。

　　A．房地产评估专业人员应亲自到估价对象现场，对估价对象的坐落、用途等情况进行核对

　　B．房地产评估专业人员应亲自到估价对象现场，拍摄反映估价对象外观状况的影像资料，内部状况可不拍摄

　　C．房地产评估专业人员应亲自到估价对象现场，感受估价对象的位置、交通、环境景观等的优劣

　　D．估价对象为已经消失的房地产，房地产评估专业人员也应去估价对象原址进行必要的调查了解

13．下列表述中不正确的是（　　）。

　　A．在实际估价中，不同的估价方法将影响估价结果

　　B．在实际估价中，不同的价值时点将影响估价结果

　　C．在实际估价中，不同的估价目的将影响估价结果

　　D．在实际估价中，不同的估价作业期将影响估价结果

14．在房地产市场不景气的情况下，房屋征收估价应采用（　　）测算结果。

　　A．成本法　　　　　B．收益法　　　　　C．比较法　　　　D．假设开发法

15．房地产估价报告通常由（　　）组成。①封面；②目录；③致委托人函；④注册房地产评估专业人员声明；⑤估价的假设和限制条件；⑥估价结果报告；⑦估价技术报告；⑧附件。

　　A．①②③④⑤⑥⑦⑧　　　　　　B．①②③④⑤⑦⑥⑧

　　C．①②③④⑥⑦⑤⑧　　　　　　D．①②④③⑤⑥⑦⑧

16. 估价报告应用有效期的长短，应当根据估价目的和预计估价对象的市场价格变化程度来确定，原则上不超过（　　）。

  A. 半年   B. 一年   C. 两年   D. 三年

17. 超过估价报告应用有效期使用估价报告的，相关责任由（　　）承担。

  A. 政府主管部门   B. 估价机构

  C. 使用者   D. 注册房地产评估专业人员

18. 一份房地产估价报告必须有至少（　　）注册房地产评估专业人员签字、房地产估价机构盖章。注册房地产评估专业人员不得以印章代替签字；可以只签字不盖印章，也可以既签字又盖印章。

  A. 一名   B. 两名   C. 两名以上 D. 三名

19. 在估价报告中陈述（　　），既是维护估价人员正当权益的需要，又是提醒委托人和估价报告使用者在使用估价报告时需要注意的事项。

  A. 评估专业人员声明   B. 估价的假设和限制条件

  C. 估价方法   D. 估价对象

20. 估价结果报告通常包括估价委托人、估价机构、估价对象、估价目的、价值时点、估价依据、估价原则、估价方法、估价结果、其他需要说明的事项、估价人员和（　　）。

  A. 价值类型、估价作业日期、估价的假设和限制条件

  B. 价值类型、估价对象分析、致委托人函

  C. 价值类型、估价假设和限制条件、估价报告使用的限制

  D. 价值类型、估价作业日期、估价报告使用的限制

21. 防范估价风险的最后一道防线是（　　）。

  A. 撰写估价报告 B. 审核估价报告 C. 出具估价报告 D. 估价资料归档

22. 关于明确价值时点，下列说法错误的是（　　）。

  A. 价值时点从本质上讲既不是由委托人决定的，也不是由评估专业人员决定的，而是由估价目的决定的

  B. 价值时点为现在的，一般不得晚于估价委托合同签订日期，不得早于估价报告出具日期

  C. 价值时点为过去的，确定的价值时点应早于估价委托合同签订日期

  D. 价值时点为未来的，确定的价值时点应晚于估价报告出具日期

23. 估价中的不同意见和估价报告定稿之前的重大调整或修改意见（　　）。

  A. 应作为估价资料归档   B. 不应作为估价资料归档

  C. 由估价机构决定是否归档   D. 依委托人的意见决定是否归档

24. 估价资料的保管期限自估价报告出具日期起算，不得少于（　　）年。

  A. 8   B. 10   C. 15   D. 20

25. 估价资料的保管期限自估价报告出具日期起算，不得少于10年。但某个房地产抵押贷款估价项目，如果该笔房地产抵押贷款期限为20年，则档案保管期为（　　　）年以上。

    A. 8　　　　　　　　B. 10　　　　　　　　C. 15　　　　　　　　D. 20

二、多项选择题（每题有两个或两个以上符合题意）

1. 估价程序的作用有（　　　）。

    A. 规范估价行为　　　　　　　　　　B. 避免估价疏漏

    C. 保障估价质量　　　　　　　　　　D. 提高估价工作效率

    E. 保证估价结果的正确性

2. 房地产估价业务的渠道归纳起来有（　　　）。

    A. 被动接受　　　B. 行政命令　　　C. 主动争取　　　D. 行政划拨

    E. 不正当竞争

3. 在获取估价业务时，以下（　　　）情况的估价机构和评估专业人员不应承接该项业务。

    A. 与估价需求者有利害关系　　　　　B. 与估价对象有利益关系

    C. 超出了自己的业务范围　　　　　　D. 受行政主管部门委托

    E. 自己的专业知识和经验有限而难以评估出客观合理的价值

4. 获取房地产估价业务的措施可以有（　　　）。

    A. 突破专业能力限制，接受各种估价要求

    B. 提高服务质量

    C. 恰当的宣传

    D. 低收费

    E. 最大限度压缩估价作业期

5. 下列估价事项中，仅根据估价目的来确定的有（　　　）。

    A. 估价对象　　　B. 价值时点　　　C. 价值类型　　　D. 估价方法

    E. 估价所需材料

6. 明确估价基本事项有（　　　）。

    A. 估价目的　　　B. 估价方法　　　C. 估价对象　　　D. 估价原则

    E. 价值时点

7. 不能独立使用、处分的房地产，如（　　　）不宜作为抵押物。

    A. 一个球场　　　　　　　　　　　　B. 一个高尔夫球洞

    C. 一条保龄球球道　　　　　　　　　D. 封闭使用的大院深处的一幢房屋

    E. 一个游泳池

8. 下列关于明确房地产价值时点的表述中，正确的有（　　　）。

    A. 对当前的价值进行评估，一般以实地查勘估价对象期间或估价作业期的某个日

期为价值时点

　　B．城市房屋征收估价，价值时点一般为房屋征收许可证颁发之日

　　C．分期实施的房屋征收，应以房屋征收公告之日为价值时点

　　D．房地产估价人员可以假定价值时点

　　E．对原估价结果有异议而引起的复核估价，应以申请复核之日为价值时点

9．估价委托合同的内容一般包括（　　　）。

　　A．委托人的名称或者姓名和资产状况　　B．估价费用及收取方式

　　C．解决争议的方法　　　　　　　　　　D．估价机构的名称和住所

　　E．交付估价报告的类型、交付方式等

10．估价作业方案的内容主要包括（　　　）。

　　A．拟采用的估价技术路线和估价方法

　　B．预计需要的时间、人力、经费

　　C．估价作业步骤和时间进度安排

　　D．拟收集的估价所需要资料及其来源渠道

　　E．委托方的协助义务

11．估价所需资料主要包括（　　　）。

　　A．反映估价对象状况的资料

　　B．对房地产价格有普遍影响的资料

　　C．对估价对象所在地区的房地产价格有影响的资料

　　D．相关实例资料，即类似房地产的交易、收益、开发建设成本等资料

　　E．对房地产价格有典型影响的资料

12．收集估价所需资料的渠道主要有（　　　）。

　　A．询问有关知情人士

　　B．查阅估价机构自己的资料库

　　C．评估专业人员在实地查看估价对象时获取

　　D．要求委托人提供

　　E．自有评估的资料

13．下列关于实地查勘的说法中，正确的有（　　　）。

　　A．对于面积小、价值低的房地产可不进行实地查勘

　　B．实地查勘中应将有关情况和数据认真记录下来，形成实地查勘记录

　　C．实地查勘人员和委托人中的陪同人员都应在实地查勘记录上签名

　　D．在实地查勘记录上应注明实地查勘日期

　　E．实地查勘应到实地对事先收集的有关估价对象的资料进行核实

14．在房地产估价中，估价方法的选择是由（　　　）综合决定的。

　　A．估价对象的房地产类型　　　　　　　B．估价方法适用的对象和条件

C. 估价人员的技术水平　　　　D. 委托人的特殊要求

E. 所收集到的资料的数量和质量

15. 下列关于估价报告的说法中，不正确的有（　　）。

A. 估价报告是关于估价对象的客观合理价格或价值的研究报告

B. 估价报告可视为估价人员提供给委托人的"产品"

C. 估价报告应重在内在质量，外在质量不是很重要

D. 估价报告应对难以确定的事项予以说明，但不得描述其对估价结果可能产生的影响

E. 估价报告是全面、公正、客观、准确地记述估价过程、反映估价成果的文件

16. 估价报告的形式一般为书面报告，按照格式可分为（　　）。

A. 分栏式报告　　B. 文字式报告　　C. 叙述式报告　　D. 表格式报告

E. 分步式报告

17. 估价报告封面内容包括（　　）。

A. 标题　　　　　　　　　　B. 估价项目名称

C. 委托人　　　　　　　　　D. 注册房地产评估专业人员

E. 参加项目人员

18. 房地产估价报告中专门列出估价的假设和限制条件的目的是（　　）。

A. 说明估价报告的合法性、真实性　　B. 说明估价的独立、客观、公正性

C. 规避估价风险　　　　　　　　　　D. 保护估价报告使用者

E. 防止委托人提出高估或低估要求

19. 估价技术报告应包括（　　）等。

A. 估价测算过程　　　　　　B. 估价基本事项

C. 估价结果确定　　　　　　D. 市场背景描述与分析

E. 估价方法适用性分析

20. 审核的结论性意见可为（　　）之一。

A. 不可以出具　　B. 可以出具　　C. 作适当修改后出具　　D. 重新撰写

E. 重新估价

21. 一个估价项目完成后，应保存的档案资料包括（　　）。

A. 委托估价合同　　　　　　B. 实地查勘记录

C. 估价人员的作息时间　　　D. 向委托人出具的估价报告

E. 估价项目来源和接洽情况

三、判断题

1. 在实际估价中，估价程序中的各个工作步骤之间不是完全割裂的，相互间可以有某些交叉，但不会出现反复。（　　）

2. 完成任何一个房地产估价项目，都不得随意省略房地产估价程序中的工作步骤和工

作内容。（　　　）

3. 估价需求者可能是个人，也可能是企业、事业单位及其有关部门或者其他组织；可能是房屋所有权人、土地使用权人；也可能是房屋所有权人、土地使用权人以外的投资者、债权人等。但不可能是政府等行政机关。（　　　）

4. 争取估价业务应当通过提升估价机构的品牌和公信力，提高估价技术水平和服务质量，进行恰当的宣传、广告等方式进行，而不应采取不正当的竞争手段，例如恶意压低估价服务收费，给予回扣或利诱等。（　　　）

5. 对于不应承接的房地产估价业务，房地产估价机构不可以向估价需求者介绍其他合适的房地产估价机构和房地产评估专业人员承接该项估价业务。（　　　）

6. 如果对于估价业务是估价机构的专业知识和经验所限的，经征求估价需求者的书面同意，可以与其他合适的估价机构联合承接或合作完成该项业务。（　　　）

7. 估价业务应当由估价机构统一接受委托，统一收取费用，评估专业人员也可以个人名义承揽估价业务。（　　　）

8. 在一个估价项目中，估价目的、估价对象、价值时点三者是有着内在联系的，其中估价目的是龙头。（　　　）

9. 估价对象及其范围和内容，既不能简单地根据委托人的要求确定，也不能根据估价人员的主观愿望确定，而应根据估价目的，依据法律、行政法规并征求委托人认可后综合确定。（　　　）

10. 房地产估价的核心是为特定目的、对特定房地产在特定时点的价值作出估计。（　　　）

11. 估价目的是由委托人提出的，价值时点是根据估价目的确定的。（　　　）

12. 明确估价目的有助于明确估价对象，有助于明确价值时点，还有助于明确所要评估的价值类型。（　　　）

13. 明确估价对象的实物状况，是搞清楚估价对象的位置、交通、周围环境和景观、外部配套设施等。（　　　）

14. 大多数估价是对将来的价值进行评估，一般以实地查勘估价对象期间或者估价作业期内的某个日期为价值时点。（　　　）

15. 如果估价对象适宜采用多种估价方法进行估价，则应同时采用多种估价方法进行估价，不得随意取舍。（　　　）

16. 完成实地查勘之后，执行实地查勘的房地产评估专业人员应在"实地查勘记录"上签名，注明实地查勘日期，并尽量要求委托人中协助实地查勘的人员和被查勘房地产的业主在"实地查勘记录"上签字认可。（　　　）

17. 进行房地产估价时，实地勘察应由估价人员独立完成。（　　　）

18. 如果估价对象为已经消失的房地产，因为已无物可查，所以不必去估价对象原址进行必要的调查了解。（　　　）

19. 当选用加权算术平均数时，通常是对评估该房地产最适用可靠、占有资料全面准确的估价方法所测算的结果赋予较大的权重；反之，赋予较小的权重。（　　　）

20. 对于难以用数学模型度量的房地产价格影响因素，在估价结果中可以不予反映。（　　　）

21. 叙述式报告和表格式报告的表现形式不同，因此对它们的基本要求也不相同。（　　　）

22. 估价报告应用有效期不同于估价责任期：如果估价报告超过了其应用有效期还未得到使用，则估价责任期就是估价报告应用有效期；如果估价报告在其应用有效期内得到使用，则估价责任期应到估价服务的行为结束为止。（　　　）

23. 房地产估价报告中应当有一份由所有参加该估价项目的注册房地产评估专业人员签名的声明，非注册房地产评估专业人员不应在此声明中签名。（　　　）

24. 在估价报告中，签署评估专业人员声明是为说明估价是以客观公正的方式进行的，同时对委托人也是一种警示。（　　　）

25. 对于经审核认为需要修改的估价报告，应当进行修改；对于不合格的估价报告，应当重新撰写，甚至需要重新估价。经修改、重新撰写或者重新估价后撰写的估价报告，不必再次进行审核。（　　　）

26. 一份完整的估价报告通常由以下几部分组成：封面、目录、致委托人函、估价结果报告、估价技术报告和附件。（　　　）

27. 估价报告应用有效期是从估价报告出具之日计算，而不是从价值时点开始计算。（　　　）

28. 估价资料的保管期限是从估价报告出具之日起到估价报告得到使用之日止。（　　　）

29. 当估价机构分立、合并、终止时，估价资料的保管人员应当会同有关人员和单位编制估价资料移交清册，将估价资料移交指定的单位，并按照有关规定办理估价档案交接手续。（　　　）

参考文献

［1］蒋学模. 政治经济学［M］. 上海：上海人民出版社，2005.

［2］刘杨. 法律基础知识读本［M］. 北京：中国劳动保障出版社，2009.

［3］中华人民共和国住房和城乡建设部. 中华人民共和国城乡规划法（主席令第七十四号）. 北京：中国法制出版社，2008年起适用，2015年修订.

［4］中华人民共和国环境保护部. 中华人民共和国环境保护法（主席令第九号）. 北京：中国法制出版社，2014年修订.

［5］美国估价学会. 房地产估价［M］. 北京：中国建筑工业出版社，2005.

［6］中国房地产估价师与房地产经纪人学会. GB/T50291—2015房地产估价规范［S］. 北京：中国建筑工业出版社，2015.

［7］熊炜. 房地产估价［M］. 南京：南京大学出版社，2013.

［8］美国估价学会.房地产估价［M］. 北京：中国建筑工业出版社，2005.

［9］刘晓君. 工程经济学［M］. 北京：中国建筑工业出版社，2015.

［10］中国房地产估价人员学会与房地产经纪人学会. 房地产估价理论与方法［M］. 北京：中国建筑工业出版社，2015.

［11］扬中强，袁韶华. 房地产估价理论方法与实务［M］. 大连：大连理工大学出版社，2012.

［12］卢新海. 房地产估价——理论与实务（第二版）［M］. 上海：复旦大学出版社，2010.

［13］本书编委会. 土地估价实务基础（2015全国土地评估专业人员执业资格考试复习指导+典型题解+模拟试题）［M］. 北京：中国建筑工业出版社，2015.

［14］祝平衡. 房地产估价理论与实务（第三版）［M］. 大连：东北财经大学出版社，2013.

［15］中华人民共和国住房和城乡建设部. GB/T 50291—2015房地产估价规范［S］. 北京：中国建筑工业出版社，2015.

［16］中国房地产评估专业人员与房地产经纪人学会. 房地产估价案例与分析［M］. 北京：中国建筑工业出版社，2012.